U0689432

高职高专文秘专业工学结合规划教材

秘书理论与实务教程

Theory and Practice of Secretary

主　编　杨群欢
副主编　韩玉芬　严晓蓉　段　利
审　稿　王立维
主　审　孙汝建

ZHEJIANG UNIVERSITY PRESS
浙江大学出版社

高职高专文秘专业工学结合规划教材

审读专家委员会（按姓氏笔画排序）
王箕裘　王金星　孙汝建
严　冰　陈江平　时志明
张玲莉　杨群欢　郭　冬
曹千里

总　序

2007 年 12 月，浙江大学出版社邀请省内外数十所开设文秘专业的高职高专院校的教学负责人召开了高职高专文秘专业教学及教材建设研讨会。会议重点研讨了当前高职高专文秘专业建设、课程设置、招生就业、教材使用、工学结合课程改革等情况。大家一致认为，教材建设是文秘专业建设发展的重要环节，配合教学改革进行教材改革已迫在眉睫。会议决定开发一套"高职高专文秘专业工学结合规划教材"。

针对高职高专文秘专业的实际情况，结合目前秘书职业岗位需求和工作特点，浙江大学出版社确定了新编高职高专文秘专业工学结合系列教材的基本原则。即：思想性、科学性和方法论相统一；先进性和基础性相统一；理论知识和实践知识相统一；综合性和针对性相统一；教材内容与秘书职业岗位无缝接轨。同时根据高职秘书人才培养计划，遵循"以够用为度，以适用为则，以实用为标"方针，以职业活动为导向，以职业技能为核心，突出项目化、任务驱动的教学特点，体现实用性、技能性、职业性、融趣味性和可读性于一体的高职教育教学特色。

本系列教材主编和编写人员都是经过精选的，主要选择富有教学和教学改革实践经验的高职高专院校秘书专业的教师或秘书专业研究人员来担任。教材内容组合新知识、新技术、新内容、新案例、新材料，体现最新发展动态，具有前瞻性。编写体例新颖，主次分明；概念明确、案例丰富，同时安排了大量的便于教学过程中操作的实训方案，并有配套的习题和教学课件。

为了确保教材的编写质量，浙江大学出版社邀请了当前国内一流的文秘专业教学与研究方面的权威专家、学者对本套文秘专业工学结合改革教材进行了认真的审稿。专家们普遍给予了高度的肯定，同时也提出了很多宝贵的意见和建议，使得这套教材能更加完善。相信这是一套学生便于学习训练、教师便于教学指导的好教材。

教育部高职高专文秘专业教学指导委员会委员、教授
杨群欢
2009 年 6 月 18 日

前　　言

2007 年 11 月,浙江大学出版社组织来自全国各地开设文秘专业历史较长、办学水平较高、同行影响较大的高职院校文秘专业骨干教师,在杭州召开了文秘专业系列教材编前会议。会上强调教材编写要"以够用为度,以适用为则,以实用为标",以职业活动为导向,以职业技能为核心,体现出时代感、多视角、实用性、可操作性、互动性、技能性、职业性、重实践、重实操、融趣味性和可读性于一体的特点。

《秘书理论与实务》是文秘专业的核心主干课程。教材《秘书理论与实务教程》是杨群欢教授主持的国家精品课程《秘书理论与实务》的重点使用教材,受到教育部文秘类专业教学指导委员会的高度评价。

即将于 2009 年出版的《秘书理论与实务教程》,在 2008 年被教育部评为普通高等教育"十一五"国家级规划教材。该教材安排了大量秘书实务训练内容,并收集了较多符合现代社会发展情形的案例。教材体系明晰,重点突出,技能训练操作性强。各高职高专院校在使用过程中可根据秘书工作的发展现状和教学需要,适当调整相关知识点和训练内容。同时考虑到国家有关部门经多年研究已确定了秘书岗位的能力要求,所以教材除了实现"能力本位"、"工学结合"的特点外,在知识点的传授方面与全国秘书职业资格考试无缝接轨。同时,为开拓视野,在每章后面增加知识拓展阅读资料。

为满足多媒体教学需要,编者制作了一张与教材完全同步的多媒体教学课件光盘,随教材一并发行。

为方便各高校教师的教学和交流,主编还配备了实训指导、工作案例和试题库等大量的课程教学辅导资料。可在国家精品课程《秘书理论与实务》课程网站 http://jpkc.hzvtc.net/ms/上链接下载。

由于各位编写者都是忙碌在高校教学第一线的骨干教师,加上教材编写时间紧,秘书工作发展变化较快,教材中难免有一些尚需完善和纠正的地方。敬请各位专家和读者及时提出宝贵意见。

编　者
2009 年 1 月

目　　录

模块一 秘书职场认识与基本素养

项目一 秘书职场基本认识及其工作特点分析

◎ 学习目标

知识目标
- 了解秘书的定义、种类和角色，理解秘书工作的特点、内容和原则，对秘书和秘书工作有一个初步的认识。
- 认识养成秘书职业意识的重要性。

能力目标
- 能区分不同类型的秘书，分别理解其作用。

◎ 工作任务

- 任务一：秘书职场基本认识。
- 任务二：新时期秘书工作特点分析。

◎ 导入案例

王秘书的一天

那是一个秋天的星期一，王秘书早早来到单位上班。上周因办公室李主任要赶在星期日下午外出开会，他俩便在周末加了一天半的班，赶写好了领导交办的4位局领导的讲话稿，并交给张副局长审阅。今天上班时，王秘书便感到轻松，认为只要等张副局长审完稿，交文印室印发就没事了。但张副局长看过文稿后，说还要做些加工，增加一些内容，并要王秘书修改后再交他审阅。

王秘书回办公室赶紧修改。8点30分左右，赵副局长要王秘书去见他，说刚接到电话通知,市委督查组要求本周三上午下班前报送一份关于小康区建设的综合汇报材料。王秘书是 2001 年才来机关工作的,而小康区建设始于 1996 年,2002 年基本建成,许多情况不熟悉,必须查阅大量材料,并取得有关部门支持。王秘书接受了任务,立即打电话到有关部门索要材料,并亲自去档案局查阅有关资料。等他心中有了一点数,回办公室准备拟稿时,已经快 11 点了。当他撰写好提纲,到局长室请赵副局长审定时,却被一把手郑局长"逮"了个正着。郑局长要王秘书陪同,去基层看一看企业改制工作的进展情况。他们先后看了 5 家企业,听取厂长汇报,深入车间听取意见,并具体了解生产与销售情况,对企业改制后的发展提出一些指导性的意见。这些王秘书都认真做了记录。

午餐后,王秘书将自己锁在办公室内,先就郑局长视察 5 家企业改制情况写了一篇通讯稿。接着修改张副局长要求审阅的 4 位领导的讲话稿,一直到下午 2 点 30 分才改好。王秘书把文稿交张副局长审阅,张副局长说 3 点钟有个会要开,他边开会边看文稿,要王秘书下班时去他那儿取文稿,连夜付印。王秘书把已写好的通讯稿交报社刊发后,回到办公室。接下来的时间,他根据自己收集的材料,将赵副局长审阅过的提纲充实调整,并进行了必要的细化。他打算静坐构思,晚上动手一气呵成。下班时,王秘书取回张副局长的审定稿,赶紧交文印室印制,并组织了几位同事突击装订。待他吃过晚饭回到办公室要收看"新闻联播"时,"新闻联播"已经结束了。

王秘书泡了一杯浓茶,面对那堆尺把高的资料,专心致志地起草那大块头文章。初稿结束,已是次日凌晨 3 点钟。那种如释重负的感觉,至今都难以忘怀。

星期一从 7 点 40 分进办公室,到第二天凌晨 3 点,大约 19 个小时,王秘书都处于高度紧张状态。放在平时,肯定由李主任承担,而自己只是个配角罢了。但以后工作的经历却告诉王秘书,秘书这种"拼命三郎"式的工作状态实在是太正常了。

提示:

1. 星期一对于秘书部门来说,有何特殊之处?

2. 王秘书上班后共接受了哪些任务?说明了什么?

3. 王秘书撰写小康区建设综合汇报材料前为什么要"查阅大量材料,取得有关部门支持"?

4. 王秘书为什么不向一把手郑局长说明自己很忙,不能陪同?

5. 王秘书撰写局长视察企业改制情况的通讯稿,有无领导安排?王秘书此举说明了什么?

6. 19 个小时连续工作,再加上前面一天半加班,这说明秘书工作在时间上有何与众不同?

(资料来源:杨群欢.秘书理论与实务.北京:中国财经出版社,2005)

思考以上这些问题,你是不是觉得秘书事务是一项细致、繁杂且要求很高的工作?其实,自从秘书产生以来,秘书的工作特点就突显出自身的工作特点。我们可以先从秘书与秘书工作的发展来分析。

◎ 理论导读

任务一　秘书职场基本认识

秘书工作源远流长。如今,秘书已是我国党政机关、企事业单位普遍设置的一个职位,在世界范围内也是最常见的社会职业之一。秘书有各种类型,他们在各自的岗位上,按照秘书工作的基本原则,发挥着重要的作用。

一、秘书的来由与定义

"秘书"一词在我国由来已久,但在不同历史时期,其涵义有所不同。

据史籍记载,"秘书"一词在我国最早出现于汉代,最初的涵义不是指人,而是指物:一是指宫中秘藏之书。如《汉书·叙传》:"博学有俊才……与刘向校秘书。"《汉书·刘向传》:"诏向领校中五经秘书。"二是指用隐语预卜吉凶或未来作出预言的谶讳、图箓之书。如《后汉书·郑玄传》:"遂博稽六艺,粗览传记,时睹秘书纬术之奥。"到了公元2世纪,东汉桓帝时,"秘书"一词才开始用来作为官员职务的名称。《文献通考》:"后汉图书在东观,桓帝延熹二年,始置秘书监一人,掌典图书、古今文字、考合异同","以其掌图书秘记,故曰秘书"。虽然这时"秘书"一词的涵义有了变化,由原先指物变为指人,但所指的人(即被冠以"秘书"称谓的官员"秘书监")掌管的仅仅是朝廷的图书典籍而已,并未从事真正的(现代意义上的)秘书工作。东汉末年,曹操为魏王,设秘书令以"典尚书奏事,并掌图书秘记之事"。曹操不设尚书而设秘书令,目的是为了使他的中枢秘书机构的主管人员在名称方面有别于东汉宫廷秘书机构主管人员,以避"篡位"之嫌。但他这样做的结果,实际上是由秘书令取代了尚书的职权,使秘书令不但掌管了"图书秘记之事",还掌管了草拟奏章、发布政令之事。秘书令所掌管的这后一种职权,是以往任何一位曾被冠以"秘书"称谓的官员所没有的。因而可以说,曹操所设的秘书令,是我国历史上第一次出现的与现代"秘书"一词涵义基本相同的古代秘书官职。不久,魏文帝曹丕即位,"置中书令,典尚书奏事;而秘书改令为监"(《晋书·百官志》),即将朝廷秘书机构的纳奏、出令之事,改由中书令掌管;秘书令改名为秘书监,并恢复桓帝时秘书监只掌管书典籍的职能。此后,历代封建王朝虽然大都设有名为"秘书"的官职(如"秘书监"、"秘书郎"、"秘书丞"等),但其职能主要是掌管图书典籍,都不是现代意义上的秘书。而那些替封建王朝真正从事秘书工作的官员,却不冠以"秘书"的称谓,而分别冠以"中书令"、"中书舍人"、"记室史"、"掌书记"、"主簿"等称谓。

真正使秘书这一职务具有现代意义的开宗,是孙中山领导的中华民国临时政府。当时政府实行总统制,下设秘书处,有秘书长一人,秘书若干;政府各部局也设秘书室、秘书科和秘书官;各省都督府也设秘书。这时的秘书才真正成为了现代意义的秘书职务。

"秘书"这个字眼可以说是一个翻译名词,即英文 Secretary。这一个词又是从罗马时代的 Secretarius 而来,意为守密的人(the keeper of secret)。

罗马帝国还没有建立以前,历史上就记载着这么一种为重要人物操作机要事物的人,有学问,类似今天的顾问。恺撒大帝与奥古斯的身边都有这样的"速写员";当时的贵族也都有自己的秘书。只不过这些秘书都是男性,通晓数种语言,而且是受过通才教育的。商业逐渐发达之后,产生了有权势、富贵的人,于是需要"机密"又"稳妥"的代理人来处理一些来往私密函件。

到了 15、16 世纪,开始有所谓的国际贸易,秘书的地位也显著提升。到了 19世纪 80 年代末期,由于"写字机"的发明,许多妇女因此有了机会进入这一行业。之后,随着工业革命诸多机器的发明,证明女性可以轻易地操作像"计算机"、"电话"、"打字机"这类科技产品,于是她们进入秘书学校,一时之间这项工作供不应求。

20 世纪 30 年代以后,男性秘书逐渐减少,女性秘书取而代之。今天的秘书,已非仅做些"秘"、"书"的工作,她们"写信"、"开会",运用电脑软件,从事资讯管理,与员工、顾客沟通,维持办公室运作,负责采购,甚至还要训练其他人,这样的一切,已经不再局限于"秘书"。

随着 e 时代的来临,在工作角色及内容,甚至头衔上,发生了快速的改变。传统"秘书"的角色将会消失,头衔也没入历史。取而代之的将是与行政相关的头衔,以便迎合更广泛的工作、更复杂的环境及更广阔的空间。

虽然"秘书"这个词早在两千年以前就出现了,但是由于各国国情不同和秘书服务的对象不同以及人们对现代秘书职能的理解不同,因而对于"何谓秘书"即"秘书的定义是什么"这些问题,国外的一些秘书组织和我国秘书学的一些专家所作的阐释也各不相同。

国际秘书联合会对"秘书"下的定义是:"秘书应是主管人员的一位特殊助手,他们掌握了办公室工作的技巧,能在没有上级过问的情况下表现出自己的责任感,以实际行动显示出主动性和正确的判断能力,并且在所给予的权力范围内作出决定。"(光积昌等编译:《现代社会·秘书》)

美国全国秘书协会对"秘书"下的定义是:"高级官员的助手,掌握机关职责并具有不在上司直接监督下承担任务的才干,发扬积极主动性,运用判断力,在其职权范围内对机关工作作出决定。"(詹银才:《涉外秘书学》,浙江大学出版社 1994 年

版)

秘书"是社会主义国家工作人员职务名称之一。其职责是协助领导综合情况，研究政策，密切各方面工作的联系，办理文书、档案、人民来信来访、会务工作以及其他日常行政事务和交办事项。在党政机关、企事业单位从事这一类工作的干部，统称为秘书工作人员，或简称为"秘书"。(王千弓等编著:《秘书学与秘书工作》)

"秘书，在我国现代主要是指党和政府机关、企事业单位、社会团体、军队、院校内的一种行政职位。其主要职能是辅助管理，综合服务；主要工作是撰拟文稿、管理文书、接待来访、组织会议、调查研究、处理信息、办理事务、参谋咨询、联络协调等。"(袁维国主编:《秘书学》)

"秘书是领导、专家、管理人员在履行其职务时的辅助人员。"(杨永清:《领导·秘书·智囊》,《华中师范大学学报(哲学社会科学版)》1986年第2期)

"秘书是在管理系统决策者近身，以沟通信息、参谋决策、处理事务的综合职能，辅助决策者有效控制的工作人员。"(张清明等:《关于秘书定义的思考》,载《武汉大学学报(社会科学版)》1986年第6期)

"秘书是身处领导机构或附着个人，撰制掌管文书，辅助决策，并处理日常事务的服务人员。"(张家仪:《也谈"秘书"的定义》,载《秘书》1986年第2期)

"所谓秘书，就是掌管文书并直接辅助领导者全面处理事务的工作人员。"(史玉峤、陶菊怀主编:《现代秘书学》)

上述种种见解，各有其道理。比较起来，国内研究秘书学的一些专家对于"什么是秘书"所做的阐释，更符合我国现代秘书的实际工作情况。不过，近些年来，由于我国的经济体制改革和经济的发展，社会上出现了由私人出资聘用的秘书(如一些外资企业、中外合资企业、民办企事业以及专业户、个体户聘用的为私人服务的秘书)，因而笼统地说，我国现代的秘书都是"国家工作人员"、"党政机关、企事业单位工作人员"，便在逻辑上犯了"外延狭窄"的错误。因此，我们认为，所谓秘书，是指组织或主管的助手，其任务是在认可的职权范围内，提供辅助工作与综合服务，并能运用办公室的工具设备，从事组织与主管指定的行政性任务的人员。

二、秘书的类别

秘书是个统称。如果从不同的角度来划分，我国现代秘书可以分为以下不同的类别。

1. 按服务对象划分

按秘书服务的对象来划分，可分为公务秘书和非公务秘书两类。

(1)公务秘书

公务秘书是指为党政机关、军队、社会团体、国营(或集体)企事业单位服务的秘书。公务秘书是国家工作人员，由组织或人事部门选调，从国家或所在单位(集体企事业)领取工薪，在编制上属于所服务的机关或单位。我国的秘书人员，多数

属于公务秘书,它又包括两类:

①集体秘书。集体秘书相对与专职秘书而言的。集体秘书是指为某一机关或某一单位的领导集体服务的秘书。我国各级党政机关、军队、企事业单位和社会团体的秘书,大都属于集体秘书。集体秘书所从事的工作,不是为某一个领导者服务的,而是为所在机关、单位的领导班子服务的。

②专职秘书。专职秘书是指专门为某个领导者、专家服务的秘书(有时也称为某某领导者或专家的私人秘书)。专职秘书服务的对象虽然是某个领导或专家,但仍属于国家干部编制的工作人员,同样是从国家或所在单位(集体)领取工薪,这与私人出资聘用的私人秘书不同。

(2)非公务秘书(私人秘书)

非公务秘书是指由私人出资聘请并为聘请者服务的秘书。这类秘书又可分为外资企业秘书、中外合资企业秘书、中外合作企业秘书、民办企事业秘书、民办团体秘书、专业户或个体户秘书以及其他个人聘用的秘书等。这类秘书不属于国家编制的工作人员,其工薪由聘用者支付。

2. 按从事行业和职能划分

按照秘书人员所从事的行业和职能划分,可分为八类。

(1)业务秘书

中小企业最普遍需要的就是业务秘书。他们是老板最得力的助手。在公司里负责商业书信往返、档案、电报、报关、押汇、验货等业务,以及接待客户,了解报价、推销等实际作业。通常独立工作。

(2)一般秘书

一般秘书是指公务机关或私人机构中,主职为秘书的一般助理人员,负责打字、记录、整理、收发、档案及文书管理工作。其与私人秘书的主要区别在于,主管不在时给予授权程度,亦即其职务内之决定权不高。

(3)法律秘书

法律秘书是指协助公司或主管处理法律事务的秘书,必须具备一般商业法律,如劳动法、公司法等法律和规章,尤须具有准确及谨慎的处事能力。

(4)医学秘书

医学秘书是指在各医院或医学研究单位所任职的秘书。其必须具备一些医学知识,了解专用医学名词,能协助医生照顾病人,了解病人心理,特别需要耐心、爱心和细心。

(5)教育秘书

教育秘书是指在学校中,协助处理有关教学、教务的行政工作的秘书,必须了解教育的原则及法令规章。多半由学校学生毕业以后直接担任。

(6)广告秘书

广告与媒体单位,常雇用这类负责宣传与公关工作的秘书。其本质虽为内勤,但亦常有接待客户或与业务性质有关的外勤工作。

(7)工程秘书

工程秘书是协助工程师、设计师、建筑师等专业人士,从事技术研究或技术执行的秘书,需要具备一般工程的知识及专业用语。

(8)演艺秘书

演艺秘书是需具备戏剧、舞台方面的学识与经验的助理人员,甚至须具备表演天分和能力。其专门为著名演员、电视电影公司、传播界、演艺团体担任工作。必须了解企划的过程,具备组织沟通的能力。

3. 按工作内容划分

按照秘书人员所从事的工作内容划分,可分为文字秘书、机要秘书、信访秘书、通讯秘书、事务秘书、生活秘书。

(1)文字秘书

文字秘书是指以撰拟、处理文稿为主要工作的秘书人员,即人们通常所说的一个机关或单位的"笔杆子"、"秀才"。

(2)机要秘书

机要秘书是指在党、政、军机关从事机密文电的翻译、处理及保管的秘书。机要秘书通常包括译电员、机要保密员等。

(3)信访秘书

信访秘书是指办理人民群众来信工作的秘书人员。信访秘书的职责是通过办信、接访,沟通领导与人民群众的联系,加速政策的贯彻落实。

(4)通讯秘书

通讯秘书是指负责管理通讯事务以及各种通讯设备(如电话总机、电传、传真等)的秘书人员。

(5)事务秘书

事务秘书是指负责总务、后勤以及机关日常行政事务工作的秘书人员。

(6)生活秘书

生活秘书是指在生活方面给领导提供服务和帮助的秘书人员。生活秘书通常是专为较高级的领导配备的。

按照秘书人员所从事的工作性质来划分,可分为党务秘书、行政秘书、军事秘书、司法秘书、外交秘书、新闻秘书、文化秘书、教学秘书、科技秘书等。

4. 按职责范围和工作任务划分

我国党政机关的秘书,按照其承担职责范围的大小和工作任务轻重的不同,在纵向上分为以下三个层次。

（1）高级秘书

高级秘书是指秘书长、办公厅（室）主任。其职责是"参与政务，管理事务"，协助首长综合情况、研究政策、掌握机要、推行工作以及主持日常行政事务工作等。他们是领导者的重要助手，有的人本身就是领导成员。如省、自治区、直辖市人民政府的秘书长，同时也是省、自治区、直辖市人民政府的领导成员之一。（参见《中华人民共和国地方各级人民代表大会和地方各人民政府组织法》）

（2）中级秘书

中级秘书是指办公厅（室）主任及其下属的秘书处长或秘书科长、秘书股长、文字秘书。他们负责起草文稿、办理公文、调查研究、收集和整理信息资料等工作。其工作成效，对领导者的决策有重要作用。

（3）初级秘书

初级秘书是指在办公厅（室）、秘书处（科）内从事文件收发保管、打字、印校、接待、联络、会务工作和办理其他事务工作的人员。他们不一定有秘书的职称，但通常也称为秘书工作人员。

国外秘书人员，根据各人承担责任的大小和资历等方面条件的不同，也在纵向上分为不同的层次。例如英国，把属于政府文官系统的秘书，分为行政级、执行级、文书级、助理文书级四个层次；日本企业界的秘书，则分为见习秘书、初级秘书、中级秘书、高级秘书四个层次。

三、秘书工作的原则

秘书工作的基本原则，就是准确、迅速、求实、保密。

1. 准确

准确，是对秘书工作质量的要求。秘书工作的准确性涉及的方面很多，概括地说，就是：办文要准确，办事要稳妥，情况要属实，主意要慎重。秘书人员无论是为领导提供信息或向领导反映其他情况，还是协助领导起草文稿、审核文稿，都必须力求准确，即数字要准确，时间要准确，概念要准确，名称要准确，不能使用"可能"、"大概"、"大约"、"差不多"之类的字眼；抄写、打印、登记文件，都应反复校对、核实；处理和传递文件，也不能写错、投错。有时一字之差，或者一个标点符号用错，便会造成严重后果。如果差错出在关键之处，影响就更大了。所以，干秘书工作这一行，必须具有认真的态度，踏实、细致的工作作风。由于秘书工作是领导工作的重要组成部分，因而秘书工作的准确性在很大程度上保证了领导工作的准确性，也保证了领导工作的正常运转。

2. 迅速

迅速，是对秘书工作效率的要求。秘书工作应及时、高效，无论是办文、办事，绝不允许拖拉。凡是能在当天完成的，绝不拖到明天；凡是能在一小时内办完的，绝不延至一小时以后。领导已经作出的决定，要及时传达下去；下面反映的情况、意见,也要迅速向领导部门反映。

秘书人员是秘书工作的主体。秘书工作若要做到迅速,首先,秘书人员必须具有很强的工作责任心,要坚决反对拖拉、懒散的工作作风;其次,要建立科学的工作制度,合理地安排各项工作,尽量减少环节,简化程序。此外,还要改善工作手段,尽可能使用先进的技术设备,提高工作效率。

3. 求实

求实,是对秘书工作的基本要求。秘书工作必须尊重客观事实,不仅不能脱离社会实际,更不能为了个人或小团体的利益而弄虚作假。秘书工作是为领导决策提供依据,必须做到实事求是,否则就会造成领导工作的失误,甚至严重损害党和国家的声誉。

求实的要求是:一是一,二是二,老老实实,不夸大,不缩小;切忌脱离实际、主观臆断、弄虚作假、谎报情况;不能夹杂个人情感,报喜不报忧,甚至捏造事实。

4. 保密

保密,既是对秘书人员的要求,也是秘书工作的基本原则。秘书人员经常接触党和国家的一些机密文件,经常参加一些重要会议,了解不少重要机密,包括秘密文件、资料、机要电文以及领导人的重要活动安排等,如不注意保密,一旦泄露,就会造成严重的后果。因此,秘书人员一定要遵守保密纪律,认真做好保密工作。

四、秘书工作的内容

秘书工作有广义和狭义两种。广义的秘书工作即秘书部门的工作,也称办公室工作;狭义的秘书工作是指有正式秘书部门的人员所承担的工作,即人们通常所说的秘书业务工作。

广义的秘书工作,其主要内容归纳起来有以下几个方面:

第一类是事务性工作,包括处理信件、接听电话、撰写公文、档案管理、收发公文回复 E-mail、整理报章杂志、操作传真、接待访客、安排上司会客、参加会议并记录、差旅安排。

第二类是管理性工作,包括办公室管理、操作电脑、会计与财务、设备采购等。

第三类是沟通支援性工作,包括客户服务、媒体应对、公关策划、主持公司庆典、参加应酬、外勤工作、其他主管临时交办的事项。

以上是广义的秘书工作内容,也即秘书部门的工作内容。当然,并非每一个秘书人员都要承担这些工作。层次较高的机关、单位,秘书部门工作量大、责任重,人员也多,分工就细一些;基层单位的秘书部门,人员少、工作面广,秘书人员便样样要干、样样要管。另外,工商企业单位、文化科研机关、学校、军队、社会团体的秘书工作也各有自己的特点和不同的侧重面。

目前,层次较高的机关、单位,有些属于广义的秘书工作已从秘书业务部门(秘书科、秘书处、秘书局)划分出去,另立工作部门。如档案部门专门负责档案管理工作,信访部门专门负责人民群众来信来访工作,总值班室专门负责值班和部分事务工作等。这样一来,剩下的起草文件、处理文电、办理会务、收集信息、调查研究、查办催办、印信管理等,就成了秘书业务部门(秘书科、处、局)和秘书人员的基本工作,即狭义的秘书工作。

五、秘书工作的特点

秘书工作的性质与任务决定了秘书工作具有下列特点。

1. 从属性

从属性是现代秘书工作最根本的属性和特点。这是因为:第一,秘书工作不能脱离领导而独立存在,秘书工作总是围绕领导工作而开展的,领导工作涉及哪里,秘书工作的范围就必须延伸到哪里;第二,秘书在处理任何问题时,只能根据领导的意图和指示精神办理,不能超越职权范围自作主张、自行其是;第三,秘书人员虽然也常常参与领导班子的某些会议,与领导者共同研究各种有关问题,但秘书人员在会上只有发言权,无表决权。

秘书工作的从属性,是与领导者的"主导性"相对而言的。领导是决策管理的中心,处于主导地位;秘书机构是协助决策管理中心的辅助机构,处于从属地位。因此,秘书人员应听命于领导,不折不扣地完成领导交办的事务。但是,秘书人员听命于领导,并不等于对领导者只能唯唯诺诺一味盲从,而应本着对工作负责的精神,多思考、多作调查研究,一旦发现工作中存在的问题,就应及时向领导提出改进工作的合理化建议;对于领导者的某些失误与疏漏,也应及时予以提醒,并提出纠正与补救的办法,供领导者参考。这就是说,秘书人员在工作中应把"听命"与"劝谏"结合起来,既当助手,又当"谏官"。只有这样,才能真正起到辅助领导工作的作用。

2. 被动性

秘书机构的辅助地位决定了秘书工作的被动性。秘书工作的被动性主要表现为:第一,秘书工作是为满足领导工作活动的需要而产生和展开的,是受领导活动的制约和支配的。秘书人员虽然也有自己的工作计划或安排,但不能脱离领导,必须以领导的活动目标为中心,并根据领导工作的需要来订计划和作安排。第二,秘书部门需要处理的许多日常事务工作(如处理来往公文、信件,接听电话,接待内、外宾,处理某些突发事件等),往往预先估计不到,只能随机应变,来了什么文件就处理什么文件,遇到什么事或者领导叫办什么事就去办理什么事。这一类工作,大都是被动的,却又是秘书人员非干不可的。

秘书工作虽然具有被动性的特点,但这并不意味着秘书人员对工作只能消极应付,无所作为。其实,秘书工作的被动性也是相对的。秘书人员只要充分发挥自己的主观能动性,就能在常规工作中寻找到主动出击的突破口,及时向领导提供有价值的工作建议,在被动中争取到主动。譬如,秘书人员可以将深入基层调查研究所获得的重要信息及时提供给领导,作为领导者进行工作决策的依据;秘书人员可以将从群众来信来访中发现的带有普遍性的问题及时向领导反映,帮助领导纠正工作中的某些偏差;秘书人员还可以在认真分析、掌握规律的基础上,通过对下一步工作所进行的预测,及早提出工作中可能出现的问题,使领导者思想上有所准备,工作上统筹安排,做到防患于未然。总之,秘书工作在许多方面仍然有发挥秘书人员主观能动性的广阔天地;秘书人员也只有充分发挥自己的主观能动性,在被动中争取主动,才能当好领导的参谋、助手。

3. 事务性

秘书工作绝大多数都是具体的事务工作,如收发文件、起草文件、打印校对、接听电话、迎来送往、布置会场、派车买票、安排食宿等,虽然很琐碎、很繁杂,但都需要秘书人员一件一件地去办。有人说秘书工作"上管天文地理,下管鸡毛蒜皮",这两句俏皮话也说明了秘书工作具有事务性的特点。

秘书工作的事务性与思想性是对立的统一。从秘书工作的局部而言,具有很强的事务性,繁、杂、细、忙是其特点;从秘书工作的整体而言,则具有很强的思想性,因为它在协助各级领导机关制定和贯彻各项方针政策方面负有重要的责任。而且,秘书工作的事务性与思想性是互相渗透、相辅相成的。在平凡、琐碎的事务性工作中,往往蕴含着内在的思想性。只有搞好事务工作,使本单位内部的秩序井然,与外单位联系的渠道畅通,才能使领导机关的工作正常运转,才能使领导者从日常事务工作中摆脱出来,集中时间和精力想大事、干大事。因此,秘书人员要正确对待事务性与思想性的对立统一,充分认识事务性的意义,踏踏实实地做好每一件事务工作。

4. 综合性

由于秘书机构是综合性办事机构,秘书工作也就具有明显的综合性。秘书工作的综合性具体表现在以下三方面:第一,秘书工作的内容纷繁复杂,且涉及本单位的全部工作。机关、团体、部队或企事业单位的每个职能部门(如组织、人事、宣传、保卫、财会等),都只担负某一方面的工作,各司其职;而秘书部门则必须在全局范围内为领导都提供帮助和服务,凡是领导抓的工作,秘书人员都要了解、辅助。第二,秘书部门处于机关的枢纽地位,担负着沟通上下、联系左右之责。秘书人员经常要按照领导者的指示并在领导者授权下出席各种会议或进行各方面的协调工作(如协调本单位各职能部门之间的关系、协调本单位与外单位的关系等)。第三,秘书人员在办文、办会和向领导反映情况以及处理日常事务性工作时,必须对各方面情况进行综合,才能有效地为领导者提供帮助和服务。譬如,根据领导者的意图草拟公文,不能只是简单地照搬领导者口授的每一句话,而应该在忠实于领导行文意图的前提下,综合各方面情况(包括上级或下级发来的有关文件内容、受文单位的实际情况等),并按照行文的规则下笔;再如,为领导提供各种信息,就需要对所收集的原始信息素材进行加工处理、综合分析,以便去伪存真、去粗取精,确保信息的真实性、准确性和全面性。至于处理各种日常事务性工作,也要先进行综合分析,然后按照其轻重缓急分别予以处理,才能做到及时、稳妥、有条不紊。

六、秘书工作的作用

在现代社会中,由于人们社会活动的范围越来越大,现代管理工作日趋复杂,因而秘书工作的作用比过去显得更加突出。现代秘书工作的作用,归纳起来主要有以下几方面。

1. 枢纽作用

在现代社会中,各级各类机关的秘书部门都处于本单位领导机关之下、各个职能部门之间的中心位置,是领导进行管理的中介环节和中枢机构。因此,现代秘书工作具有沟通上下左右、联系四面八方的枢纽作用。

现代秘书工作的枢纽作用具体表现在纵向与横向两个方面。从纵向上说,秘书工作起到了承上启下、上传下达的作用。这是因为,秘书部门是上下左右的各种情况、资料、函件、信息的集散地。上级的指令大都通过秘书部门下达,下级的意见大都通过秘书部门上报,各方面的信息也大都在秘书部门加工处理,并通过秘书部门周转。总之,秘书部门是文件吞吐、信息集散、内外联系的总渠道。从横向上说,秘书工作起到了平衡、协调内外各种关系的作用。秘书人员常常在领导的授权之下运用各种有效的方式和手段,在单位与单位、部门与部门、个人与个人之间进行联络、沟通、平衡、协调,使彼此之间消除隔膜、化解矛盾、密切合作。这种对内对外进行平衡、协调所获得的良好效果,正是由于发挥了秘书工作的枢纽作用。

2. 参谋助手作用

领导者的主要职责在于决策和管理。秘书人员在协助领导决策和管理时,既要为领导办事,当领导的助手,又要为领导出谋划策,当领导的参谋。因此,秘书工作既有助手作用,又有参谋作用。

秘书工作的参谋助手作用,贯穿在秘书人员辅助领导工作的整个过程中。具体来说,主要体现在以下几方面:第一,秘书人员要为本单位某一时期的重点工作、重要会议或重大活动制定出具体的措施、步骤,供领导参考;第二,秘书人员要将各种重要信息提供给领导,作为领导进行决策的依据;第三,秘书人员要经常主动协助领导制定工作规划、计划以及各种政策、法令;第四,凡是需要领导批示的文件,秘书人员不仅要及时呈送给领导,而且要事先提出一种或几种参考性的处理意见,供领导选择;第五,秘书人员在替领导办事时,为了把事情办得更好,常常要提出一种或几种办理的方案,供领导定夺。

3. 形象作用

人们常常把秘书部门称为"关口"或"窗口"。所谓"关口",是指在一个机关里,秘书部门要负责把住文字关、用印关、保密关等。因为各种文件和信息的上传下达大都要经过这里传递和输送。所谓"窗口",是指内外联系、群众来信来访、各方来人洽谈业务或协调工作等,大都由秘书部门出面办理。人们从秘书部门工作态度的好坏、办事效率的高低,大致可以看出一个单位领导机关工作作风的优劣及领导水平的高低。这就是说,秘书工作能使人"窥一斑而知全貌",具有门面作用。因此,秘书人员一定要牢记自己是代表本单位领导办事的,必须时时处处注意自己的一言一行,以良好的工作作风和办事的高效率、高质量,为本单位树立良好的形象,真正全心全意地为广大人民群众服务。

随着新技术革命的到来,秘书工作发生着巨大的变化,新技术革命把电子计算机和现代化的文字处理机、现代化的通信技术、现代化的音像设备结合起来,迅速有效地传播、存储、处理各种信息以及处理各种文字工作。新技术革命对秘书工作的作用产生了巨大的影响。

任务二　新时期秘书工作特点分析

我国秘书事业经过 20 多年的发展有了明显的变化!由传统秘书传、帮、带的培养模式到现代秘书职业教育的迅猛发展;从传统秘书知识和能力的低学历到现代秘书队伍的本专科化;从传统秘书知识能力的技能低等到现代秘书队伍素养的极大提高;从传统秘书的"半路出家"当秘书的就业模式到现代秘书的职业资格考试制度;从传统秘书的手工操作到现代秘书工作的办公自动化,由传统秘书工作的低效率到现代秘书工作的高效率等。

综观国际秘书职场,如今越来越多的秘书已经承担起了管理甚至作决策的任务,尤其是那些工作在企业或单位管理者身边的秘书。英国现在出现了"executary"一词,是"executive"(执行者)和"secretary"(秘书)两个词的混合体。这个词很好地描绘了现代秘书这个多面手的特点。据西班牙网络杂志 secretariaplus.com 进行的民意测验显示,西班牙 50％的秘书希望自己在工作中能扮演领导助手的角色。这不只是单纯的形象问题,也是秘书这一职业随着时代发展而发生的变化,秘书希望自己的工作能得到更多认可。今天的秘书已经不再是以往的"全能女孩",不再是那种把咖啡送到上司面前,只会"听指示、做记录、保持沉默"的温顺雇员。现在的秘书可以承担各种复杂的工作,他们也已经为此做好了准备。西班牙网络杂志 secretariaplus.com 进行的民意测验显示,43％的秘书有硕士学位或者有多个学士学位。西班牙阿拉贡职业秘书联合会主席多洛宙斯·贝尔加表示,秘书这个职业"无论在职业角色还是工作条件和工具方面,都已经发生了重大的变化。现在我们要处理电子化的信息、组织视频会议、操作因特网……多年前的秘书只是一个电话接线员、文书速记打字员,而现在的秘书已经开始在公司或单位中扮演重要的角色,秘书甚至还拥有了某些事务的决定权。秘书要比上司更了解公司和企业"。

一、新时期我国秘书工作的基本特点

(一)智能服务

这是职能范畴的不同。传统秘书的职能范畴除文书撰拟是比较高层次的服务外,其他大多都是低层次的事务性服务。比如文书的办理整理、立卷归档、议的组织、接待工作、值班工作、信访工作、印信管理、车辆调度、后勤服务等。被社会公众看作是抄写的、跑腿的、办事的、打杂的。随着社会的发展,这种职能范畴已远不能适应时代的发展和满足领导工作的实际需要。社会呼吁有思想、懂管理、能参谋的高级智能型秘书人才。因此,为适应时代发展的潮流,满足领导工作的实际需要,秘书的职能范畴必须作出相应的调整。现代秘书理论告诉我们:现代秘书的职能范畴是在传统的事务性服务的基础上,进一步加强秘书智能服务的职能。职能服务是现代秘书与传统秘书的根本区别,是现代秘书职能范畴中最高级的职能。它是以调查研究为方法,以信息工作为基础,以参谋咨询为方式,以辅助管理、辅佐决策为根本内容的。

(二)主动服务

这是工作方式的不同。秘书工作具有突出的被动性,这是与生俱来、不容置疑的属性。因为秘书活动不是一种独立的职业,它依附、受制于领导活动。但是,现代秘书理论告诉我们:秘书活动包含主动与被动这一对基本矛盾。传统的秘书侧重于被动性服务,领导让干什么就干什么。而现代秘书则强调秘书要主动性、创造性地开展工作。主动性服务是现代秘书与传统秘书的又一个重要区别,是现代秘书应有的新的工作方式,可以这样说:秘书被动性做好了,只能是一个称职的秘书;如果能主动地提供服务,就是一个优秀的秘书。

(三)现代技能性服务,也是转型时期秘书工作的新特点

这是工作手段的不同。秘书工作包括许多技能,如计算机操作、交际礼仪、录音、录像、电传、电子商务等。这就要求秘书必须接受大学专门系统的学习才能入门,而一般秘书是很难真正掌握的。当然,技能不只是具体技术。技能中也有理论,甚至有高深的理论。但一个现代意义上的秘书,必须掌握这些技能。

(四)较高的法律素质

秘书应紧跟我国法制建设的步伐,不断提高自身的法律素质,凡事虑及法律,遵循法律,这样才能成为一名优秀的秘书。杜绝在辅助和处理日常事务的过程中出现以政策代替法律、以领导之言代替法律,借自己的特殊地位超越法律办事,为自己的利益忽视法律。这不仅扭曲了现代秘书形象,也损害了领导威信,是党纪国法所不容的。

智能服务、主动服务、现代技能性服务、有较高的法律素质为领导服务是新时期秘书工作的新特点,也是现代秘书的重要标志。所以,在新时期,领导应树立秘书观念,重新认识秘书的现代职业价值,深入挖掘现代秘书潜能,充分利用现代秘

书智能资源,为秘书工作者提供一个良好的职能环境:一个智能服务的广阔空间,一个施展才华的大舞台。秘书工作者也应与时俱进,自觉地运用"三个代表"思想武装自己的头脑,不断提高自己的自身素养,树立智能服务意识、主动服务意识、现代技能性服务意识、有较高的法律素质为领导服务意识,为新时期的领导工作提供更高级、更全面、更科学的智能服务和主动性服务,使我国的现代秘书事业走上健康发展的道路。

二、我国当代秘书工作发展的基本趋势

就全世界而言,秘书工作不仅存在于政府机关和企事业单位,而且遍布于社会各个角落。我国进入 WTO 后,随着社会主义市场经济的发展,秘书工作也加速了与国际接轨的进程,其发展趋势表现为以下方面。

（一）职场任职资格化

秘书的任职资格,是指从事秘书活动具体应具备的条件。由于长期缺乏规范化的职业资格鉴定制度,这支庞大的就业群体一直处于"无照经营状态"。因此,秘书职业一直没能得到社会的公正评价。值得庆幸的是,我国目前已对秘书实行了职业准入制度,拥有秘书职业资格正在成为进入这一行的必要条件。实行秘书职业准入制度的优势主要体现在以下几个方面:

第一,任职资格化有利于提高秘书队伍的整体素质。我国现行的秘书资格审核制度由权威机构把关,有科学全面的考试内容,加之严格的考核办法,对我国秘书人员整体素质的提高起到了十分重要的作用。

第二,任职资格化走出了与国际接轨的坚实一步。西方很多国家很久以前就对秘书人员的从业资格进行了规定,在这方面我国起步相对较晚。我国目前的职业准入制度在考虑国情的同时,也一定程度地借鉴了西方发达国家的经验。如考试级别、模块和内容的设置等逐渐与国际接轨。这种做法不仅大大缩小了我们与发达国家之间的差距,也方便了我国与世界其他各国之间的交流。除此之外,为了便于国际间的合作与磋商、协调与互利,我国还积极引进了一些国外职业鉴定机构授权开设的秘书资格证书考试。

第三,任职资格化为志愿从事秘书职业的人们提供了平等的机会。在实行任职资格化之前,对秘书的任用没有统一的标准,主要依据是领导者的好恶,随意性较大。很多有专业才能的人未能被任用,降低了我国秘书工作的效率和质量。目前,只要是具备报考条件并经考试合格的人,均有机会获得秘书从业资格。

（二）秘书工作职业化

秘书工作职业化,是指秘书人员所从事的工作相对稳定,并成为他们的主要谋生手段。对社会而言,秘书工作的职业化是社会经济发展到一定程度的标志;对领导而言,秘书工作的职业化是领导管理工作科学化的标志;对秘书本人而言,秘书工作的职业化是其职业意识强化的标志。

　　我国当前的秘书工作职业化可分为两种类型：职业路线型和产业路线型。第一，职业路线型。秘书有多种层次和级别，秘书的职业路线就是指秘书遵循由低级到高级这样一条循序渐进的道路而逐步走向成功。在这一过程中，秘书的工作经验会不断增加，如协调公关、策划参谋等各种能力会获得很大提高。第二，产业路线型。目前实行的资格鉴定制度为秘书产业提供了难得的机遇。产业路线又可以分为培训之路和服务之路。所谓培训之路，是指开办秘书培训班，对各级各类秘书进行系统培训，或者根据自己的经验出版各类秘书书籍，以此为生。所谓服务之路，是指成立面向社会提供秘书性有偿服务的民营机构。

　　（三）办公信息自动化

　　办公信息自动化，简称办公自动化，是指将现代化的技术和设备运用于办公活动中，使办公活动实现科学化、自动化和信息化，从而最大限度地提高工作效率和质量。办公自动化主要包括三方面内容：一是人，即秘书人员应具有现代化的思想和技术；二是信息，办公活动就是对各类办公信息进行收集、存储、处理和传送的过程；三是科学的工作程序和先进的办公设备。以电子计算机为中心所形成的信息处理系统，就是办公自动化的标志。办公自动化已对秘书工作产生了巨大的影响。

　　第一，有利于提高办公效率和办公质量。实现办公自动化后，计算机不仅可代替传统纸笔，还能及时进行修改，在大大提高书写速度的同时，也提高了工作质量。

　　第二，办公自动化有利于提高秘书人员的综合素质。目标是实现机器与机器、机器与环境之间的综合统一。因此，要实现办公自动化，秘书人员就必须严格要求自己，使自己的思想观念、心理结构和业务素质都能紧跟时代的发展。

　　第三，办公自动化有利于促进秘书工作规范化。办公自动化要求秘书必须按照办公自动化系统规定的程序、格式来处理大量事务，如统一收件、办件、发件等。这样，工作起来不仅更具规范性，也较轻松。

　　当今社会信息高度发达，计算机多媒体技术和网络通信技术飞速发展，谁能以最快捷的方式获得信息，谁就能在信息社会中占有先机。网络化时代的到来以及知识经济的到来，对秘书工作形成了一股强大的冲击波，对秘书任职资格提出了新的挑战。新时期的秘书要善于通过互联网了解国际局势、国内新闻，搜集有关政务信息；要积极适应电子商务时代的到来，及时把握瞬息万变的商机，为发挥参谋助手作用积累丰富的素材；要树立信息化意识，积极培养自己的信息敏感性，随时随地捕捉有利于工作的信息，并及时把处理后有价值的信息提供给领导；要主动了解计算机、网络的发展状况，掌握最新技术并用于秘书业务之中；对日新月异的知识更新和汹涌而来的科技革命浪潮要有所认识；要精通现代化办公设备，这将对领导决策大有裨益。秘书还要了解与WTO有关的各项法规制度。如世界贸易规则的框架体系，世界贸易规则的特殊条款，世界贸易规则的行业规范体系。只有具备新知识结构的秘书，才能在复杂的国际、国内经济环境中，利用有利条件，转化不利因素,辅助领导作出正确决策。

（四）知识结构专业化

新时期的秘书除了应具备社会科学、自然科学等最基本的知识外,还应掌握与工作相关的专业知识。秘书的专业知识包括两方面:第一,每个秘书人员都应具备的秘书业务知识。它包括文体写作知识、档案管理知识、调查研究知识、信访工作知识、会务组织知识等。不掌握这些知识,就不具备从事秘书职业的资格。第二,秘书人员所在单位和部门的专业知识。这一层次的知识因秘书服务对象的不同而有所差别。每个行业都有自己的行业知识,如果一个秘书对自己所服务的单位或部门的行业知识不甚了解,必定不能胜任工作。比如,政法机关的秘书应精通法律知识,教育机关的秘书应熟悉教育,零售行业的秘书不仅要善于公关、协调,还要掌握市场营销方面的知识,懂得如何选择恰当时机和有效手段来开展自己的业务。未来的秘书除了具备秘书专业知识外,还应在工作实践中自觉加强对专业知识的学习,把握国内外相关专业领域动态,了解新兴学科,不断完善和充实自己的知识结构。

◎ 技能训练

训练一　案例讨论

一、训练目标

通过案例分析与训练,熟练地掌握有效发挥秘书作用的技能。

二、训练方案与要求

讨论案例一:季市长与他的秘书

与季市长接触过的中外朋友,没有会一个不敬佩他学识渊博。和他见面后,文学艺术家会把他看做知己;工程技术专家把他看成同行;井下工人会说他是贴心人;种地的老农乐意与他扳着手指谈收成;就是那些在自己研究领域里痴迷的"怪人",也会与季市长有共同语言。不少人称季市长是全才、天才。只有他的妻子知道,老季不过是比别人勤奋些的凡人。这位出了名的、勤奋的凡人后面,还有一个不出名的、更勤奋的人——市长的秘书老许。

季市长上任伊始,就发现办公厅秘书处老许学识渊博,功底深厚。俄罗斯曾派出一个宇航科技代表团来市里访问。市长要出面接待,许秘书为此准备了谈话提纲。会谈中,季市长不仅对世界宇航领域的发展状况作了透彻的分析,而且展望了未来的发展,对人类共同开发宇宙资源提出了一些很有见解的看法。那些宇航专家一个个伸出大拇指赞不绝口,说季市长的见解精辟,有独到之处,对宇宙尖端科学了解如此深刻的政府官员是不多见的。后来，季市长又接见了一个考古代表团。季市长从许秘书准备的材料中，不仅掌握了本省本市的古文化遗产，而且对我国最新考古成果也了解得比较全面，特别对该考古代表团成员的成果都知晓得十分具体。有位专家私下问旁人，季市长是否是考古学者出身？当他得知市长原来是搞建筑的专业人员时，惊奇得目瞪口呆。

一天，日本一个建筑代表团要来访问。季市长认为自己是搞建筑出身，又当城建系统领导多年，对建筑行业的情况还比较了解。因为工作忙，所以没有去看许秘书为他准备的资料。结果，在会谈中客人问起中国园林建筑各流派的艺术风格时，季市长一时难以说清楚。好在许秘书在座，礼貌而自然地接过话题，既回答了客人提出的问题，也顾及了领导的威信。从那以后，市长每天下班总要看看办公桌上有没有许秘书留下的资料。如果有，他一定要带在身边。哪怕工作到深夜，他也要把许秘书留下的资料读完、记住。

前不久，许秘书积劳成疾住院了。恰巧这时美国一个生物代表团前来访问。市政府办公厅为了搞一份市长参考资料，请来了高校和科研单位的水生物方面的专家，结果搞了两天因意见不统一而写不出一份材料来。明天就要与美国朋友会谈，市长下班时习惯地看看自己的办公桌，只见一份水生物研究方面的综合资料，照例已放在那儿。许秘书病中还没有忘记自己的职责。第二天，那些专家们没写出综合材料，办公厅只得安排他们一起出席座谈，以便帮助领导回答专业性很强的问题。没想到市长谈吐自如，旁征博引，毫无外行窘态。不仅美国专家对市长的学识感到吃惊，连本市的学者也大为赞叹。

老许与市长配合了四年，市长的书籍和资料增加了五倍。市长升任省长后，每晚睡觉前看第二天需要的资料的习惯没变。秘书已经退休了，但被他画着各种符号的各类资料，还经常在原任市长、现在的省长的手中、枕下和书桌上。

分析思考：

1. 通过案例分析，如何理解市长夫人对市长的评价："老季不过是个比别人勤奋些的凡人。这位出了名的、勤奋的凡人后面，还有一个不出名的、更勤奋的人——市长的秘书老许。"

2. 从案例中可以看出许秘书在幕后的辛勤工作，对领导人季市长起了哪些积极的作用？

3. 若你担任市长秘书，要产生像许秘书这样有效的辅助效果，你将做哪些方面的准备？

讨论案例二：交印

老陈上月办了退休手续，接替他工作的是刚考进机关的小刘。小刘学的是档案专业，做机要秘书比较合适。然而，老陈办过手续后仍照常上班，还是那样上班提前半小时、下班推迟半小时的几十年的老习惯。

有人说他："老陈啊,该歇息了!"言外之意,退休了,还上班干吗? 老陈笑笑："小刘刚来,让人家熟悉熟悉。"

其实,他何尝不想休息呢? 老伴得了中风,在家要人照顾;儿子、媳妇都上班,小孙女在幼儿园要人接送;八十多岁的老母亲行动不便,要人服侍;他本人也有慢性支气管炎,经常发作。对他来说,退休再需要不过了。因为没有合适的人选,所以在退休年龄到后半年才办了手续。如今,老陈不是不想休息,而是有一桩心事未了。老陈干机要秘书快40年了。那时组织上分配他干此项工作,他还是血气方刚的小伙子,如今已做爷爷了。随着岁月的流逝,他黑发变成了白发。主任换了几位,与他同进机关的人,有的当厅级领导,有的升为处级干部,可他却依然只是个副科级机要秘书,长年累月同文件、章印打交道。但他看别人提升从不眼红,也没有牢骚。他感到最大的欣慰是,几十年没有丢失过一份文件,没有错盖过一次章印,也没有发生过任何失密、泄密的事件。自己单位年年被评为机要工作的先进工作单位,锦旗、奖状挂满墙。

使他终生难忘的是在"文革"动乱时期,"造反派"夺权,逼他交出大印。他严词拒绝:"政府大印是人民交给我保管的,没有组织的命令,我宁死也不能交出!"为此,他被打成"保皇派"、"死硬派"、"黑线人物",挂牌子、戴高帽,遭受批判、揪斗,至今脸上还有被"造反派"殴打而留下的伤疤。

这一段经历,他都对小刘讲了。

现在,唯一使他放心不下的是墙上的锦旗、奖状能否保得住,先进单位能否延续下来。因此,他把其他工作都交给小刘,只是印盒的钥匙还未移交,每天仍带着钥匙上班,有用印的事,把钥匙交小刘处理,自己在旁边看着。当然,小刘用过后也不便把钥匙留下,仍交还给他保管。在一个多月的时间里,老陈与其说是帮忙,让小刘熟悉情况,不如说是观察小刘的行为。小刘在工作中的每个细节,他都看在眼里、记在心里,尤其是用印、盖印、管印看得格外仔细,不仅看他的操作方法是否规范,而且看他有无认真负责的态度。

一天下班前,某部门办事人员抱着一堆文件来付印,并且说:分管领导已经同意了,他正在开会,叫先付印寄发,会后补签。小刘没有同意,他说:"要领导签发后才能付印,这是制度。"那位同志说:"领导散会后就要下班了,再盖印今天就来不及发出了。"小刘说:"没问题,我等领导签过字后用印,下班可以延迟,帮你把文件发出再下班。"最后,他待领导签过字,帮来人把文件送到邮局,直到晚上九点才回家。

老陈对这件事非常满意,他觉得小刘合格了。第二天一上班,他就从保险柜里捧出印盒,拿出钥匙,招呼小刘:"我今天正式把政府大印移交给你,请你验收! 从今天起,你就是政府章印的掌管者。这个责任重大啊!"

小刘打开印盒,里面放着黄灿灿的政府大印和调好的红彤彤的印油,红得分外鲜艳。

分析思考：

1. 案例中老陈这个人物给你怎么样的启示？

2. 老陈为何迟迟不交印盒的钥匙？

3. 小刘是一位合格的机要秘书吗？

◎ **知识拓展**

链接资料一：毛主席机要秘书高智谈秘书工作（摘要）

当时，我和罗光禄担任主席的机要秘书，一天二十四小时值班，主要负责为主席筛选和传递文件、报纸、处理信件、接待客人、安排主席会客、召开会议等，有时也照顾主席的饮食起居，工作比较顺利。我觉得跟主席在一起工作，要具备的条件不外乎两条：一是要尽快地适应他，熟悉他的脾性；二是要同他产生一种真挚的感情交流，取得他的信任。正如毛主席几次和我说的："在工作上我是主动的，你们是被动的。"我们机要秘书的职责理所当然的就是围绕着他考虑的问题转。凭良心讲，在这方面，我可是动透了脑筋，为了适应他的需要，我特别注意他在每一段时间想什么，大的方面一般比较明确，但是具体到哪个省、市、哪一件事上，就煞费心思啦。但是这也不是没有规律可循，毛主席所注重的是那些典型意义、有指导意义的事，是那些在特殊中呈现出一般规律的事。机要秘书的一项重要工作就是为主席提供材料，因此我在阅读、分析、归纳、总结各种报刊、简报、文件和材料时，就特别注意这类问题。努力揣摩毛主席的需要，有时主席喊，估计是要找文件，我就把材料带上去见他，有好多次他要什么，我当场就拿出什么，毛主席很满意。这样我就在被动中获得了一定的主动权。有一次毛席笑着对我说："你这个人，是懂得我心理的。"

跟随期间，我们经常陪他外出，到成都、回韶山、上庐山、去天津，我都在他身边。他七次畅游长江，我就陪他游了好几次。要做好随行工作也是不容易的，比如和毛主席外出，途中他多次问我，现在到哪里了？从某地到某地需要多少时间？哪里可以停车？时间长了，我感觉到这是他外出必问的事，就请专列上铁道部的同志为我制作了一张从北京到华东、华中各省市的里程及列车运行时间表。此外，主席外出巡视，为了察看民情、了解庄稼长势以及和基层干部谈话等，常常要中途停车。这样为了保证其他列车的正常运行，他的专列必须停在岔道上。而每停一处，毛主席总喜欢询问岔道情况，所以我要他们制表时标明主要岔道，并将其背得滚瓜烂熟，以后主席再问我这方面的事，我就对答如流了。

二十四小时都在主席身边，朝夕相处，除了日常工作之外，有时也要照顾主席的生活起居，时间长了就像一家人似的；另一方面，主席对我们很亲切，从来也不随便发脾气,又像长辈对待晚辈一样;同时,我对主席非常敬重,他毕竟是一个领袖、一个伟人,而我只是他身边的一个服务人员、工作人员。我在主席身边学会了怎样做人,懂得了点道理。

(原载《当代秘书》1999 年第 5 期)

链接资料二:秘书长——难当的多重角色
——湖南邵阳市人大常委会秘书长　申　季

　　我在五年的秘书长工作实践中深深体会到:秘书长岗位特殊,任务繁重,责任重大,确实难当。秘书长何以难?难就难在他是一个多重性角色:一、领导决策中,秘书长是总参谋长,他既是领导成员,直接参与民主科学决策;又是参谋助手,组织信息调研,为正确决策和决策实施服务。如果领导成员较多,彼此不大和洽,秘书长夹在中间就难以调节领导关系。二、在机关工作中,秘书长是总调度,他要负责协调好上上下下、左左右右、里里外外、方方面面的关系。其中同级关系是最难协调的。每每秘书长根据领导集体的决定,向机关内外同级部门交办、查办、催办工作时,若同级不予合作,甚至顶着不办,秘书长常常处在左右为难的境地。三、在后勤供给中,秘书长是总管家。后勤供给包括许多方面:安排吃、住、行、用、医;处理幼、老、病、退、死等问题。在当前人、财、物不够充裕的情况下,很难满足每个人的多方需求。四、在机关自身建设中,秘书长是总负责人,他要负责整个机关的思想、组织、业务、制度等方面的建设,要从严理政,科学管理,切实把机关各项建设抓好。秘书长的工作千头万绪,紧张繁忙,每每尽了最大努力也难以把各种工作办得十全十美;许多工作即使做好了也会有人不满意。

　　秘书长确实难当!但是,做人做事我只本着一个信念:只要站得正、走得直,少说空话、多干实事,就可以克服困难收到实效。我秉着"参与政务,管理事务,搞好服务"的宗旨开展工作。一、参与政务。在一个机关里,政务与事务是相互促进的有机整体。政务搞好了,可以带动事务的开展;事务搞好了,又可以直接促进政务工作的成效。作为市人大常委会秘书长,更要重视政务。这是因为地方国家权力机关行使决定、监督和任免三权,都是属于重要政务。故市人大常委秘书长要强化参与意识,要把参与政务作为首要职责和第一位工作来抓。二、管理事务。事务工作主要包括文书事务和生活事务。管好事务,是为保证机关正常、高效率地进行职能活动,创造和提供最佳状态的生活和工作条件。只有高质量地做好事务工作,才能使整个机关正常运转。不能把事务工作看成是小事;即使是小事,有时小事办不好也会误大事。三、搞好服务。秘书长是秘书部门的头,秘书部门的工作指导思想是三服务,地方国家权力机关的秘书部门三服务是:一为三会(人大会、常委会、主任会)会议服务;二为人大代表和人大常委会组成人员依法行使职权服务;三为本机关和上下级人大服务。秘书长要权立主动服务和超前服务思想,要以全心全意、忠心耿耿、任劳任怨、无私奉献精神去领导好"三服务"工作。总之,秘书长工作要学会弹钢琴的工作艺术,十个指头协调动作,既要分清主次,紧紧抓住政务这条主线,又要统筹兼顾,管理好事务,搞好服务。

(原载《秘书之友》1995 年第 6 期)

链接资料三:一字值千金

中国有个成语叫做"一字千金",极言文章价值的高贵,难易一字。此乃文坛佳话,并非实指。然而在现实生活中的确存在因文字水平欠佳,或疏忽大意,写错(打错)写漏(打漏)一字而造成巨大经济损失,甚至不可弥补的损失的憾事。据报刊载:

2000 年 5 月,澳门邮电局举行记者招待会,介绍即将发行的《文学与人物——西游记》新邮品事宜。会上有记者发现,一套共六枚的新邮票中,面值三元五角的邮票,小题应为"佛祖镇悟空",但邮票上的"佛"字错为"弗"字。随后澳门邮电局宣布延迟《文学与人物——西游记》新邮品发行日期。由于在准备发行前夕才发现此问题,可能使已印好的 75 万套邮品就此报废。

新疆吐鲁番市城市建设局市容环境卫生管理处(甲方)同一个体户(乙方)于 1998 年 9 月 15 日签订了一份合同。合同第一条规定:甲方将一幢临街楼房租给乙方,租期 5 年,租金第 1 年交 113000 元,后 4 年交 130000 元。合同签订后乙方将第 1 年的租金一次交清。2001 年初,甲方找到乙方说:房屋出租合同中后 4 年租金 130000 元这句话中少了一个"年"字,应改为后 4 年年交 130000 元。2001 年 6 月 5 日甲方将乙方告上法庭。吐鲁番市人民法院一审判决甲方胜诉。乙方不服此判决,于 2001 年 9 月 22 日向吐鲁番地区中级人民法院上诉。吐鲁番地区中级人民法院于 2001 年 12 月作出终审判决,因甲方未在法定期限一年内提起诉讼,请求撤销或变更合同,其撤销和变更权已失效,故本院不支持被上诉人要求按每年支付 130000 元租金的请求。这样,甲方因在合同中漏掉一个字而白白损失 39 万元。

今年 8 月,广东博罗县中学一位高考考生惊异地得知,其做体格检查的结论原本是"腹部可见 6cm×10cm 烫伤后陈旧疤痕",但给高考录取人员作为重要参考依据的体格检查核对表可能已给录取人员造成该考生"五官不够端正"的误解("腹部"误写成"脸部"),影响到对他的正常录取,因为这一字之差太关键了。

正所谓"失之毫厘,谬以千里"。一字之差,轻者贻笑大方,重者会造成巨大经济损失,甚至会误人子弟,给他人带来终生的遗憾。文字工作不是雕虫小技,而是一项既要有深厚扎实的功底,又要有高度责任心的重要工作,万不可马虎大意。但愿我们从事文字工作的同志对自己所从事的工作能够做到引以为荣,热爱有加;刻苦钻研,提高水平;一丝不苟,精益求精。但愿上述类似憾事不再发生。

(原载《秘书工作》2002 年第 12 期)

项目二　秘书素质与职业道德提升

◎ 学习目标

知识目标

● 了解秘书职业道德特点、意义、作用,秘书职业道德范畴。

● 熟悉秘书的角色定位、谦虚慎独、大局观念、奉献精神、保密意识。

能力目标

● 通过秘书职业氛围体验训练,改善学生学习习惯。

● 通过案例,理解理想、责任、技能、纪律、良心、荣誉的秘书职业特点。

● 能正确角色定位,养成谦虚慎独、乐于奉献、注重保密的职业操守。

◎ 工作任务

● 任务一:秘书职业素质强化。

● 任务二:秘书职业道德提升。

◎ 导入案例

优质服务与工作差距

大学同窗王芳和李兰几乎同时应聘在某农产品超市当办公室文员。不久,李兰受到了总经理的青睐,一再被提升,很快就做到了部门经理,可工作起来同样吃苦的王芳却一直在做文员。终于有一天王芳忍无可忍,向总经理提出辞呈,并痛斥总经理用人不公。

总经理耐心地听着,若有所思。忽然他说:"年轻人,别忙着辞职,先帮我到集市上看看,有什么可买的。"王芳很快从集市回来说:"只有一个农民拉了一车土豆在卖。""一车大约有多少袋,多少斤?"总经理问,王芳又跑回去,回来说有10袋。"价格是多少?"总经理又问,王芳欲再次跑回集市,总经理望着气喘吁吁的她说,"请休息一会儿吧,你可以看看李兰是怎么做的"。说完,叫来李兰对她说:"请你马上到集市上去看看,今天有什么可买的。"

李兰很快从集市上跑回来了,汇报说到现在为止,只有一个农民在卖土豆,有10袋,价格适中,质量很好,她带回来了几个让总经理看看。这个农民过会儿还将弄几筐西红柿上市,据李兰看价格还公道,这种价格的西红柿总经理可能会要,所以,他不仅带回了几个西红柿做样品,还把那个农民也带来了,他现在正在外面等着回话呢!

　　面对这一切,王芳忽然明白了,李兰比她多想了几步,于是她在工作上总会取得成功。

　　思考题:

　　1. 王芳和李兰的差距在哪里?

　　2. 秘书应该如何为领导提供优质的服务?

　　提示:秘书工作是一项因连接上下、沟通左右、落实部署,融事务性与技能性于一体而要求很高的工作。由于秘书地位的特殊性及秘书工作的复杂性,决定了该项工作对秘书有较高的素质要求和职业道德要求。

◎ 理论导读

任务一　秘书职业素质强化

　　有人说,素质是人在某些方面的本来特点。也有人说,素质是实践中增长的修养,知识水平高、工作能力强的人,常常被人们说成是有素质的。素质是成事之基,是立身之要。在新的历史条件下,对秘书人员的政治素养、专业知识、综合能力、心理素质、人际关系、思想观念等方面,都提出了新的更高的要求,秘书人员只有不断提高自身的综合素质,才能当好领导的参谋与助手;否则,就会事倍功半,甚至事与愿违。

一、秘书应具备的政治素养

　　秘书工作是一项政治性、政策性很强的工作,因此秘书人员首先要有良好的政治素养:坚定正确的政治方向,思想敏锐;强烈的事业心;较高的理论政策水平;实事求是的思想作风;淡泊明志,乐于奉献;踏实细致,一丝不苟。

　　第二,要有强烈的事业心和高度的责任感。这是做好秘书工作的思想基础,优秀源于热爱,著名科学家爱因斯坦曾说"热爱是最好的老师"。只有事业心强的人,才能积极主动地处理各项事务,为领导工作出谋划策,提高工作效率,才能够以坚忍的意志和豁达的品质承受种种挫折和磨难,始终保持乐观进取的精神。只有责任感强的人,才能使秘书工作更好地为领导工作服务。

　　第三,要有实事求是的思想作风。实事求是是我们党的优良传统和作风,秘书工作要注意发扬这种传统和作风。要求秘书人员在工作中善于把党的路线、方针、政策同本地区、本部门、本单位实体情况结合起来,勇于探索,与时俱进,创造性地开展工作;要求秘书人员在工作中遵守客观事实,如实反映情况,敢于坚持原则,不弄虚作假,更不能欺上瞒下,力戒工作的片面性、主观性。

二、秘书应具备的知识素养

一是基础知识。基础知识是秘书素养的根基。基础知识越扎实、越丰富,秘书的潜力发挥就越大。一方面是社会科学基础知识,如语文、历史、政治、哲学。细述之,则有外语、计算机、写作基础、现代汉语、古今中外文学、逻辑学基础等。另一方面是自然科学基础知识,如数学、物理、化学、生物、天文地理等。

二是专业知识。专业知识是秘书素养的核心内容。它包括两方面的知识。一方面是秘书学科专业知识,主要有秘书学、秘书史、秘书业务三大部分。秘书业务又包括办文、办公、办事等。另一方面是秘书的专业部门的业务知识。比如,秘书就职于金融业,就必须掌握有关财政金融方面的基本知识;就职于文教卫系统,就得学习了解有关文教卫方面的基本知识。

三是相关知识。相关学科知识是指与秘书专业密切相关的一些学科知识。主要有行政管理学、社会学、心理学、公共关系学、新闻学、运筹学、法学、编辑学、领导科学等。

三、秘书的心理素质

秘书人员由于工作岗位的特殊性,不仅人际关系较复杂,而且在紧张的工作中所遇到的矛盾、困难、挫折也较多,如果没有较强的心理承受能力,就难以应付工作中所出现的各种情况,产生心理上的不适应。所以,提高秘书人员的心理素质具有十分重要的现实意义。

一是具有克服心理障碍的素质。秘书工作是一项十分繁重的脑力劳动,其高紧张、快节奏和高压力都对秘书的心理品质提出了很高的要求。作为秘书,尤其要克服三种心理障碍:第一种是嫉妒。要正确认识自己的差距,扬长避短,发现并开拓自己的潜能,不断充实和提高自己,保持"你强我要通过努力比你更强"的积极心态,消化"我不强也不能让你强"的消极情感。第二种是郁闷。要敢于面对郁闷,增强自信,保持心理活动的平衡,控制和调节好自己的情绪,对未来充满信心。要培养"处之泰然,安之若素"的襟怀,不为一时一事所困扰,不为小小的得失而耿耿于怀。第三种是厌烦。要注意培养对自己职业的兴趣,要学会能忙中偷闲,忙中找乐,忙中避乱,忙中避争。法国作家大仲马说得好:"人生是一串无数的小烦恼组成的念珠,乐观的人总是笑着数完这串念珠。"秘书就是要做这种乐观的人。

二是善于处理人际关系的技巧。人际关系是属于社会心理学的一个概念,主要指个人在社会交往实践中形成的人与人之间的相互作用和相互影响。人际关系有个体性、情感性、对应性三个特点。秘书人员要处理各色各样的人际关系,是否能处理好这些人际关系,直接影响着秘书工作的成败。很显然,一个经常与领导闹矛盾、与同事赌气的秘书不可能做好秘书工作。

秘书人员由于工作岗位的特殊性,不仅人际关系较复杂,而且在紧张的工作中所遇到的矛盾和困难挫折也较多,如果没有较强的心理承受能力,就难以应付工作中所出现的各种情况,产生心理上的不适应。所以,提高秘书人员心理素质,具有十分重要的现实意义。作为秘书应具备的心理素质主要是指:树立正确的人生观;确定适度的抱负水平;学会调节心理压力;克服不良心理影响;培养健康的兴趣和爱好;克服不良的嗜好,养成良好的生活习惯;积极参加各种形式的体育锻炼活动;做事有百折不回、坚持到底的勇气和毅力;具有自信、热忱、沉着、乐观饱满的情绪,有幽默感。

四、秘书应具备的能力

一是表达能力。表达能力有两种方式,即口头表达能力和文字表达能力。

口头表达能力就是如何运用口头语言表达思维的能力。秘书人员在上情下达、下情上传的工作过程中均离不开口头表达。口头表达一要清晰自然;二要准确、简练;三要有条不紊;四要有说服力;五要反应敏捷;六要注意分寸。

文字表达能力是指书面表达的能力,即写作能力。写作能力是秘书人员的基本功。要把领导交代的工作用文字写在纸上,须经常撰拟各种文稿,写作范围很广,这就要求秘书人员熟知各种应用文体的写作,尤其要熟练掌握通用公文、专用公文及公务常用文的写作。写作能力的提高没有捷径可达,而在于平时勤学苦练。

二是领悟能力。领导意图是指领导人为实现其工作目标,完成其职责任务而产生的工作意见、思想意图等内容的统称。秘书必须迅速准确地领会领导的想法,感悟其中的要点所在,领悟太慢会耽误工作,领悟错了则会"南辕北辙"给自己添乱。要使自己和领导之间形成"心有灵犀一点通"的默契,关键在于领悟能力的不断提高。秘书的领悟能力包括理解能力、分析能力、判断能力和学习能力等。

三是办事能力。秘书工作本身具有极其明显的事务性特征,如文书事务、接待事务、会议事务、领导交办事务等。办事范围广,内容多,任务繁杂。这就要求秘书应具备很强的办事能力,对于任何一个单位来讲,所有这些事都是有价值和必要的,秘书处理事务时,应围绕领导工作的要求,培养自己独立的处理事务的能力。尽管秘书工作带有被动性,但秘书应有工作的主动性,在"不越位、不错位"的基础上发挥自己独立办事的能力,真正成为领导的助手。这种办事能力包括组织能力、策划能力、应变能力等。

四是沟通能力。沟通是一种信息交换过程。使人们为了确定目标,用一定的符号,把信息、思想和情感在人与人之间进行传递的过程,主要沟通形式有横向沟通和纵向沟通。横向沟通一般是指部门与部门、员工与员工之间平行沟通。纵向沟通主要是指上下级关系之间的沟通,一般包括自上而下、自下而上两种沟通。领导从上至下的下行沟通是纵向沟通的主体,而秘书自下而上的上行沟通是纵向沟通的关键。秘书是沟通决策层与执行层、劳资双方、单位内各部门、单位与社会等方面关系的重要人物。要使秘书工作卓有成效,秘书就必须具备很强的沟通能力。提高沟通能力要做到以善待人、以情感人、以理服人、以利动人。这种沟通能力包括交际能力、协调能力、谈判能力等。

五是信息处理能力。秘书部门是单位的综合办事机构，是为领导服务的。领导工作离不开信息，信息贯穿于领导工作的全过程。当今是一个信息化时代，秘书部门为领导工作服务的一项重要内容就是加强调研，提高调查能力和研究能力，提供有价值的信息服务，从而为领导决策当好参谋。因此，秘书人员应具备较强信息处理的能力。

六是操作能力。包括办公设备、通信工具的使用和保管等方面。随着高科技的发展和网络技术的应用，秘书的传统工作方式也有了根本性的改变，信息搜集、整理、传递、处理的速度和有效性大大提高，文字处理和扫描仪、数码相机、电脑、数码文件中心、投影仪、电视会议系统、图像编辑系统、电子辞典、多功能手机及文字处理、音像信息、通信、智能设备在内的所有高技术办公设备的运用，不仅能提高秘书的办事效率，也能增加秘书事务处理的准确性。作为现代秘书，必须具有操作这些现代办公设备的能力和技术。因此，秘书人员要注意训练和提高这方面的动手能力，才能真正提高担负起为领导服务的责任。

五、秘书的职业形象和气质

秘书部门俗称"窗口"。"窗口"作用发挥好坏与秘书职业道德有直接关系，也与秘书人员自身的职业形象和气质有着更紧密的联系。由于秘书人员工作性质和工作场合的特殊性，决定了秘书职业形象的标准和规范。概括而言，那就是：整洁清爽，端庄大方，忠诚精干，谦逊敏捷。秘书的职业气质是秘书人员最本质的东西，是秘书人员气质和素质的自然流露。秘书的气质应该是内秀而充实，成熟而优雅，诚实而和蔼，深沉而含蓄，独特而不俗。不管是秘书的职业形象，还是秘书的职业气质，都是可以经过训练和自我完善培养出来的。

任务二 秘书职业道德提升

秘书人员是秘书工作的主体，能否做好秘书工作，在很大程度上取决于秘书人员所具备的素质修养和职业道德修养。这些素质修养和职业道德修养是由秘书工作的性质、任务和特点所决定的。素质修养是指秘书人员在政治、思想、作风、道德品质、知识、能力、心理诸方面的综合素质。职业道德修养，主要是指职业责任、职业纪律、职业情感、职业能力、职业形象、职业言行等方面的修养。这些是可以通过修炼和积累达到的。修养的目的，修炼是过程。古语说："书中自有颜如玉"，"学然后知不足"。所以说，秘书人员是可以通过长期的学习和实践以及生活磨炼，来提升自己的职业道德和综合素质的。

（一）职业道德的内涵和特征

道德是一个庞大的体系，职业道德是这个体系中的重要组织部分，它是社会分工发展到一定阶段的产物。职业道德是个大众化名词,与人们的职业活动紧密相连,以善恶进行评价的心理意识、行为原则和行为规范的总和,它是人们在从事职业过程中形成的一种内在的、非强制性的约束机制,是人们在履行职责范围内所遵守的道德原则和行为规范的总和。

各行各业都有自己的职业道德。秘书相对于其他职业而言,职业道德尤其重要,其原因主要就在于这个职业最接近决策层、领导层,甚至直接参与其中,知密多,知密早,知密深。如果一旦道德沦丧,造成的损失将无法估量。由于秘书工作的从属性、被动性、事务性、综合性等特点,决定了秘书人员须具备较高尚的人格,恪守职业道德。职业道德要求主要有:忠于职守,自觉履行各项职责;服从领导,当好参谋;兢兢业业,甘当无名英雄;谦虚谨慎,办事公道,热情服务;遵纪守法,廉洁奉公,不假借领导名义以权谋私;恪守信用,严守机密;实事求是,勇于创新;刻苦学习,努力提高思想、科学文化素质;钻研业务,掌握秘书工作各项技能。

职业道德有三方面特征:一是范围上的有限性和一般性。任何职业道德的适用范围都不是普遍的,而是特定的、有限的。一方面,它主要适用于走上社会岗位的成年人,某一特定行业的职业道德只适用于专门从事本职业的人。另一方面,职业道德有一些共同性的要求,他是所有职业均应遵守的规范。二是内容上的稳定性和连续性。由于职业分工有其相对的稳定性,与其相适应的职业道德也就有较强的稳定性和连续性。三是形式上的多样性。职业道德的形式,因行业而异,不同的行业均有本行业特定的职业道德形式要求。

所有职业都应该遵循的职业道德规范是:文明礼貌、爱岗敬业、诚实守信、办事公道、勤劳节俭、遵纪守法、团结互助、开拓创新。

(二)职业道德的作用

职业道德不仅对个人的生存和发展有重要的作用和价值,而且与企业的兴旺发达甚至生死存亡密切相关。具体作用表现有:一个人若有良好的职业道德,他就会从劳动中体会到人生的乐趣,实现人生的价值,促进自身的发展。职工若具有良好的职业道德,不仅有利于协调职工之间、职工与领导之间、职工与企业之间的关系,增强企业的凝聚力,而且有利于企业的科技创新,有利于降低产品成本,提高产品和服务质量,有利于树立良好的企业形象,提高产品的市场竞争力。

(三)秘书的职业道德

各行各业都有自己的职业道德。一般来说,有多少不同的行业,就有多少种不同的职业道德。做人讲人品,做职业则要讲职业道德。比如,教师的职业道德是教书育人,无私奉献;医师的职业道德是救死扶伤,治病救人;法官则应秉公执法,铁面无私等。秘书的职业道德要求主要有:

1. 谦虚谨慎,文明礼貌;

2. 办事公道,热情服务;

3. 实事求是,讲究时效;

4. 兢兢业业,甘当无名英雄;

5. 忠于职守,自觉履行各项职责;

6. 钻研业务,掌握秘书工作各项技能;

7. 奉公守法,不假借上司名义以权谋私。

◎ 技能训练

训练一　案例讨论

一、训练内容

根据案例讨论秘书的职业规范,秘书职业意识。

二、训练目标

主要通过一些具体的训练方法,帮助学生进一步了解和掌握秘书应具备的素质和职业道德,提高学生从事秘书工作的悟性。

三、训练方案与要求

案例:世界著名的电器公司——松下公司的人才标准

松下公司有无数神奇的经验,但其中最为成功的一条是松下幸之助有一套育人、选人、用人的有效方法和标准。正是他在这方面的成功,才使得松下公司有今天这样辉煌的成就。

下面让我们来看看松下公司的人才标准究竟是什么?

1. 不忘初衷而虚心好学的人。所谓初衷,就是松下公司的经营理念,即创造出优质产品以满足社会、造福社会。松下幸之助在任何时候都非常强调这个初衷。他说,经常不忘初衷,又能够向别人学习的人,才是企业所需要的第一要件。

2. 不墨守成规而经常出新的人。松下公司允许每一个人在坚持基本方针的基础之上,充分发挥自己的聪明才智,使每一个人都能够展现其自身特有的才华。同时,也要求领导能够给予部下一定的自由,使每一个人的才能发挥到极致。

3. 爱护公司,和公司成为一体的人。在欧美人那里,当人们问及一个人他所从事的工作时,他的回答总是先说职业,后说公司;而日本人则相反,总是先说公司,后说职业。松下公司要求自己的员工保持日本人的这种观念,要有公司意识,与公司甘苦与共。

4. 不自私而能为团体着想的人。松下公司不仅培养个人的实力,而且要求把这种实力充分应用到团队上,形成合力。这样才能给公司带来朝气蓬勃的景象。

5. 作出正确价值判断的人。松下幸之助认为,价值判断包括多方面。大而言之,有对人类的看法;小而言之,有对日常工作的看法。松下认为,不能作出判断的人,实际上是一群乌合之众。这样的人,永远不会有多大的成就和作为。

6. 有自主经营能力的人。松下认为,一个员工只是照着上面交代的去做事,以换取一月薪水,是不行的。每一个人都必须以预备成为社长心态去做事。如果这样做了,在工作上肯定会有种种新发现,也会逐渐成长起来。

7. 随时随地都是一个热忱的人。松下认为,热忱是一切的前提,事情的成功与否,往往是由做事情的决心和热忱的强弱决定的。碰到问题,如果有非要做成功的决心和热情,困难就会迎刃而解。

8. 能够得体地支使领导的人。所谓支使领导,也就是提出自己所负责工作的建议,促使领导首肯;或者对领导的指令等能够提出自己独到的见解和看法,促使领导修正。松下幸之助说:“如果公司里连一个支使领导的人也没有,那么这个公司就糟了;如果有 10 个能够支使领导的人,那么公司就会有无穷的发展;如果100 个人能够支使领导,那就更不得了了。”

9. 有责任意识的人。松下认为,不论在什么职位和什么岗位上的人,都必须自觉地意识到自己所担负的责任和义务。任何岗位上的员工,只有自觉地意识到自己的责任之后,才会激发出积极的自觉探索精神,产生圆满的工作效果。

10. 有气概担当公司经营重任的人。有能力、有气概当公司重任的人,不仅需要有足够的经营常识,而且需要具备管理和经营一个公司的品质,这种品质则是以上各种能力的有机结合,不仅需要勇气、自信,而且需要具备一种仁爱和献身的精神。

分析思考:

1. 从职业道德是事业成功的保证角度评析松下电器公司的人才标准?

2. 看了松下电器公司的人才标准,你受到什么启发?

训练二　即时演讲训练

一、训练内容

以“秘书风采”为主题,进行对秘书素质和职业道德的演讲式讨论。

二、训练目标

通过组织一次“秘书风采”的演讲比赛,训练学生口头与文字综合表达能力,进一步提高学生对秘书优秀品质的认识。

三、训练方案与要求

1. 安排:歌颂和反映你心中最欣赏和敬佩的秘书。

2. 将全班分成三个组：评委组、演讲组、会务组。评委组主要负责制定评分标准，当好评委；演讲组主要负责参加演讲，当好选手；会务组主要负责布置场地，组织好演讲比赛，做好演讲结束后资料整理和活动总结工作。

3. 时间安排：正式比赛用两课时完成，准备工作在课余时间进行。老师用 10 分钟时间点评。

训练三 自我评价训练

一、训练内容

秘书素质自我评价训练。

二、训练目标

通过自测，找出差距，制订计划，坚持训练，帮助学生逐步锻炼成为一名合格的秘书人员。表 2-1 是一个检测表，表内内容可根据情况增减。若最后得分低于 60 分，则表示其与秘书素质要求相差甚远，须抓紧训练和提高。

表 2-1 准秘书自我评价测量表

序号	检 测 内 容	是	一般	否
1	是否清楚自己适应何种行业的秘书机构工作？			
2	是否知道自己适合为何种管理层次的领导服务？			
3	是否清楚自己为所属层次的服务需要具备的东西？			
4	是否知道自己目前已具备哪些知识？			
5	是否清楚自己应恪守什么样的职业道德？			
6	是否了解自己已具备了哪些能力？			
7	自己所具备的能力是否能胜任将来适合的秘书岗位？			
8	是否知道如何处理好与各种人的关系？			
9	是否清楚处理好人际关系的原则？			
10	是否明白自己应该具备什么样的心理素质？			
11	自己是否具备秘书职业的技术性资格？			
12	自己是否具备秘书职业的非技术性资格？			
13	是否了解秘书的工作内容和职责权限？			
14	是否清楚秘书在各种场合穿着打扮的正确标准和方法？			
合计得分："是"×5+"一般"×3＝				

三、实训要求

1. 表 2-1 检测只供参考,结合实际做一份最适合自身特点的诊断表。

2. 编制出提高自身素质的训练计划,如提高表达能力的方法和措施,提高沟通协调能力的方法和措施。训练计划要有可行性。

3. 可请同学帮助或监督训练计划的实施。

◎ 知识拓展

链接资料一:关于秘书价值观的相关思考

一、秘书价值观的概念和思想内涵

秘书价值观,是秘书人员关于自身(秘书这一特殊社会职业和特殊社会阶层)社会价值的认识、理解和感知,是秘书人员对秘书这一社会角色的整体把握,是秘书人员赖以承担秘书角色、从事秘书工作、进行秘书实践活动的思想基础、道德基础和精神动力。它全面、综合地反映着秘书人员的人生观、社会观、行为观和职业道德观。秘书的价值观,是秘书人员不可缺少的灵魂。秘书人员不可能须臾离开对秘书价值观的依赖,而秘书价值观又无时不在规范着秘书的社会实践和社会行为。否则,秘书就不会是能动的活生生的个体,而成为一个只会机械工作的机器。实践证明,这是违反人类思维规律和生活规律的。

秘书价值观的构成包含着两个因素:一是秘书人员对秘书职业特殊社会分工(秘书实践对象)这一客体的全面的整体的认识和把握,这是秘书价值观的认识基础,决定着秘书价值观的正确与否;二是秘书人员对自身(主体)角色的全面的整体的认识和把握,这是秘书价值观的物质实体和真实构成,是秘书人员的人生观、道德观对秘书职业认识和感知的产物,它决定、规范着秘书人员的秘书实践和社会行为的正确与否。

在正确的人生观、社会观、道德观指导下,建立和构筑了正确的秘书价值观。如此,秘书个体才能在秘书实践、秘书生涯中正确地认识和找到自我,正确地把握秘书角色,达到主、客观的和谐统一,最大效益地发挥秘书阶层的整体社会功能和秘书人员个体的社会作用,做一个清醒的、符合角色要求、为自身所认同又为社会所接受的、有所作为的优秀秘书人员。

二、秘书价值观的错位和模糊

正确的秘书价值观作为科学、合理的秘书角色体验,它的建立只能是一个循序渐进的过程,它无时不受到各种脱离实际的主观愿望和引诱力极强的利益关系的干扰和纠缠,使之偏离正确的运行轨道,从而产生各种离位和错位现象。秘书价值观的错位和模糊,就是秘书人员由于受人生观、社会观、道德观、生活经历、实践锻

炼等主客观因素的限制和影响,对秘书社会角色认识上的非正确性和模糊性导致的认识偏离,是对秘书工作本质、秘书工作规律的不正确、不准确的理解和把握。这种错位和模糊在现实中有以下几种主要表现和倾向:

1. 对秘书职业地位及其社会功能主观夸大性和秘书价值的膨胀性。

2. 对秘书职业地位及其社会功能习惯藐视和低估秘书价值,认为秘书职业低人一等的心理障碍。

3. 个人欲望无限制、无节制的膨胀。

三、秘书价值观的合理定位

(一)秘书职业和社会功能的定位

秘书职业的根本属性和特征,是多年来颇费争议而没有很好解决的问题,这影响、限制了秘书对秘书职业和自身价值的认识和把握。因此,对秘书职业地位和功能的认识,是应该首先解决的问题。

1. 秘书机构是以办文办事为特点的辅助性机构。

2. 秘书机构和秘书工作的本质属性是服务。

3. 秘书工作及其机构服务活动的特征是坚定不移的贯彻执行性。

4. 秘书职业为秘书成为领导型人才提供了得天独厚的机遇。

(二)秘书价值观的定位

1. 以配角为荣耀。

2. 以服从为意志。

(来源:温州秘书网)

链接资料二:让青春在平凡中闪光

谁能动摇大雁对春天的依恋? 谁能改变小河对大海的追求? 寒来暑往,花开花落,他们像那永不停息的浏阳水,默默地流淌着……

有人把他们比作春天的鲜花,为了金秋的收获而悄悄地开放;也有人说他们是用热血凝成的红烛,为了照亮别人而默默地燃烧自己。他们,这群耕耘在秘苑的年轻人,便是浏阳市政府办公室秘书科的 6 位共产党员。

一、一头永不知倦的老黄牛:披星戴月,辛勤耕耘,只为播种春天的希望

秘书科是政府运筹施政、督办落实、承上启下、协调左右的"总参"、"总督"、"总调"、"总后"。对年轻的秘书来说,走上这个岗位就必须经受种种压力与考验。"其身正,不令而行;其身不正,虽令不从。"科长贝友根深知,创建共产党员示范岗的关键就在于头雁的率先示范作用。

洪流滚滚,浊浪滔滔。1998 年 7 月 16 日凌晨 4 时,贝友根奉命赶赴淳口镇苗田村协助市长指挥抗洪救灾,他奋战 10 多个小时,解救被困群众 41 人;下午 15 时赶赴梨树检查,他冒着生命危险驾舟冲上洪峰浪尖,将 81 名村民转至安全区;17

时抵达边洲村,他乘木排在巨浪中指挥"敢死队"救援生命危在旦夕的 1018 名群众上岸;20 时 30 分,他又急赴中和、官渡等 8 个重灾区指挥救援工作。在这次抗洪抢险中,他整整 18 天没有回家。面对一身泥水、双眼布满血丝的贝友根,89 岁高龄的李大妈获救后话未出口泪先流:"今生不能报恩,来世也要还情!"头雁凌云群雁飞。在这次抗洪斗争中,市委办秘书科的全体共产党员及时准确地传达抢险政令,组织出动干部、军警 21400 人,为创造"大灾之年无一人逃荒、停学、上访"的奇迹立下了汗马功劳。

在浏阳连续五届国际烟花节的宾客接待工作中,贝友根及一班人都干得很出色。2001 年的首届国际烟花论坛,光是来自 27 国的政要、商贾及中央、省市领导就达 3000 余人。此次活动中的整个接待工作安排严密、文明热情,受到了宾客的好评,贝友根等同志也因此受到政府记功表彰。当人们为论坛确立浏阳为国际烟花协会总部所在地、节会三天实现经贸洽谈业务 15 亿元而欢呼的时候,谁能想到这灿烂辉煌的背后市政府办公室的秘书们流下了多少辛勤的汗水。一场节会贝友根竟掉了 10 斤肉。他的宝贝儿子缠着要看焰火晚会,想不到这位掌管着 4000 多张总价值达 400 万元入场票的"老总",自己身上竟无一张票,只好买水果哄儿子回家。

为政之要在于安民。2002 年 8 月 15 日,株树桥水库 150 户移民因补助未落实集结了 500 余人的队伍,准备高举"我要吃饭"的横幅游行示威上访省政府。事态十分严峻,贝友根闻讯后第一个报告主管市长,并率员迅即赶赴现场,冒着受辱挨打的危险耐心规劝,疏散队伍。随后,他连夜调查,拿出了解决问题的预案,政府于次日召开了有水利等 18 个部门和相关乡镇领导参加的协调会议,作出了妥善处理,平息了一场群访事件。2001 年,他和同事们共接待上访人员 608 批次,有效地化解了各种矛盾,消除了许多不稳定因素。

提高队伍素质是做好办公室工作的关键。针对办公室工作"千头万绪服务难,上下左右协调难,多重角色适应难,事务纷杂脱身难"的情况,贝友根组织开展了扎扎实实的提升素质活动,使全科党员都能自觉做到:敬业爱岗,力戒见利忘义;严守机密,力戒麻痹松懈。为规范各项工作,他们制定了 15 项管理制度,并逐月考核评比制度落实情况。通过参加计算机培训,全科党员都获得了丰硕的成果:秘书科连续两年被评为"市优秀共产党员示范岗"、"长沙市秘书工作先进单位"、"全省档案管理达标单位"、"全省人大建议、政协提案办理先进集体",甘景辉同志连续 8 年被评为优秀公务员,余涛同志获得了长沙市"优秀团干部"称号、"五四青年"奖章。

二、一匹奋蹄疾驰的骏马:不畏艰苦,勇闯难关,只为实现民族的复兴

现代化的示范岗有赖于现代化办公系统的支撑。曾在部队担任正连级军职的转业干部黎茂章到秘书科任副科长以来,顽强拼搏、争创一流的军人本色不改。这位"爱书爱学不爱名,求真求实不求荣,多谋多虑不多怨,争苦争累不争功"的副科

长被人称作"工作狂"。他会同信息中心的同志上省城下乡镇，苦攻技术建网站，为浏阳市政府现代化办公系统的建设付出了大量的心血。在网站建设中，他饿了吃盒饭，困了倒在地板上打个盹，风湿病发作吞几粒止痛丸继续工作。实验室里，他熬过无数个日日夜夜，终于使一个"宽带、高速、开放、互联、与世界同步"的浏阳市政府网站（www.Liuyang.gov.cn）在全省县（市）首家开通。网站共设栏目108个，有96个乡镇、市直单位在网站上发布政务信息。然后，他又连续奋战，联通208个终端用户，开发出了含6大主模块、22个子模块的"党政部门办公系统"软件，建立起了含视频等4部分、52项内容的政府文件资料查询多媒体系统。"轻点鼠标通世界，身在一隅知天涯"。如今，浏阳市政府系统的公文传输时间已由过去的一周缩短至几分钟，办公模式正发生着历史性的变革。2001年，全市3604政务投诉、咨询全部在网上公开办结，实现政府采购334项计4395万元，节资率达19.5%，比国际节资率高8个百分点，有效地提高了政府办事的效率和透明度。

　　内勤岗位是政府的"中枢神经"，大量文件的吞吐、各类信息的集散、川流不息的来访办事人流，都要从这被称为中转站、调度站和加工站的"瓶口"进出。在这个岗位上一天下来浑身都要散架，一般人唯恐避之不及，而黎茂章却越干越欢，一干就是五年，还总结出了具有"示范效应"的"三全服务法"：一是"全天候"及时服务。即实行24小时电话值班制。他每天除了提前、推后半小时上下班外，还承担了8个小时的空当电话值班任务。2001年，邻省发生了震惊全国的花炮特大爆炸事故后，他从卫星蘑菇云图片迅即判断出爆炸方位并分析可能对本市产生的影响，第一个报告领导采取了防范措施。他的这种积极主动的参谋意识和参谋行为，对于浏阳连续四年确保无一起重大特大安全事故发挥了重要作用。二是在"全方位"服务中突出重点。在2000年的特大洪灾中，他综合汛情提出的防范预案被政府采纳，使全市179座水库得以安全度汛。三是"全身心"优质服务。他深知，身在政府"窗口"，口才艺术的重要性。他信奉孔子"一言兴邦，一言丧邦"和南朝刘勰"一言之辩，重于九鼎；三寸之舌，强于百万之师"的千年古训，要求自己在工作中"像心理学家一样善于观察和理解他人，像文学家一样善于属文写意，像政治家一样具有敏感的头脑，像外交家一样具有潇洒的风度"。淮川办事处老年居民李冬英的丈夫被江西省违章汽车撞伤致残，所需5万元医药费迟迟得不到解决。她在无奈中准备沿途乞讨上访省政府。黎茂章了解到这一情况后，一边热情规劝李冬英老人，一边紧急协调有关部门当天派员调查处理，终使这一问题得到妥善解决。省里检查城建工作的同志一连问了10多个电话号码，黎茂章都对答如流，那位领导高兴得连赞"小伙子好记性"。节假日和晚上办文盖印，他随叫随到，从不误事，被誉为"一部电话一支笔，上管天文下管地理"的好管家。

三、一台永不生锈的钻探机：历尽磨难，穿透岩层，只为寻找真理的宝藏

　　与时俱进是共产党员示范岗的第一品格。针对一些部门公文存在的错用文

种、字体字号混乱等问题，核稿秘书张建新潜心钻研出"浏览、细阅、精改"核稿"三部曲"，严把政策、文字、规范关，取得了很好的效果。2001年他制作、处理的1022份政府公文得到了"准确严谨、规范得体、庄重贴切、简洁明确、鲜明生动"的评价，市政府办公室也因此一举摘取了全省公文制作先进单位的桂冠。"板凳要坐三年冷，文章不写一句空"。为了起草政府1、2号重大政策性文件，他撇下新婚的娇妻日夜奋战，十易其稿；为了制作机构改革等10多个计20余万字的重要文件，他日履山水，夜伴孤灯，走访了30多个单位，查阅了近百万字的历史资料。当遇到一些部门违背程序钻山打洞，要求以政府名义发文时，他耐心解释，坚守最后一道防线。2001年政府办共退回18个部门的不规范文件33个，维护了政府文件的严肃性。

被誉为"兰台靓姐"的秘书谭清红，把青春和汗水洒在了创新档案管理的风雨历程中。针对传统档案管理的工作中存在的"一季度不开笔，二季度不着急，三季度搞突击，四季度干着急"的突出问题，她首创"一日清"全新管理模式，建立起文件收发登记、传阅、检查核对、借阅、保密等10项制度，坚持做到了"一日一清点，一周一核对，每月一清查，半年一清退"，使市政府的档案管理率先达到了省一级标准。1999年，她不顾强烈的妊娠反应，一头扎进档案清理工作中，按照规范化分类方法一页页地清理、贴补、复制文件，从第一卷起逐张逐页地编号、书写封面、装订成卷。陈旧的文件纸使她皮肤过敏，喉咙不适，口吐黄水，但她依然咬紧牙关干。产假未满，她又提前赶回魂牵梦萦的岗位。经日日夜夜的辛勤劳作，终将堆成小山似的文件整理成200多卷规范完整的档案，博得了有关部门的盛赞。接着，她又瞄准了更高的"标准化"目标，严把鉴定、分类、组卷、复制、收集关，2001年收到上级来文457件，选阅文件1214件，件件管理规范，率先迈出了档管"标准化"步伐。"档案的生命在于利用"。谭清红按照"以用促管，管用并举"的原则，先后为机构改革、政策出台、市志续编等提供了大量历史资料依据，使沉睡多年的"死档案"变成了经济发展的"活指导"。她还兼任人事工作，尽管管理近100人的工资、奖惩、调动、任免、离退休等大量纷繁复杂的事务，累得她精疲力竭，但她的笑容依然是那样的灿烂甜美，让来访办事的人们感到秘书科永远是温馨绚丽的春天。新的世纪千帆竞发，市政府办秘书科的共产党员们抓住机遇，拼搏奋战，豪情满怀地开创更加光辉灿烂的明天。

（原载《秘书之友》杂志2002年第12期）

链接资料三：秘苑春秋　当今秘书今体会

早先做过几年秘书，而今年过半百，在上海一家年税收超亿元的企业担任主要领导，细细想来，现在能担当起这一繁重的工作，倒得益于当年秘书岗位的锻炼。我把自己对秘书工作的一些体会书录于下，供正在从事或即将从事秘书工作的朋友参考。

　　一丝不苟。秘书工作承上启下,沟通内外。上级乃至中央的文件通过秘书的手下发,基层与一般员工的状况通过秘书综合向领导汇报,本单位的经验或需要公之于众的材料由秘书成文向外界披露,市场调研、用户反映、外界需要等有关材料也由秘书调研撰文向领导汇报或在内部介绍。

　　收收发发、调研综合,看似平常却来不得半点马虎,必须一丝不苟,搜集综合的情况有误,无异于谎报"军情",势必影响领导正确决策;向外界介绍的材料失实,即使引起一时轰动,终究会砸自家的牌子。简单如草拟一张会议通知的事,也必须一丝不苟,时间、地点、会议内容、出席对象缺一不可。

　　一丝不苟,能使秘书工作忙而有序,文档排列繁而不乱。一丝不苟是对秘书工作的一项要求,一丝不苟是一种处事态度,也是一种美德。学会一丝不苟,就会认真对待人生。习惯一丝不苟,将会受益终生。

　　不卑不亢。领导与被领导的职务之分,不应该成为人格高低优劣的区别。按照领导的要求,搞好文稿撰写、信访接待、后勤服务,是秘书工作的职责,但这并不意味着秘书工作的卑微。当然,在领导身边工作,也不应该成为与基层同志相处时居高临下的资本。

　　一个好秘书应该成为领导的诤友。常在领导身边,对其长处和缺点能了如指掌;常与基层和方方面面人员接触,了解听取对领导决策、工作方法与作风的种种反映,及时、准确而又恰如其分地提醒,虽非一个秘书职责必需,但却是一个好秘书所必备的。切忌为博取领导欢心而报喜不报忧,更不应该由于过分的恭维使领导误把自己的某些缺点认作优点。

　　在与基层领导干部交往中,秘书与他们既是工作关系,又是"朋友"关系,不妨在工作之外再多一些交谈,从中可以较深入地了解基层的工作情况和干部、职工的思想,也使基层的领导了解横向动态,理解上级的有关精神。

　　秘书不卑不亢的态度,是秘书人格魅力所在;秘书不卑不亢的态度,使秘书能发挥好上下沟通、横向融合的作用。

　　加加减减。性格有异,风格有别,世人皆然,领导干部也不例外。就拿写各类文稿来说,有的领导只说写个什么材料,不交代具体要求,只等你成文后由他一二三四说个修改意见,待你改完由他定夺;有的领导给你列个提纲,理个思路,由你写去;有的领导交底详尽,你只仔细记录,稍加整理,便可成文,而当你交上文稿时,他还会提出"我说过的哪一节、哪一句你怎么没写上"。

　　其实,说是说,写是写,说得成理成章,写的时候却未必顺手。我想,大概每一个写文章的人都会有这样的感受。因此,我在写材料的时候,基本上按照领导的要求,但根据文体和实际情况略作调整,进行一些"加加减减";加上领导未曾交代而我感到有必要的内容或事例;去掉那些并不重要、与主题游离、与主题意义相悖甚至与事实有违的内容。因为,领导掌握的往往是事关全局的、宏观的、相对来说概要的内容,而秘书往往还能接触到比较具体的、细微的问题。但要注意,成文后必须向领导详细说明本人撰稿时为什么在某些结构上作了调整,为什么加上某些内容、减去一些内容,这样的加加减减是否妥当,最终请领导决定。当年,我在撰稿时的这种"加加减减",常常被领导采纳。因为,文章结构从逻辑上可以更严密,内容更实际、更具体。我想,秘书应该发挥主观能动性和参谋作用,做这样的"加加减减"。

自觉"彻悟"。文章不厌百回改。切忌写完搁笔一交了之。像欧阳修、鲁迅这样的大文学家尚且对自己的文章反复推敲,何况我辈秘书呢。秘书经常写文章,有时甚至于赶文章,但无论时间多么紧迫,都不能粗制滥造。文章写完后要从头至尾看上几遍,看逻辑思维是否合理、篇章结构是否稳妥、遣词造句是否得体、标点符号是否准确。要以能体现自己最高水平代表作的态度完成每一篇文稿。

对于上级部门、本单位领导或某方面专家为你修改的文章,要多加研究,看改了些什么,琢磨为什么改,如果在反复研究后还不能理解修改的意图,不妨向为你修改文章的人士请教,这可是一个提高自己思想水平和写作能力的捷径。人无完人,每个人都有其局限性。通过研究文章的修改之处,我们可以走出个人思路的局限、岗位视野的局限、接触范围的局限、写作水平的局限,可以提高政策水平,改进写作技巧,纠正病句别字和习惯性的标点错误,增加考虑问题的深度。每一个为你改文章的人士都是你的一位好老师,能接受那么多老师的指点,是当秘书的福气。能否从这些老师的指点中受益,则要看你自己是否自觉地从指点中去"彻悟",换句话说,是你对这些指点是否"领情"。

勤笔勉思。写出好文章必须有四个条件:第一是会写;第二是可写,即有东西写;第三是肯写;第四是善写。第一个条件当秘书的都具备,都会写。第二个条件一般来说当秘书的也具备,就看你能否从接触的人和事中筛选出值得写的东西。第三个条件很关键,是否愿意写,是否肯挤出时间写。有人说"一个人的成功不在八小时以内,而在八小时以外",这句话很大程度上是正确的。鲁迅的成功就在于他把别人用于喝咖啡的时间用在思考和写作上了。只要肯写,秘书是有东西写的,如能把握文体,掌握一些写作技巧,把自己想的人和事准确地写出来,使人读来有真情实感,那就是善写了。

有人会写,苦于没东西写;有人有东西写,苦于不会写。当秘书的既会写又有东西写,这才是秘书岗位的一个优越性,就看你愿不愿意写,肯不肯挤时间写。下班以后打麻将、逛商场、侃大山、泡酒吧,空白了少年头。勤笔勉思,把你的所见、所闻、所感写下来,见诸报刊,成为人类的共同财富,于己是奉献,于人有教益,此等好事,何乐不为。

从消息、通讯起步;结合出差所见所闻写些随笔;结合总结先进事迹写些特写、报告文学;产生联想时,写些微型小说或剧本;触发感情时,录下诗篇;感慨良多时,草就杂文或评论。如此积微成著,不为成名成家,待暮年回首,堪自慰未虚度平生。

博采众长。俗话说:尺有所短、寸有所长。每个领导都会有其突出的优点和某些不足,当秘书的如能留意一下,从每位领导身上学一点长处,日积月累、博采众长,一定会使自己在思想方式、工作方法,甚至道德修养方面受益匪浅。

有一位主要领导,每次开会讨论问题前,他对议题都已深入思考,并在纸上一二三四列出要点。在讨论时,他引而不发,先倾听大家对议题的意见,边听边对自己列出的要点作调整;加上大家发表的颇有见地而自己尚未想到的内容,划掉此刻看来已不必列入的部分,于是,他归纳总结的内容就比较全面、比较完善。我在做会议记录时,感到这种做法既体现了民主集中制原则,又能集思广益,实乃开明、高明之举。还有一位领导,对于一些重大问题的决议,一旦意见无法统一,他不是以权威或简单多数的形式强行通过,而是反复斟酌,以期统一认识后再实施。比如,对某一岗位的干部人选,他提出的人选一时不被大家接受,他就耐心地听取大家的意见,把其他同志提出的人选作比较。经比较,大家认为他提的人选相对更合适,这样,意见也就自然统一了。

如今,我把从各领导身上学到的点点滴滴经验运用于工作中,在领导班子统一思想、形成合力以及集思广益、正确决策方面,确实发挥了作用。

大胆实践。秘书不仅可以在领导身边学习他们的思想方法、工作经验,而且有机会通过大胆实践,提高处事能力。一旦这样的机会降临,不要畏缩。

记得那是一个台风天气,领导都下基层去了。突然,办公室来了十几位老老少少怒不可遏的居民。我让座、倒茶,倾听了他们的陈述。原来,基层一个单位的房屋正在加层,突如其来的暴雨漏到楼下,影响了好多户居民。面对这一突发事件,我来不及向领导请示,就大胆地用起了上级部门对基层的权威,邀请建设单位和施工单位的领导以及工地施工人员迅速赶到现场。和他们一起逐户走访受影响的居民,既登门道歉,又及时采取应急措施,并商定善后办法,问题得到了妥善解决。

还有一次,是除夕下午三时光景,有个基层单位的职工把自己和行政领导一起锁在办公室里,不让行政领导回家。领导要我去了解一下情况并适当处理。我去后,分别找了当事双方与该单位的党支部书记了解情况。原来,当天上午这位行政领导要求大家大扫除,当他来到一个班组时,发现人们还坐着,经他招呼,大家都去打扫卫生,唯独这位职工仍坐着不动,这位行政领导便声称:"你再坐着不动,今天就不发工资。"下午发工资时,这位职工果然没拿到工资,他便当着许多人的面揪住这位行政领导的衣领,拉到办公室,"呼"地关上了门。经了解,这位职工平时的表现确实不太好,但那天他却是外出干活刚回到班组,坐下喝口茶,所以,以往日印象不问情由扣发他的工资是欠妥当的。而那位职工自为得理,当众揪住行政领导的衣领并闭门限制人身自由也是错误的。于是,我提出了两点处理意见:①把工资立即发给该职工;②该职工在节后上班时就自己粗鲁的行为公开向这位行政领导道歉并作检查。经电话请示领导同意，这样就将干群矛盾妥善解决了。

矛盾是客观存在，是躲不了的。正是在一件件、一桩桩大大小小问题的处理中，我得到了锻炼和提高。

秘书工作琐碎繁杂，维系上下左右，能广泛接触社会；秘书工作普通平常的苦乐人生，是社会的一个环节，是人生的一个起点，回味无穷。如果你有理想抱负，如果你有能力、有潜力，脚踏实地，发挥主观能动性，认真地做好秘书工作，终将无怨无悔。

（原载《秘书》1999 年第 11 期）

模块二 秘书事务工作

项目一 工作环境管理

◎ **学习目标**

知识目标
- 了解秘书工作环境的特点。
- 了解办公室空间设计。
- 掌握政府机关的职能部门划分。
- 熟悉民营企业、街道、社区等单位的职能部门划分。

能力目标
- 能够规范合理放置办公设备。
- 能根据工作需要和职能合理布局办公室。
- 能熟练规范使用办公室优化设备。
- 能熟练进行企业组织结构与部门的职能划分。

◎ **工作任务**

- 任务一：秘书工作环境分析。
- 任务二：单位职能机构的组织划分。
- 任务三：办公室空间设计。

◎ **导入案例**

营造温馨的办公环境

秘书王琳今天来得比往日都早，她准备利用公司许总出差之际为许总归来后创造一个舒适温馨的工作环境。

许总的办公室在最里间,王琳的办公室就在许总办公室的外面,两屋有一扇门相通。任何人要进入许总办公室都得从王琳的办公室通过。王琳的办公室就相当于枢纽和窗口。其他的部门呈半环形分布在王琳和许总办公室的对面。

王琳先进入了自己的办公室,首先映入眼帘的是窗台上的各式盆景和竞相开放的各色鲜花。进门,在右边是棵高大的绿色灌木,很清新的感觉。不过可能因为许总不在,也暂时没有秘书专门负责监督的缘故,清洁公司并没有把地上的落叶清扫干净。王琳的办公桌上有一台电脑、传真机、三部电话,一些文件格、文件夹和几页未装进文件夹的散开的文件,另有一些笔筒之类的必备用品;办公桌的前面放着一些为客人准备的椅子和沙发。办公桌后面是自己的坐椅,再后面则是靠墙的大型立柜,里面分格分层放着各类文件和书籍,但是有一些凌乱,大型立柜的旁边紧挨墙的地方,有个齐腰的矮柜,上面放着饮水机,小柜里放着一些纸杯和咖啡、方糖之类的饮料和食品。许总的办公室要比王琳的办公室大一些,基本的摆设没有很大的差异。宽大的办公桌上也有一台电脑,另外只简单地摆着电话和一些文件夹,有两个并列的靠墙立式柜,在另一面靠墙的地方环形摆开的是沙发。整个办公室体现的是一种简约美,让人心旷神怡。

王琳打量完两个办公室,对自己的工作应该从哪里着手也基本了然于胸。她打开窗帘,打开空调,调节好办公室的温度、湿度。之后将窗台、办公桌、电脑……凡目光可及的地方都细细地擦过;饮水机里的水不多了,应该和送水公司联系一下;储备的办公日用品也应该再补充;应该再去买点书法绘画之类的物品装饰一下墙面……她想好好美化这里的办公环境,不仅给许总,也给来访的公司内外的客人一个良好的印象。

清洁整理工作基本告一段落,现在正好是 8:30。

点评:在企业中,秘书可能与上司在一个办公室,也可能自己拥有一个办公室。秘书应该重视对办公室的设计、布局、布置及工作环境的美化。环境美化主要是指工作场所(办公室)选择适当,布局合理,布置现代化,既适应工作的需要,又有益于工作人员的身体健康。

环境美化是工作效率的保证。办公机器、设备的恰当摆放,地毯和现代化装饰品、自然的或人工的花卉植物等的精心布置,会令人产生一种舒适的感觉,陶冶性情,提高工作效率。本案例中秘书王琳懂得办公环境与工作效率之间的关系,因而能够主动为上司、为自己布置、设计美观、恰当的办公环境,这是值得每位秘书工作者学习的。

(摘自考试大网,http://www.examda.com/ms/zhidao/20081026/09442892.html)

提示:秘书工作是在一定的环境中进行的,这个环境叫做秘书工作环境。秘书工作环境是客观存在的,秘书工作环境是指直接或间接影响秘书工作效率的各种潜在外部力量的总和,是多方面、多层次、多种因素的总和。秘书工作功效会受到各种环境因素的影响。环境有各种各样的类型。这些环境有的有利于秘书工作,因此必须保护,使秘书工作适应这种环境;有的却是不良的环境,那就要改变或限制,使环境适应秘书工作的要求,从而提高秘书工作效率。

通过本章学习,了解影响秘书工作的环境的种类,它们是如何影响秘书工作的效率的以及如何适应与改善这些环境。

◎ 理论导读

任务一　秘书工作宏观环境分析

一、秘书工作环境的涵义和特点

环境是指对工作绩效起着潜在影响的外部力量的总和。秘书工作环境是指直接或间接影响秘书工作效率的各种潜在外部力量的总和。

秘书工作环境有以下特点。

1. 复杂和多样性

环境无所不包,有社会的、自然的,有物质的、精神的,有宏观的、中观的和微观的。众多因素构成了类型不同而又相互联系的系统,从而呈现出复杂而又多样的特点。

2. 差异性

各国各地区各单位,其秘书工作环境都存在差别。这形成了各国各地区各单位秘书工作风格的特殊性。

3. 变异性

环境不是一成不变的,随着社会的变迁,它要经历相应的变化过程。这要求秘书工作不断地调整,以适应变化的环境。

环境的上述特点,深刻地影响了秘书工作与环境之间相互作用的过程:

(1)环境决定、影响或制约秘书工作;

(2)秘书工作必须适应环境;

(3)环境的变化必然导致秘书工作发生变化;

(4)秘书工作对环境有能动作用:一是改善环境,二是污染环境。

二、秘书工作的宏观环境

宏观环境,又称为一般环境,或大社会环境,是指处于所有组织之外,并对组织发生影响的外部环境。它是一种必须监测和适应的不可控制的环境。

秘书工作的宏观环境主要有政治法律环境、经济环境、科技环境、文化环境等。

1. 政治法律环境与秘书工作

政治法律环境包括党的政策、国家的法律及 WTO 规则等。

首先,秘书工作要适应政治法律环境。秘书工作必须与党的方针政策保持一致。其次,政治环境制约了秘书工作。党的政治路线决定了秘书的工作方向,制约着秘书的行为,秘书工作经常涉及大量的理论问题和政策问题,而要做好秘书工作,没有一定的理论水平和政策水平是难以胜任的。秘书工作必须遵守国家法律,如公文的写作、档案的管理、经济合同的签订等都要依法进行。WTO 的有关规则对秘书工作提出了新要求。再次,由于秘书参与政务,秘书工作也会影响党风政风。现在有一种说法叫"秘书政治",如河北的程维高腐败事件在很大程度上同其任用秘书不当、放纵秘书有关。

2. 经济环境与秘书工作

经济环境主要包括经济体制和经济实力。秘书工作的内容与性质常随着经济环境的改变而有互动的发展。我国的社会主义市场经济体制影响了秘书工作:市场经济的开放性扩大了秘书的工作范围。加入 WTO 加速了中国与世界一体化的进程,这种情况使秘书工作置于国内外两大环境之中,客观上扩大了工作范围。企事业单位将出现跨行业、跨地区、跨国界的经济、文化活动,这就从地域上突破了"画地为牢"的小圈子。地域的扩大,既开阔了秘书工作的视野,也使秘书与社会接触的范围日益扩大,交流的渠道增多,各种影响的程度加剧。这就促使秘书不仅要了解各行业及全国各地,也要密切注视世界的动向。

市场经济的竞争性迫使秘书队伍不断更新。依附于单位的秘书毫不例外地要面对优胜劣汰的市场法则,接受更加严峻的考验。这就要求秘书有比较高的素质和较强的能力,如数字化的办公能力,能起草英文信件或公文,具有专业化的外语口语能力等。

经济实力是经济环境中最基本的因素。它对秘书工作有着决定性的影响。较强的经济实力能为秘书工作提供现代化的办公设备和人性化的办公环境,能为秘书的培训提供经费支持等。

3. 科技环境与秘书工作

科技的进步为秘书工作提供了完成工作的工具、设备和方法,特别是办公自动化设备的使用,改变了秘书工作。21 世纪流行"无纸办公",如果秘书不会操作和简单维修办公自动化设备,那么将一事无成。"工欲善其事,必先利其器"。因此,要提高秘书工作效率,必须善于将办公自动化技术使用到会议管理、文书管理、档案管理和信息沟通中。

4. 文化环境与秘书工作

文化具有概括性、抽象性、模式性和功能性特点。概括性是指文化所指的内容十分概括,几乎无所不包;抽象性是指文化是一种抽象观念,并非指那些具体的事物;模式性是指一个社会或一个国家由于历史背景、民族性格、生活状况等条件的不同,其文化表现出来的特色便存在差异;功能性是指文化对社会及人生有莫大的功能和作用,对人群生活及行为有很大的影响及支配力。

文化分为传统文化和现代文化。

传统文化具有一定的局限,如保守性,即对新的事物视之不惯,不乐于接受;权威性,即崇尚权威,重服从;感情性,即公众问题或公共争议的问题,多是由有声望、有地位的年长者出面解决。

在这种传统文化影响下就产生了传统的秘书工作:因袭保守,墨守成规,安于现状;个人取向,私人关系;崇尚权威,消极服从。

现代文化具有创造性、民主性、法治性、理智性的特点。创造性,即在工作中具有求新上进的创造精神,日新月异,与时俱进;民主性,即现代文化是自由平等民主化的文化,在法律面前,人人平等;法治性,现代文化是以法律为取向,秘书对领导负责就要对法律负责,而不是对私人负责;理智性,即秘书处理事务及矛盾纠纷的解决,须以理智为依据。

在现代文化的影响下,秘书工作将由消极向积极,由被动向主动,由因袭向创造,由人治向法治,由普通秘书向职业秘书转变。

文化环境既为秘书工作提供智力支持、文化条件和精神动力,又向秘书工作提出了更高的要求。传统文化的落后因素必定给秘书工作各方面以消极的影响。因此,秘书工作必须在克服落后的文化影响方面做出努力,以先进的现代文化的精神指导秘书工作。

任务二 中观环境——单位职能机构的组织划分

秘书工作的中观环境是指秘书所处组织的性质、制度与结构方面的环境。它对秘书工作有着重要的影响。

一、企业

企业是从事生产、流通、服务等经济活动,通过为社会提供所需商品或服务来实现营利,进行自主经营,实行独立经济核算,具有法人资格的经济组织。

企业分为农业企业、制造企业、流通企业、金融企业、交通运输企业、邮电通信企业、建筑安装企业、房地产企业和信息咨询企业等。

二、企业的组织结构

现代企业是以现代企业制度为基础的,是在国家《公司法》的规定下组建的,其组织模式就是《公司法》规定的几种形式,包括有限责任公司、国有独资公司、股份有限公司等。

任何一个公司组织中的工作人员,由于地位的不同,纵向分为高级管理人员、中级管理人员和操作执行人员。在企业中,董事会定期制定决策,由高级管理人员作具体的决策,又由中级管理人员组织实施,由操作执行人员具体执行。由于中层不可能担负起一个企业所有的职能,因此,必须将企业的中层横向分为若干职能部门见表 3-1。

表 3-1　公司各部门的职能

部门	职能特征	职能和责任	相关表格和文件
采购部	通常情况下职能比较集中	确保最便宜的采购价格; 负责检查供应货物的质量和来源; 确保所采购货物的发送与生产安排表相符合; 与供应方商讨有关贴现的问题; 监督货物接收; 与发票相对照进行检查; 负责设计采购物品的分发及满足内部需求的程序	请购表 价格清单 报价单 订单 发货单 发票 欠账单 信用单 库存控制卡片 库存清单
行政办公室	主要的文书部门,处理日常的办公室事务,通常由秘书负责	提供高层的秘书支持; 处理信件; 电话服务; 印刷和复制文件; 保管和维护公司文件; 负责与公众及新闻媒体联系; 负责出版机构内部杂志	各种标准的调研表格和文件
生产部	通常是设计、规划和控制的综合部门	平衡需求和生产原料之间的矛盾; 平衡工作进度表以确保工作效率; 确保按照特定标准和规章的规定进行生产; 要保证安全标准的实施; 要进行质量控制检查; 在必要的情况下注意调整生产进度表	生产进度表 库存物品需求单 产品说明书 工作时间记录单
研究开发部	技术革新的中心部门	设计、开发和测试新产品和制作模型; 制定长期的、投入较低的产品改进项目; 建立长期的项目; 进行纯粹的应用研究; 负责建议产品多样化的方法	大量的账单 说明书 请购单 建议书
市场部	公司的中心部门:研究、销售、推销	市场研究; 做广告和宣传活动; 进行客户联系; 参加展示会和贸易洽谈会; 进行售后服务; 联系客户; 销售分析; 推销商品; 与批发商进行联系; 取得经销权; 办理出口手续	请购单 估价单 报价单 价格单 产品目录 销售订单 通知单 发票 发货单

续表

部门	职能特征	职能和责任	相关表格和文件
人事部	招聘新员工并筛选；培训员工；员工福利；处理劳资关系问题	制订人员计划； 任命、晋升和分配员工； 建立员工物质激励制度； 培训员工和提高员工素质； 工作分析； 工作评估； 员工鉴定； 工资报酬； 保障员工的健康和安全； 解决福利问题	劳动合同 工作说明书 职位要求 面试评价表 安全报告 事故报告 工作评价表 员工手册
财务部	综合财务、会计、资金职能的部门	准备会计决算； 编制财务报告； 进行内部审计； 资本和营业收入花费； 准备预算； 审计控制； 成本会计； 支出工资和报酬； 税务事务； 检查资金来源等	预算表 贸易和损益账户 企业资产负债表 资金流量表 零用现金账簿 工资记录 现金分析 税率表 纳税申报单

任务三　微观环境——办公室空间设计

微观环境，又叫做办公室环境，是指一定的组织机构的秘书部门工作所处的自然环境。

办公室是社会组织成员工作的地方，也是接待各位来访者的场所。从一定意义上说，办公室是社会组织的门面，来访者因办公室的环境而产生对社会组织的第一印象。凡是成功的社会组织都非常重视办公环境礼仪。办公环境的布置，是一种无声的语言，向来访者传递着信息，体现着社会组织的风格和精神面貌。办公环境状况还会影响工作人员的心理情绪，进而影响他们的言谈举止，影响他们待人接物的礼貌礼节。在一个整洁干净、格调高雅的办公环境中，人们会不自觉地要求自己与环境相协调，从而自然而然地变得文明礼貌、庄重大方。办公环境的设计风格，既不同于家庭环境的温馨舒适，也不同于宾馆饭店的豪华气派。办公环境的设计风格应该是庄重、整洁、高雅、安全，并能够体现组织的特点及品味。

一、办公室环境的种类及对秘书工作效率的影响

办公室环境包括：第一，办公室的空间环境，是指房屋建筑与分配，办公室间的大小，家具的布置；第二，办公室的视觉环境，包括色彩、光线；第三，办公室的听觉

环境,是指办公室所处空间的有益或无益声音;第四,办公室的空气环境,是指由生理空气因素(湿度、温度、空气流通与净化)造成的办公室的整个气氛;第五,办公室的健康与安全环境。

办公室环境对秘书工作效率的影响可以从以下三点说明。

1. 作业方面

办公环境对秘书人员的器官功能、知觉感受、体力消耗、心理反应都有直接影响。比如光线不足,足以使人的辨别力降低,眼力消耗较大,产生疲倦,使注意力难以集中、效率降低。

2. 生理方面

环境变化必然会引起生理变化。办公环境不适宜,会增加秘书的体力消耗,体力消耗过多则容易疲劳,使工作兴趣减低,兴趣低了,工作效率也必随之下降。

3. 心理方面

办公环境不适宜会引起秘书对工作厌烦的心理反应。心理厌烦导致人的精神苦闷、抑郁和怨怒。这些心情对工作效率皆有不良影响。

二、办公室环境的管理原则

办公室环境的管理是指对办公室环境加以合理的设计、组织和控制,使其达到最符合秘书工作的需要,进而提高工作效率,完成组织欲达到的使命。在对办公环境进行管理的过程中,要坚持以下的原则。

1. 方便

办公室的布局应该力求方便省时,如相关的部门及设备应尽可能安排在相邻的地方,避免不必要的穿插迂回,以便于工作的协调和同步进行。

2. 舒适整洁

无论是办公室、办公桌椅,还是抽屉等,不要放置与办公无关的东西。办公文具的摆放要井然有序。

3. 和谐统一

办公桌椅、文件柜、办公自动化设备等的大小、格式、颜色等协调统一。这不仅能增加办公室的美观,而且能强化成员之间的平等观念,创造出和谐一致的工作环境。

4. 安全

布置办公室时要留意附近的办公环境和办公室存放财物的安全条件。信息,如纸质文件、存储在计算机里的数据等的安全和保密能否得到保障;电器的电源、电线,器物的摆放是否会对人员造成生理上的危害等。

三、办公室的空间设计

所谓办公室的空间设计,是指组织为节省成本,有效地利用空间,缩短工作流程,迅速处理信息,提供良好的工作环境,并促进秘书与其他工作人员的沟通与协调所做的办公室内的布置。此外,组织内各职能部门之间的工作流程、各职能部门的安排等,均为空间管理的范围。空间管理首重空间控制,其目的在于对空间的有效利用,使之降低成本,提高效率。

办公室空间设计的内容包括以下几个方面。

1. 各职能部门的场地设计

各职能部门场地安排应使工作运转以不间断的方式进行,并经过很短的距离和很少的人手。在进行职能部门设计时需遵循以下原则:

集中服务单位,如复印室、计算机室应设置于各部门的中心地点,使各部门均便于接触。

凡与社会接触较多的部门,应置于靠近接待区的地方,或直接通向走廊,以减少穿过公开工作区的往来次数,如人事部门和采购部门。业务部门,如销售部应接近马路。凡有烦扰声音性质的工作部门,应尽可能远离其他工作部门。

凡互相连带而时有联系的部门,均应置于邻近地点,如秘书室置于领导办公室旁边。

2. 工作中心的设计

办公场地设计的基本单元是个人工作空间,或称为工作中心。每个工作人员都要在工作空间内完成工作任务。传统的机关布置是以办公桌为中心。空间设计专家精心研究机关的工作并发展了一种以工作为中心的机关布置的观念和理论,因而打破了传统的以办公桌为中心的观念。现代办公室逐渐增加新式设备,如电脑、高速度复印机、新式通信设备、显微片缩影机等,因而空间设计和工作流程的模式必须加以改变,以求最佳利用这些设备。换句话来说,空间布置必须依设备的功能、工作的性质加以设计,即以工作为中心而作空间设计。工作中心有以下几种类型:

(1)个人工作中心,亦称个人工作站,系个人执行职务的场所,是机关空间设计的基本单位。每个工作站都配有一些基本家具和设备,如办公桌、存放物品的桌子、柜台和椅子。个人工作中心的设计要考虑:个人工作站所负的职责,工作处理所需的设备,空间条件,经济弹性和未来扩展的需要等因素。

(2)集体工作中心,即部门,这是典型的团体工作中心的环境。其设计时要考虑:各职位间的关系以及职位与环境的关系,包括每个工作中心的活动,资料,文件报表的进程,个人和共同使用的文书、设备、物材等;协调个人工作中心和集体工作中心的位置,包括执行相似工作的工作中心应相毗邻,共同使用档案及设备的人员应相毗邻;等等。

(3)特殊工作中心,指特殊用途或专门业务的工作中心,它包括接待中心和计算机中心等。

3. 开放式办公场地的布局

开放式办公场地，又叫做自由式的聚集办公室。其特点有：①没有个人办公室，工作空间的位置通过安排可活动的物件来确定；②每次进行工作间布局规划时，并不考虑窗户或其他常规结构的限制，而是以信息流和工作运转的自然路线所形成的不统一的款式来安排的；③工作人员的地位更多的是由分配给他们的任务来确定的，而不是根据他们的位置。如高级管理人员可以有较大的办公室及不同颜色、不同形状的办公桌，除此以外，几乎没有可以看得见的等级标志。

开放式办公室有以下优点：①降低能源成本和建筑成本；②减少占地面积；③降低重新布局的成本；④由于拆除了办公室的隔屏，管理者与被管理者的交往障碍减少了，有利于排除心理障碍。

开放式办公室也有其弊端，如缺乏单独办公的机会，噪音太大，设计较粗糙等。

4. 办公房间的空间设计

办公房间的空间设计是指各种办公设备在办公房间内的设计与布置。办公设备包括办公桌、椅子、书柜、文具、设备等，对这些设备在办公房间内的设计最为关键的目标是最充分地利用办公场地。

办公房间布置应注意以下原则：应力求空间与时间的经济，各人所占面积应适合其工作需要；各人的位置排列，应就工作程序顺次定之，以便就近联络；办公桌位布置时，事前须有计划与计算，预定布置蓝图，按图布置，以免临时做盲目的搬动；办公室内的隔间不可太多超出必要的范围，以免妨碍光线射入及空气的流通。办公房间内桌位的排列，宜使光线由工作人员的左侧射入，以便用笔写作，光线不宜直接由对面射入。文件柜应靠墙放置，但不得妨碍光线。各办公桌位间的往来道路，至少要有 1～1.3 米宽。桌与桌间的距离，宜留 1 米左右。办公房间内以放置必需的家具与设备为限。一切文件应置于柜橱抽屉内，以便保管并防止失散。

四、办公室的视觉环境管理

办公室的视觉环境包括办公室内覆盖物和照明。

1. 覆盖物

覆盖物包括墙壁、天花板、地面、门窗、支柱等上面物体。它们对秘书工作人员的心理状态有直接影响，因而也对他们的工作效率产生影响。

(1)有效地使用颜色。颜色是一种对人的情绪有强烈影响的刺激物。颜色能决定一个办公室的情绪，如冷色(蓝、绿、草绿)，使人平静；暖色(红、橙)，对人有刺激效果，会引起头痛和紧张；灰色会产生麻木或困倦的效果。颜色会影响人的具体行为方式。色彩明亮的、有吸引力的办公室看起来使人愉快，可提高效率，并且有助于激起信任感；相反，单调的、色彩乏味的办公室使人产生厌烦或低效的感觉。颜色使用得当能减少缺勤，提高工作效率。在相对寒冷的气候条件下，如北方，办公室就要求暖色设计；而在较暖和的气候条件下，如南方，就需要冷色设计。颜色可帮助人们识别关键地方。危险的物材和地方,以黄色和橙色标示;安全的物材标绿色、灰白色;防火器材用红色,以提高警觉。

(2)地面覆盖物的颜色和类型应与墙壁、天花板的颜色协调一致,以保证一个统一的、和谐的环境。在接待中心和门厅等地方,使用地毯能营造出一种安静、自在的气氛,因为它的表面可以吸收声音。另外,使用地毯还可以给人一种豪华感,以增加工作人员的满足心理。地毯的颜色可用米色、棕色和铁锈色等。

2. 照明

照明是指为完成办公室的指定工作而提供适当的光线系统。

光线系统的管理主要目的是提供有效的、舒适的照明和安全的位置,有助于提高视觉舒适感,并建立一个从审美观点上看引人注目的工作区。为了达到这些目的,办公室既要有合适的光量,又要有合适的光线质量。

(1)光线的量。光线的量一般用 W(瓦)代表。工作时所需光量的强弱不可一概而论,随工作性质与工作对象的不同而有所差别。做粗工作,光度可较低;反之则光度较高。工作对象物体多系白色,光度可较弱;反之,光度则较强。

(2)光线的质。光线的质基本上是指能提供一个视觉上舒适,既不眩目也不昏暗的工作区,并造成一种吸引人的气氛的照明系统。

(3)光的设计。就办公室的光亮来源与分配而言,自然光优于人造光;间接光优于直接光;匀散光优于集束光。光源来自太阳者为自然光;来自灯者为人造光。光亮由发光体直射入人眼者为直接光;发光体的光射至另一物体,由其反射入人眼者为间接光。光亮由一个发光体射出者为集束光;由几个发光体均衡射出者为匀散光。

光亮宜遵循以下原则设计:减少光源的强度,避免用一个发光体,宜多用几盏灯,降低光源强度,避免集束光而用匀散光;窗上宜装半透明玻璃,以避免直接光而用间接光;光源宜置高处,并从后方或左侧射入;办公室宜多用几只光度较弱的灯,以取代一个光度较强的灯,使光线匀散而集束。

五、办公室的听觉环境管理

听觉环境是指办公室所处的有益声音或有害声音。有益的声音如伴奏音乐或愉快交谈的声音;噪音,如办公机器的震动声为有害的声音。声音的强度单位为分贝(dD),一般来说超过 70 分贝即为噪音,130～140 分贝会耳痛,超过 150 分贝使内耳结构破坏,以致耳聋。由于办公室所处的周围环境常有噪音发出,如小汽车、摩托车、卡车的喇叭声,工作人员的谈话、开会、打电话的声音和人们不必要的活动声等。因此,控制有害的噪音就成为办公环境管理又一重要任务。那么,如何控制噪音呢?

1. 消除噪音的来源

消除噪音来源,包括把办公室安排到极少有外界噪音的地方,把办公室搬到较偏僻的地方,安上门窗以提高不受干扰的密闭程度并阻挡传来的声音等。

2. 用吸音的材料以减少噪音的影响

如一个 NRC 等级为 85 的吸音屏障在用于开放的办公设计时，可吸收传来的 85％ 的噪音。另外，在有条件的办公室内铺上地毯，因为柔软的表面吸收声音。

3. 适量音乐的播放

音乐能镇定神经，减轻工作强度引起的疲劳，并减少工作的单调感，避免噪音引起的烦恼。使用音乐调节时，一般采用无主题音乐。

六、办公室的空气环境管理

空气环境是指由生理空气因素（温度、湿度、流通与净化）造成的办公室的整个气氛。办公室的空气环境管理，又叫做空气调节办公室，是指为了减少人们的精神消耗，增强舒适性而经过精心调节过空气的办公室。空气调节可促进脑细胞活动，提高工作效率。据研究表明，当空气得到调节时，工作效率差不多可以提高 10％，缺勤率下降 2.5％，秘书工作的错误率也可以降低 10％。相反，不流通的空气与充满灰尘的空气使头脑迟钝，降低秘书工作效率。

1. 温度

一般来说，秘书工作环境中最舒适并有益于健康的工作温度是 15～20℃。温度在 10℃ 以下时，秘书人员感到寒冷，其工作效率比正常温度下降 20％；若温度超过 30℃ 时，秘书工作效率则有下降的趋势。办公自动化设备，特别是高新技术设备，由于其组成材料属性的要求，均必须在一定的温度和湿度范围内安置。

2. 湿度

相对湿度是指空气中所含水汽的百分比。如果办公室内空气湿度高，会使秘书人员感到冷天更冷、热天更热。一般来讲，最适宜的湿度为 40％～60％。

3. 空气流通

办公室内的空气应该是流通的、新鲜的、充足的。在这样的空气环境中，秘书人员才能精神愉快，不感疲倦，工作效率因而提高。一般来说，每人每分钟需要 45 立方米的新鲜空气。要达到这种要求，必须有良好的通风设备，使空气流通无碍，得以充足与新鲜。

4. 空气的净化

完整的空调系统可以净化空气，排除空气中不需要的成分，如尘埃、臭气等。一个净化了的环境更有益于秘书人员的健康；同时，可使复杂的办公设备更良好地运转。一个清洁的、充满活力的办公室给人高效的感觉，并体现了对顾客和秘书人员的关心。为减少办公室的污染和尊重所有工作人员的感受，办公室内应该禁止吸烟，以保证空气的新鲜。办公室内空气的净化包括打扫、拖洗、擦净、上蜡与打光、用吸尘器吸尘、净化家具、粉刷墙壁和天花板等。

七、办公室的保健与安全环境管理

（一）办公室的保健

保健，又叫做健康保护。办公室的健康环境对秘书人员具有重要意义。秘书人员保持良好、健康的身体，可以促进工作效率的提高。因为秘书工作效率建立在三个重要的条件上：一是充沛的体力或生活力，即推动工作的实质力量或热力。二是旺盛的精力或活动力，即努力工作的原动力。三是乐观的精神和坚韧的意志。这三种条件或力量，都是以健康的身体为基础的，可谓"健全的精神寓于健全的身体中"。

组织推行对秘书人员的保健方法主要有以下几项。

1. 定期健康检查

组织应对秘书作硬性规定，定期进行身体检查以诊视其健康状况，最好一年检查一次。

2. 普及卫生知识

组织应经常聘请卫生专家或医生向秘书人员作专题讲演或主持保健座谈会以普及卫生知识和保健方法。秘书人员获得这些知识与方法后，便能知道如何注意卫生及如何保护自己的身体健康。

3. 采取疾病预防

组织应适时按需要免费对秘书人员实行疫苗注射，以预防疾病，保护健康。

4. 保持环境整洁

"整洁为健康之本"，秘书人员工作区及生活区的环境，与其身体健康有着密切关系。环境整洁，空气新鲜，则少生疾病，有益健康；反之，环境污秽，容易生病。组织应采取有效的卫生措施，保持环境整洁，包括院子的打扫、垃圾的清理、排水沟的疏通、食堂食品的清洁、餐具的消毒等。

5. 推行健身运动

生命在于运动，所以组织对其秘书人员应推行健身运动。组织机关内要有健身器材，要有乒乓球、羽毛球、篮球等体育设备，要经常举行内部比赛。

6. 举办康乐活动

康乐活动，包括消遣与娱乐。消遣有消除疲劳、恢复体力与精力的重要功能；娱乐的功能是松弛紧张的情绪，促进精神愉快。所以，康乐活动是保护身心健康的重要方法。组织应适时地举办旅游、参观、音乐会、演唱、放电影等活动，以促进职员的身心健康。

（二）办公室的安全环境管理

要造成一个安全的环境就必须在以下几个方面加强管理。

1. 防盗

在办公大楼内应设有专门的保安人员 24 小时值班。防盗应注意以下几点：机关公物应详细登记，严密管理，管理人员更换时，应交接清楚，以防私占；放置现金及贵重物品的保险柜或抽屉,应随时上锁,经营人员应保持警觉,防范盗窃;非消耗品公物应尽可能予以烙印或制定标志;订立公物损失赔偿规则,以加强公物保管及使用人员的责任;下班后应将办公室门窗上锁;门卫对出入人员应严密注意,以防盗窃;放置贵重物品之处,应装设铁栅、铁门及防盗装置等。

2. 防火

火灾可对组织机关造成生命和财产的损失,所以火灾的预防为安全环境管理的一大任务。火灾首重预防,电器电线应作定期检查,以防走火跑电引起火灾;易燃易爆品禁止堆放在办公室内,应放置于安全地方;办公场所应有消防设备,并作定期检查;太平门、太平梯及安全门不可缺少。各组织机关应在消防部门的配合下进行火灾自救训练和消防知识的教育。

3. 防止意外伤亡

办公室如有不慎,会存在许多潜在危险,如过度拥挤,办公家具和设备摆放不当,拖移的电线,破旧或损坏的楼梯,打滑的地板,损坏了的栏杆,未接地的电器设备,不彻底的绝缘,等等。这些现象都有发生意外伤亡的可能性。因此,必须加强对以上现象或物材的管理,将办公室内的危险性降至最低程度。为了防止意外伤亡事故发生,组织应向职员进行防止意外事故的教育,使之平时养成安全的工作习惯;设计办公室的布局以减少发生事故的危险,将办公家具排放在安全的位置,确保走廊、楼梯的安全,取高处的物材时应使用折叠式工作梯,排查电源插座和电线,避免电线过长;将机器设备稳固地放在桌子或台上,等等。

◎ **技能训练**

训练一 设计公司详细组织结构图和商业文件

一、训练目标

通过训练,学生能准确地为公司各职位在组织结构图中定位,熟练掌握商业文件流的程序。

二、训练方案与要求

1. 请为你熟悉的某公司设计一个详细的组织结构图。

2. 现有一家电脑公司,请将下列职位归入组织结构图中合适的位置。

总经理助理	行政办公室	总经理	销售部
董事会	计划财务部	推销员	车间
生产部	市场部	会计	出纳

3. 模拟训练

秘书决定为自己的办公室购买一台新的计算机,经过有关领导的同意,他看了一位操作员的演示以后,选好了满意的机型号,开始订购。

演员:

买方:公司秘书　公司的采购员　公司的财务部职员　公司的仓库保管员

卖方:电脑公司的销售部门职员

以上演员都在模拟办公室里,各就各位,每人办公桌上放置一台电脑和打印机。请演示从发出订购单开始,公司与电脑公司之间形成的商业文件流的程序。

以上训练可分组进行。

训练二　办公室空间与环境布置设计

一、训练目标

通过训练,能较科学、合理地为秘书工作场所进行空间设计和设备等布置。

二、训练方案与要求

1. 办公室空间与设备情况

某公司行政办公室,长 9 米,宽 5 米,办公室大门居左,由北入内,窗户朝南居中。办公室主任一人,行政秘书一人,文员一人。办公桌、椅子三套,接待沙发一对,茶几一个。打印机两台,传真机一台,普通电话机两部,3P 柜机空调一个,饮水机一个,书柜两个。绿色植物与饰物、文具若干。

2. 基本要求:请从办公功能和工作职能合理的角度为办公室进行空间设计。画出基本空间设计示意图,并用文字说明。

训练提示:参考前面"办公房间布置应注意以下原则"。

◎ 知识拓展

链接资料一　企业组织结构图

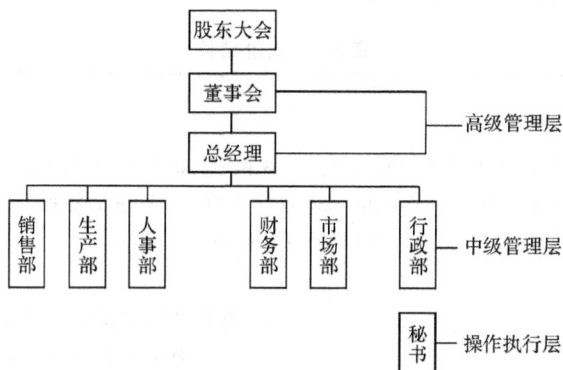

图 3-1　企业组织结构图

链接资料二 商业文件简介

商贸活动中形成各种商业文件(见表 3-2 至表 3-7),这些文件在企业有关职能部门之间流动。下面对这些文件加以简单介绍。

1. 请购单

大华公司设计部门主管的秘书,所在部门需要购买 6 块木质制图板和不透明直角尺,首先要写好请购单(见表 3-2),后送往该公司的物资采购部门,这笔交易就开始了。

★ 目的和用途

请购单的目的是为满足内部使用而要求购买的物品或者从库存中领取的物品。

★ 准备方

请购单是由要求购买或领取此种物品的部门准备,比如上文提到的设计部门。

★ 分送

将请购单送交采购部门一份,并由它负责购买或领取商品以满足请购单位的需要,送到所需要的部门。

表 3-2　请购单

部门:＿＿＿＿＿＿＿＿＿＿＿＿＿ 设计部＿＿＿＿＿＿＿＿＿＿

销售商姓名:＿＿＿＿＿＿＿＿＿＿＿＿＿＿＿＿＿＿＿＿＿＿＿＿＿

数　量	商品项目	商品目录编号	单价(元)
6	制图板和直角尺		
项目主管签名:		日期: 年 月 日	

2. 询价函件

大华公司的采购部门接到设计部门的请购单以后,立即向供应制图板的两三个公司发出了询价函件(见表 3-3)。

表 3-3　询价函件

大华公司致
亲爱的先生:
我看到贵公司在电视中刊播的有关办公设备和用具的广告。如果你乐于为我公司提供 6 块木质制图板(规格为 470mm×650mm)和不透明直角尺(650mm)的报价单,我将感到非常高兴。请考虑给我公司最优惠的条件及最早的发货日期。
你忠实的主要买主(签名)＿＿＿＿＿＿
大华公司　2008 年 2 月 9 日

★ 目的

询价函件是发给商品供应商的，以求获得他们的商品报价。

★ 准备方

询价函件是购买商品的一方发出的，比如上面所说的大华公司的采购部门。

★ 分送

☆ 商品的供应商；

☆ 购买方归档。

3. 报价单

办公设备生产商的销售部接到大华公司的询价单后，向该公司寄去报价单，提供对方所需要的商品信息（见表3-4）。

表 3-4　报价单

寄：大华公司
大华公司采购部某某先生：
为了回答您_____年_____月_____日的询问，我很高兴就下列物品对您报价：木质制图板（规格为 470mm×650mm）和不透明直角尺（650mm）均为 26 元，这个价格包括我公司货车运送货物的费用。
交货日期：接到订单后的两周。
交付方式：交货以后的一个月内以现金实数支付。
我们期待着收到您的订单。收到您的订单以后，我们将立即着手办理此事。
某某办公设备用具有限公司销售部主管（签名）
2008 年 2 月 21 日

★ 目的和用途

给出被询问的商品的细节，包括支付的方式和发货情况。类似的信息也可以由商品目录、价格单和估价单提供。

★ 准备方

报价单是由出售商品的公司发出的，即某某办公设备用具有限公司销售部。

★ 分送

☆ 预期客户（买方）；

☆ 销售部（归档）。

4. 订单

大华公司采购部的某某先生比较来自不同的办公设备用具公司销售部的报价后，向其中的一个公司发去了订单（见表3-5）。

表 3-5　订　　单

数量	产品说明	价格(元)	备注
6	木质制图板	26	由公路运输发往大华公司(上述地址)

寄自:大华公司,某某市某某街 78 号
寄往:某某办公设备用具有限公司
请提供:

★ 目的和用途

发向外部要求商品供应的要求。

★ 准备方

由准备购买商品的公司准备,如表 3-5 中的大华公司采购部。

★ 分送

☆ 供货商家;

☆ 货物验收部门;

☆ 仓库;

☆ 财务部门;

☆ 购买部门(归档)。

5. 发货单

某某办公设备用具有限公司的销售部收到大华公司的订单,并收到款后,在准备发货的同时准备发货单通知买方(见表 3-6)。

表 3-6　发货单

来自:某某办公设备用具有限公司
发送至:大华公司,某某市某某街 78 号
发送日期:_____年_____月_____日

包裹号	产品说明	订单号
4	6 块木质制图板(尺寸 470mm×650mm)和不透明直角尺(650mm)一个板条箱	1234

接收时货物密封,状态良好。

客户签名:_____

★ 目的和用途

发货单与货物相随,并作为发送的记录。如果货物是由邮政部门或铁路部门发送的,有时也要用到发送记录以便当货物从供货商处离开时通知买主。

★ 准备方

由销售公司准备发货单,比如表 3-6 中的办公设备用具有限公司的送货部门。

★ 分送

☆ 货物的接收部门；

☆ 如果货物采用卡车运输,供货方还要给司机一张发货单。

6. 收货票据

当货物运到大华公司的接收部门时,由这个部门开出一张内部收货票据(见表3-7)。

表3-7　收货票据

供货商:某某办公设备用具有限公司 收货日期：年　　月　　日			
数量	产品说明		订单号
6	制图板和直角尺		1234
订货人：	货物接收者：	检查员：	
分发:财务部门 　　　仓库保管员 　　　买主			

★ 目的和用途

收货票据是一种公司内部用来报告货物已到达的联系方式。

★ 准备方

由货物购买方准备,比如前述大华公司的采购部门。

★ 分送

☆ 买主(作为货物已经到达的通知)；

☆ 财务部门(以便核对发票)；

☆ 仓库(便于库存控制)。

7. 发票

某某办公设备用具有限公司在给大华公司开出发货单的同时开出发票,内有后者所需要货物的细节及价格。

★ 目的和用途

发票的目的是买方为了向卖方索取汇款。发票在会计文件中是记录贸易的原始文件。

★ 准备方

发票是由卖方开出的,比如表3-7中的办公设备用具有限公司的销售部。

★ 分送

☆ 购买方(供其与订单和收货票据对照检查并入账)；

☆ 供货方的会计财务部门(以便入账)；

☆ 供货方的仓库(以便进行库存控制);

☆ 供货方的货物发送部门(以便准备发货单);

☆ 供货方的销售部门(副本归档)。

链接资料三 秘书工作微观环境有关资料

表 3-8 工作对象大小与光量的标准

观察对象的最小尺度 d(mm)	最低光量(人工照明)
$d \leqslant 0.15$	
$0.15 < d \leqslant 0.3$	200W
$0.3 < d \leqslant 0.6$	150W
$0.6 < d \leqslant 1.0$	100W
$1 < d \leqslant 2$	50W
$2 < d \leqslant 5$	30W
$d > 5$	20W

表 3-9 办公室、房间及其他室内场地的光量标准

序号	场所名称	人工照明标准
1	设计室	100W
2	阅览室	75W
3	办公室、会议室、资料室	50W
4	食堂	30W
5	休息室	30W
6	厕所	20W
7	通道、楼梯	5W

表 3-10 非住宅区室内噪声标准

场所	标准(dBA)
办公室、商店、小餐厅、会议室	35
大餐厅、带打字的办公室、体育馆	45
大的打字室	55
车间(根据不同用途)	45~75

链接资料四 周总理办公室——和谐办公室的典范

谈到"和谐办公室建设"这个话题,《秘书工作》杂志社的同志约我谈谈当年总理办公室是怎样和谐运转的。我感到这个话题很有意义,选择周总理办公室也很有代表性。因为周总理作为一国总理,担负着大量艰巨、繁重的党务、政务和军务工作,极其紧张而繁忙,他的办公室是最繁忙的办公室,配备的秘书和工作人员也比较多,人数最多时曾达到 20 余人。由于任务重、人员多,就必然涉及协调分工、相互配合、和谐运转的问题。这里,我就简要地向大家介绍一下总理办公室的一些情况,供大家借鉴参考。

亲切关怀春风化雨

周总理虽然日理万机,每天要处理很多国家大事,但他非常注意自己办公室的工作氛围。他像一个大家长一样,既严格要求大家,又关心、爱护大家,帮助大家成长进步,带头营造一个关系融洽、配合默契、和谐共进的办公室,为我们做出了榜样。

一是平易近人,消除顾虑。很多同志初到总理办公室工作时,心里都有些压力,担心工作搞不好。说句心里话,一个普通干部调到总理身边工作,哪有不紧张的呢? 因此,每当有新同志调到总理办公室工作,周总理就会找机会亲自地和他谈谈心,鼓励他不要有压力。周总理对新同志说的第一句话总是:"欢迎你到这里来工作。咱们都是同志,只是分工的不同。"听到周总理这亲切的话语,大家的心情自然就会放松很多。记得当年我刚调到总理办公室工作时,一个人也不认识,心想能早日见到周总理该多好,但又怕见到总理时不知道说什么,这种矛盾的心情使我在未见到总理前一直忐忑不安。有一天,我从办公室一出来,迎面就遇见周总理和邓大姐。周总理得知我是新同志后,亲切地和我握了握手,并详细地询问了我的年龄、以往工作情况和家庭情况。我当时紧张极了,浑身直冒汗,说话的声音怯生生地有些发颤。周总理看出了我很紧张,就笑着说:"不要紧张嘛,我是总理,你是这里的工作人员,咱们都是同志。"就是这样一句"咱们都是同志",让我觉得自己和总理之间的距离一下子拉近了。后来,在西花厅工作的时间长了,我见到周总理的机会多了,但因为是"同志",所以我在周总理和邓大姐面前说话再也不那么紧张了。

二是关心生活,体谅困难。周总理经常关心大家生活中的情况,并积极想办法解决大家的生活困难。1966 年 3 月 8 日,河北省邢台地区发生了 6.8 级和 7.2 级强烈地震,总理办公室有的同志家里受了灾。周总理和邓大姐得知后,从他们的工资里拿出了一部分钱,作为受灾补助款分发给他们。就连为周总理站岗的老家在地震区的战士每人都得到了 30 元钱的补助。

20 世纪 50 年代末期,由于大家工资都不高,和社会上许多单位一样,总理办公室也成立了一个互助会,每月大家都存入一点儿钱,谁有急事就可借用,帮助大家应急。当时，我们没有把成立互助会的事告诉周总理，后来他知道了就主动要求入会，还说："我也是西花厅的一员，这样的事也应该通知我嘛。"后来，互助会解散时，有的同志家里困难，借用的钱一时还不上，周总理和邓大姐放入互助会里的钱也就不要了。实际上是把钱援助给了家庭困难的同志。

三是关心健康，经常开展大家喜闻乐见的文体活动。周总理每天工作都长达十五六个小时，因此到了周末，如果没有什么急事，大家就想法让他放松一下，有时就请中办警卫局服务处的同志来放一场电影。当时租一次片子要15元钱，每次演电影的费用都是从周总理和邓大姐的工资里支出的。周总理看电影时总会想着工作人员，从来不会忘记请他们一起看。那时办公室不少同志都住在西花厅的西小院，总理请看电影时还叮嘱他们带着夫人和孩子。周总理和邓大姐特别喜欢小孩子，见到哪个孩子都要亲切地问一问、逗一逗。

在平时的生活中，周总理通常把自己当成西花厅的普通一员，积极参与总理办公室工作人员组织的活动。有时工作累了，周总理就会请工作人员和他一起打打乒乓球。在周总理的影响下，总理办公室工作人员会打乒乓球的不少，而且球技都有所见长。有一次，有人提议搞一次乒乓球赛，由童小鹏主办。这件事让周总理知道了，他提出要观看冠亚军决赛，周总理亲自为冠军发奖。比赛的奖品都由邓大姐"赞助"。

四是注意培养，鼓励进步。周总理在工作上对我们要求很严，他很注意培养提高我们的办事能力，关心我们的成长进步。如果我们在工作中出现错误或某一件事做得不好，周总理不是简单地批评了事，而是耐心地给我们讲清道理。所以，有时我们虽然受到了批评，但得到了教育，增长了见识和经验，心情还是愉快的。有一次，周总理在审阅一个重要材料的时候，发现某部门的一个重要数据核对不实，当即就打电话批评了负责这项工作的同志，使这位同志感到很惭愧，思想上也很有压力。不久，周总理遇到了他，主动与他打招呼，询问他的工作与生活情况，并说："我虽然批评了你，但对你没有个人成见。你以后在工作上要细心一点，不要把这些重要的数据搞错。"周总理亲切的话语马上缓和了气氛，解除了那个同志的思想包袱。

在处理某些事情时，周总理也会让我们参与其中，提提意见，说说看法。刚开始时，我们担心自己说不好。他就说："说错了也没关系，你们可以从中学习，提高处理事务的能力。"这样一来，我们的胆子也就大了，慢慢养成了敢于提意见的习惯。一次，一位曾给周总理当过警卫员的同志给周总理和邓大姐寄来了一点小食品——嘉应子。周总理和邓大姐让我回信批评这位同志不该寄东西来，并给了一些钱准备作为食品款寄回去。我认为信可以写，但钱不能寄那么多。周总理和邓大姐听到我的意见后，表示不同意我的想法，还耐心地解释为什么不同意我的意见，说用这种办法是想教育那位同志今后不要再寄什么礼物来了。

明确分工运转有序

总理办公室是在新中国建立初期成立的，当时是政务院直属机构，由政务院副秘书长齐燕铭兼任总理办公室主任。那个时候，办公室除了直接为周总理服务外，还要为在西花厅办公的陈云、陈毅副总理和习仲勋秘书长服务。总理办公室先后经历了三次职能或人员调整。

第一次：大约在1955年，总理办公室进行了职责调整，不再负责为副总理和秘书长服务，从为众多领导服务转变成只为周总理一个人服务。

我是1955年3月调到总理办公室的。刚到那会儿，副总理、秘书长的工作人员还同我一起去过组织生活，不久就分开了。这时候，总理办公室工作人员有20多人，设有财经组、外事组、综合组和行政组等几个大组，每个组都设有一名干事。干事的主要工作是接本组的电话、找资料、收发文件和做一些秘书交办的事。

第二次：1959年，周总理响应党中央的号召支援文教战线，总理办公室的秘书开始陆续减人。统战部的秘书长童小鹏调来担任总理办公室主任。这时，行政组没有了，新设了机要组，各组的干事都是机要组成员。因为秘书少了，我们机要组的同志从1959年开始承担值班工作，直接为周总理服务。机要组同志的工作任务加重了，工作内容扩大了。

第三次：1965年初，周总理带头响应党中央精简机构的号召，又对办公室工作人员进行了精简，只留下一位秘书和三个干事。这是一次比较大的精简，总理办公室也改名为总理值班室，但它的职能和任务没有变，所有的工作由留下的四位同志分担。

无论是为总理、副总理和秘书长多位领导服务还是只为周总理一个人服务，无论是20多人的庞大队伍还是只有4个人的精干力量，总理办公室始终分工明确、运转有序、和谐高效。

总理办公室各项工作都分得很细，秘书分别负责联系几个部委，如第一次调整后，财经组的几位秘书分别负责联系农林水、计划、工交、经贸等部委。周总理需要哪方面的资料或召开哪方面的会议，就分别找主管秘书。如果负责的秘书偶尔不在，事情又急，就请值班秘书办理，但事后要转告主管秘书。

总理办公室的运转极为有序，从来没有发生过杂乱无章的现象。周总理管的事多而广，用"日理万机"来形容一点也不过分。我记得李先念同志对我说过，总理就是总的管理。总理办公室每天都要收到各方面送来的许多报告、文件和简报等，秘书按照各自分工把材料过滤，该写摘要的写摘要，该拟提纲的拟提纲，按轻重缓急排队，等待周总理晚上回办公室审阅批示。属于过目的文件，则分门别类地放入标名的文件夹内供随时翻阅。每周，总理办公室主任都要召集会议，传达总理的指示和要求，听大家介绍情况，沟通、协调有关工作。可以说，总理办公室始终保持着井然有序的工作状态。

相互配合团结协作

和谐的办公室必须要有一个和谐的人际关系。这种关系主要表现在人与人之间相互尊重、相互理解、相互支持,既有个人充分展示才华、发挥自己创造力的空间,又有同志之间相互配合、团结友爱、互守诚信、相互促进的团队精神。

总理办公室是一个工作繁忙、任务重的服务机构,也是一个温暖、和谐的大家庭。这个大家庭的所有成员之间相处都很融洽,在这里处处都能感受到同志间深深的情谊和温暖。大家的目标完全一致,就是勤勤恳恳、老老实实、认认真真地为周总理服务好,不争名也不争利。我刚到总理办公室工作时,秘书们大多是"三八式"老干部,年龄都比我大 10 岁以上。但他们对我们年轻同志都很关心照顾,不仅在工作上指导、帮助我们,还在生活上关心我们。如工资调级时,他们都主动让出来,让年轻的、工资低的同志先调。有时组织看文娱节目,老同志都让着年轻人,而年轻的同志也主动帮助老同志打开水、擦桌子,加班时就帮他们从食堂买饭。

办公室的同志在工作上相互支持、协调配合,自觉地把各自工作放在办公室工作的全局中考虑,时时事事以大局为重,工作起来都非常认真。讨论问题时,有时也会争得面红耳赤,但出了办公室就没事了。大家没有什么私心杂念。如果出现失误,都主动承担责任,从不推诿,并且举一反三,提醒其他同志不要再犯类似错误。记得有一次,一位新来的秘书因为不了解有关情况和程序,报告事时说错了话,受到周总理的批评。事后,我们都去安慰那位同志,说明是由于我们没交代清楚而使他挨批的。每当发生这类事时,我们谁都不会推卸责任。由于思想上没隔阂,大家工作起来心情都很舒畅,都感觉到西花厅像一个温暖的大家庭,对总理办公室或值班室都喜欢用简称——西花厅。

西花厅,和谐办公室的典范。至今我们还非常留恋在西花厅工作的日子。

（作者赵炜,系全国政协原副秘书长,本文选自《秘书工作》2007 年第 10 期）

项目二　秘书日常事务处理

◎ 学习目标

知识目标

● 熟悉电话机的功能和电话基本礼仪。

● 掌握接听与拨打电话的程序、电话沟通的方法。

● 了解日程表、周计划表、月计划表、年计划表的安排以及日志系统的基本内容。

● 了解印章管理和值班事务的基本要求。

能力目标

● 正确接听、拨打电话,符合电话礼仪。

● 能够准确、全面地记录电话内容。

● 能够拟订和实施办公室工作计划。

● 能够建立承办周期制度。

● 能够正确管理和使用印章。

◎ 工作任务

● 任务一:电话事务管理。

● 任务二:工作日程安排。

● 任务三:印章管理、督查与信访工作。

◎ 导入案例

秘书怎样接听业务电话

中外合资的荣成贸易有限公司杨珊瑚小姐是位刚毕业的涉外秘书专业的本科生,因总经理秘书吴小姐即将升任公共关系部经理,总经理安排杨小姐跟随吴小姐学习,有意让其接任吴小姐的职位。近一段时间,总经理正好有事出差。由于有吴小姐的努力,公司的一切倒也井井有条。这一天,吴小姐代表公司外出协商一件事,杨小姐坐镇办公室。"嘀铃铃,嘀铃铃",电话响了,下面是杨小姐与对方的一段谈话:

来电者:"是荣成贸易有限公司吗?"

杨小姐:"是。"

来电者:"你们老板在吗?"

杨小姐:"不在,我是他的秘书,有什么事请跟我讲。"

来电者:"你们的乳胶手套多少钱一打?"

杨小姐:"1.8 美元。"

来电者:"1.6 美元卖不卖?"

杨小姐:"不行的,对不起。"

杨小姐说完,"啪"挂上了电话。

思考分析:

1. 仔细分析以上对话,你发现了什么问题?

2. 作为秘书应怎样接听有关业务的电话?

3. 杨小姐还有可能接替吴小姐担任总经理秘书吗?

提示：秘书的日常事务工作，看似简单平凡，实际并非如此，它直接关系到企业的工作效益和组织形象，也直接影响到秘书自己。本章拟从描述秘书在日常接听与拨打电话以及组织日程时间安排与计划中可能遇到的各种事务入手，并对其进行全面分析。

◎ **理论导读**

任务一　电话事务管理

电话作为现代通讯工具，在企业发展运作过程中起着重要的作用。在社会生活中，人们越来越离不开电话，在秘书日常的公关实务中，电话沟通更是不可缺少的形式，很多客户正是通过电话最先接触和了解对方的。正确使用电话有助于创造良好的沟通气氛，提高办事效率，树立个人和组织的良好形象。

对于秘书而言，除了接听和拨打电话之外，还要学会过滤电话。

一、接听与拨打电话的基本要求

1. 表达规范、正确

秘书电话语言表达要求体现出良好的职业规范，秘书人员的工作语言应是普通话，要始终保持接听电话时的职业语调与规范用语，这是秘书的首要基本功。另外，因为电话交谈不像口语交谈，可以用除声音之外的体态语来辅助表达，所以用语要规范。同时，电话交谈有时因距离问题或线路干扰而使声音模糊、失真，这一切都要求在接听电话时，必须首先注意表达规范正确。

2. 礼貌热情，语气清晰和婉

俗语说，言为心声，声音能反映人的真情实感。秘书电话交谈，更应该运用富有人情味的声音，力求使对方既收到语言，又收到情感信息。比如，电话铃刚响第二下，耳边即传来秘书亲切的声音，"您好，德力西人力资源部"。有人将电话比喻成不速之客，常会不顾对方是否受欢迎而突然闯入。对于秘书，心情在某一时刻可能很不好，此时更要求秘书人员在接听电话时态度要热情，语气要和婉，不可生硬，不能让对方感觉不舒服。

3. 简洁

企业电话用语，不同于人们日常生活中的电话用语，电话用语的时效性很强，秘书人员必须有很强的时间观念，长话短说，扣紧主题，不说与主题无关的事。同时，简洁并不意味着一定要少说话，在表达信息的过程中，一定要全面准确，而不是一知半解。

4. 保密

电话保密是企业信息保密中的一项重要内容,秘书人员接听电话时一定要注意保密,一般不要在普通电话里谈秘密事项,同时也不要将与电话内容有关的事项告之与此无关的人。如果对方在电话中问及有关机密的事,秘书人员可根据情况,或婉言拒绝,或请示领导。

5. 注意时间

这主要是针对打电话时,要考虑对方接电话是否方便,要注意各地、各国的时差和工作时间差别。一般的公务电话最好避开对方临近下班的时间。因为这时打电话,对方往往急于下班,很可能得不到满意的答复。公务电话应尽量打到对方单位,如确有必要给对方打时,应避开对方与其家人吃饭、休息的时间。

二、过滤电话的注意事项和基本要求

在秘书日常接电话的过程中,并非所有的电话都是重要的电话,而且对于领导来说,每天都要接好多电话。如果接一些无关紧要的电话,则会严重影响领导工作的效果,所以对于秘书而言,一般都要先过滤电话,就是秘书根据各类不同的电话性质,通过自己的经验和具体情况进行电话过滤或选择,把一些不重要的电话自己代为处理,同时为领导、同事接好电话。过滤电话除了细心听、用心记、热情处理之外,还要掌握对各类电话的语言艺术。

1. 接听重要电话

所谓重要电话,一般是指来自上级的电话或来自公众的内容特别重要的电话,比如重要会议、重要通知、突发事件等。接听重要电话,准确为第一原则,如果没听清楚,应主动询问"对不起,这一点我没听清楚,请您再说一遍"。同时及时核对,防止语音混淆,尤其设计数字、电话号码、人名、街名时更应问清,并且主动重述一遍,得到对方认可为止。另外,接听重要电话,还应借助书面语,别忘了在电话机旁边放一个电话记录本。至于如何判断重要与否,除了凭自己的经验和直觉外,还可以参考以下标准:一是需要马上办理;二是需要交办;三是需要提醒;四是需要备忘;五是可能没有任何原因,只凭感觉有此必要。凡符合上述标准的来电,我们都要养成边听边记或挂断电话后马上随手记录的习惯。

2. 接听纠缠电话

秘书接听这类电话往往违背秘书的意愿,发话者为了达到自己的目的,几次三番地来电话纠缠,而且现在有些人信奉"会哭的孩子多吃奶"的心态,经常打骚扰性的纠缠电话。这类电话一般会让人心烦意乱,拿不定主意,还可能发脾气,对普通人而言,可毫无疑问地拒绝或训斥对方,但秘书人员在接这类电话时应该大度有礼,不怒不躁,不要被对方利用,但也要有原则。过滤这类电话一般可用软中见的硬暗示法,比如,"先生,您的电话我们已经知道了,有消息会打电话给您,请别再打电话催问,越催越糟,越不利于事态的发展,请予以合作,不然我们也没办法帮您,再见。"这类软中带硬的回答是过滤纠缠电话的有效表达方式。过滤另一种纠缠电话的表达方法是彬彬有礼的干脆回绝，不留任何余地。例如，电话铃响了两下，秘书小孙拿起话筒，听到一个流里流气的声音："我是条山酒业集团公司的客人，请问贵公司旅社能否提供特殊服务。"小孙（平静而坚定）："对不起，先生。您喝多了，我公司旅社能为客人提供的全部服务项目都已经放在《酒店服务指南》里，晚安。"（"啪"地挂上电话）醉酒客人提出的要求显然是无礼的纠缠，作为公司的客人，不好斥责或批评，于是秘书小孙果断又不失礼貌地回绝对方，不留任何余地。

3. 过滤恐吓电话

有些人为了某种目的，经常会使用威胁的办法给相关组织打恐吓电话，提出的条件也不尽相同，口气也有轻有重，但大部分的恐吓电话都与经济利益有关系。如"请告诉你们经理，如果他与民生企业合作，别怪我们不客气"。遇到这类恐怖电话，秘书要镇定，并马上做好录音工作，以便后面再处理。

4. 过滤唠叨电话

秘书经常接一些"长舌妇式"的唠叨电话，如何应对这类电话，一般多采用善意的谎言法。如（发话者）："贵公司昨晚的招待很不错啊，那清蒸的鸡肉很鲜又嫩又好吃，还有那鸡汤也很好，油而不腻。你们那公关小姐长得可真靓，身材又高又苗条，服务又好，她叫什么名字，我想和她交个朋友。还有你们李总很年轻……"秘书："等下次我们再好好款待你，但现在我马上要参加一个重要的会议，真的对不起，再见。"对于这种毫无意义的唠叨电话，一直听下去既浪费时间又可能耽误其他重要电话，又会让发话者得寸进尺，一直说下去，这时善意的谎言是最好的表达艺术。

5. 过滤代接电话

代接电话有三种：一是领导不在时秘书代为处理。代接这类电话的言语要热情得体，要求先问清来者的姓名、单位，并礼貌询问"我可以为您转告吗？"，或"请放心，我一定转告他，他下午在办公室，到时你们再联系，好吗？"言语得体就是要求秘书表达既不能冷冰冰，又不能过分热情，强人所难，如"请问找我们张总有什么事？他不在，我可以帮您转告，我保证一定做到，请相信"。这类电话使来电者很不舒服，不利于组织的形象。二是领导不能马上接电话，要让客人等一两分钟。对秘书而言，尽量不要让客人在等待中显得急躁，当他仍手持话筒等待时，秘书通常每隔20秒或30秒给客人打个招呼，"对不起，请稍等一下"，"对不起，让您久等了，我们老总一分钟之后就来"。这样不断地打招呼，能减轻客人的焦虑。三是领导在办公室，秘书为领导过滤电话。秘书在为领导接电话时，要根据电话的意图、重要程度判断转接电话是否打扰领导正常工作。对一般事务向对方解释清楚领导不能接匿名电话，并建议对方以其他方式联系，比如写信。对直呼领导姓名并说明要谈的问题，秘书要请示领导，是立刻接通电话还是回避直接通话。另外，当领导正在开会时，有打给领导的电话，为不干扰会议的进行，一般不转接电话，按领导不在时处理;如果是重要的电话,如突发性、紧急电话应立即转给领导,可用便条通知领导在会场外的安静合适的地方接电话,避免干扰会议。过滤电话的过程中也常常会遇到打错的电话,秘书也要始终使用表示礼貌和善意的职业用语。

三、接听与拨打电话的程序

1. 接听电话的程序

首先,接电话前应准备好电话记录单,以便记录一些重要电话。因为随着时代的发展,秘书每天做的事越来越多,要处理大量日常事务,接听电话只是其中的一项,秘书不可能把每一个电话的内容都记清楚,因此秘书人员在接听电话之前,要养成良好的习惯,做好电话记录,有时还需要做好声音记录。

其次,当电话铃响两声之后的间隔里拿起话筒,进行接听。铃声响两声接听是一项要求,因为不满两声接听,对方会认为我们太急,同时也会造成电话短路;超过两声显然又慢了一些,假如铃声响起四五声后才接,就更不应该了。如果接晚了,应主动在通话过程中解释原因。

再次,拿起话筒后应自报家门,弄清对方的身份与目的。自报家门,主要指说明自己的单位或单位所属部门。比如,"您好,德力西集团公关部,请问您找哪位"?这样打招呼简单明白、平和安详,使对方既能清楚组织的名称,以便核对打通的电话是否正确,也能感受到秘书表现出的良好的职业水准。同时要听清来电者的自我介绍,最好是重复一下对方的姓名,如,"是的,林先生请稍候,我马上将您的电话转给张总"。在接听时,秘书既要弄清对方的身份,又不能使对方反感,要以职业规范的电话语言来与对方沟通。比如,"麻烦请问您是?以便我能为您更好地服务"。秘书没有任何理由来审问对方。在电话交谈的过程中不能再与其他人交谈,重要的电话要认真核对记录,长途电话在节奏上要快速回应对方。结束电话时,明确对方没有其他事项之后,一般要等对方说完之后再挂机,这既是一种礼貌,也是对对方的一种尊重。

2. 拨打电话的程序

首先,在打电话之前要理清自己的思维,对于重要的电话最好提前准备要说的要点,以免说错。

其次,在打通电话时,要主动自报家门,说明来意。自己的姓名、职务或单位告诉对方,比如,"您好,我是景泰条山酒业集团人力资源部办公室秘书王自兴"。

另外,和接听电话是一样的,除了要用规范的职业语言之外,一般要等对方说完"再见"之后再挂机。

任务二 工作日程安排

秘书日常事务工作之一就是做好组织的时间安排,包括日常安排、约会安排和旅行安排。帮助领导安排好时间、主要内容和日程安排,包括每月、每周、每天的日常工作安排。

一、日程安排的内容

秘书日程安排的内容是把领导或组织每月、每周、每天的主要活动纳入计划,并下发给组织相关单位或部门。尽管时间安排可能天衣无缝,也会出现漏洞,会有变化,但只要沟通及时,并不会有太大的影响。做好时间安排,有利于组织内部工作的协调,可以按部就班地安排工作,避免出现"撞车",同时也方便了其他工作部门。请示、汇报工作可以提前"挂号",同时与其他单位的工作联系也可以提前做好准备。对秘书而言,可以及时掌握领导活动的线索,及时作出相应的调整。

领导或组织日常工作安排一般涉及以下内容:

(1)各种接待、约会。包括接待或会见本单位员工、外单位来宾和国外的来宾。

(2)商务旅行活动。当前各组织领导特别是企业领导经常到各地、各国去联系合作事宜,进行市场调研和参观学习。

(3)参加各类会议。各类组织都会经常举行不同类型的会议,领导部署重要的任务,听取员工的建议,组织各类表彰会议,等等。

(4)到车间进行实地检查或指导。优秀的企业家都注重及时了解本组织的生产、营销、资产运行等方面的情况,这离不开亲自去做市场分析、产品分析、资产分析等工作。

(5)各类重大活动的组织安排。

(6)领导私人活动的安排。在西方国家,包括日本秘书一般都要对领导的私人生活进行安排。比如何时去休假,替领导安排好接待领导私人亲朋的日程表等。

二、日程安排的基本要求

日程安排主要是对领导或组织日常活动的时间和程度进行统筹计划和安排的过程。其具体要求如下。

1. 统筹兼顾

所谓统筹兼顾,就是安排日常活动既要从组织的全局出发统一筹划,又要兼顾领导的实际情况。有条不紊地做好时间的协调工作,避免发生"撞车",使整个时间安排如同一个流程一样,是一个完整顺畅的动态系统。每个节点都承接了上一过程的成果,担负着本身过程的职责。只有统筹兼顾,才能做到有条不紊、互不冲突,从而提高工作效率,取得良好的工作绩效;反之,若安排不当,顾此失彼,不仅会对领导的工作效率带来消极影响,而且会给组织全局工作造成混乱。

2. 安排规范

安排规范就是根据组织领导的分工,明确规定哪一类组织活动应由哪些领导参加,避免出现随意性,注意实效,克服形式主义。

3. 效率原则

日程表的安排要体现效率原则。作为一个组织,时间会产生很多变数,组织或企业发展到一定阶段,必然会出现各类问题叠加的情况。于是,缺乏效率的日程安排就会使组织框架试图去适应这种变化,从而变得日益臃肿,组织的命令系统逐渐失灵,导致大量未经删选或毫无意义的信息淹没组织高层。因此,秘书在安排领导日程时要注意使整个日程安排有助于提高组织工作效率,设计的工作日程要很清楚。

4. 突出重点

采用 ABCD 法则,与完成中心工作有直接联系或重要的活动,要优先安排,加以保证,以便领导集中精力办大事,防止领导疲于奔命,力戒形式主义。ABCD 法则中 A 是指先做重要而紧急的任务;然后做重要而不紧急的任务,即 B 类事务;再做紧急而不重要的工作,即 C 类事务;最后处理 D 类事务,可做可不做的事务。只有这样,才能提高效率,充分利用时间,合理分配精力,完成工作任务。

5. 留有余地

安排领导的时间要留有余地,不要安排得过于紧密,要给领导空隙时间。

6. 适当保密

领导的日程安排,一般都是自制成一览表形式。日程表给领导一份,给秘书科长和其他领导各一份,还要给有关科室和司机各一份。不过,给科室和司机的日程表,内容不能太详细,以防泄密。

7. 事先同意

在安排领导的日程表时,无论是一般的工作还是重要的工作,都要事先得到领导的同意。

三、日程安排的形式

1. 年计划表

公司在一年的例行活动、商界在一年中的例行活动以及公司年度工作计划,都可以事先安排。

2. 月计划表

从全年计划表抄下日程安排,填写出差和聚会等预定事项,要抓住当月的重大活动。

3. 周计划表

在周末要向领导报告下周计划,并得以确认。周计划的安排要考虑领导的忙碌程度以及其他因素,如果领导临时事情太多,则可以将一个月内必须完成的已知事项安排在其他周完成。

4. 日程表

领导在一天中要做许多工作,为使其事先掌握自己所要从事的重要活动,必须提供给领导日程表。在前一日下午或者当日清晨,根据周计划表,抄制当日日程表,并得到领导确认(如果不制作日程表,根据周计划表安排工作时,也必须于前一日或当日清晨得到确认)。

日程安排注意事项:

(1)日程表编写以记叙、说明为主要表达方式,不加评论,不作过多分析,简洁具体,使人一目了然。

(2)月计划、周计划、日计划不要安排得太满,尤其是前两者。因为环境随时变化,领导要根据不同的情况作出一定的改变,所以编写要留有余地。

(3)所有的日程安排都应按领导的意思去办。经领导审核通过打印成表并送给相关部门,同时要留有备份。

(4)活动与活动之间要有一定的空隙时间,以避免一些时间冲突。

(5)在制度日程表的过程中,应养成谦虚细心的习惯。事不论大小,都要认真去检查核对,然后请领导审核,这样一方面减少了错误,另一方面也提高了工作效率。

(6)对已经处理完的工作,一般应注明结果;对没处理的也一样。这样,能避免漏掉一些重要内容,也能帮助领导随时掌握信息。

四、日志系统

日志是根据周计划表写出的一天时间内组织领导活动计划,一般分为纵、横两种方式。所谓纵,是以时间为线索,从上班开始到下班为止,整个过程中什么时间应做什么事,按照顺序排列,以领导必做的作为主线,安排的时间应在领导精力很好时。所谓横,是指事务。每一项事务都应该设定处理所需要的时间,将一些重要的事务马上安排让领导完成。

当然,同一时间中,肯定会出现若干项事务同时需要处理的情况,这是因为各类组织日常事务的特点本身缺乏计划性,我们只能去适应它,而无法控制它。有经验的秘书会根据不同的情况选用不同的日志记录方式。

以时间为线索的日志,有利于处理一些经常性的日常事务,日程安排有很大的可操作性,以时间为序排列(见表4-1)。

在日志上记录应该注意的问题:

(1)写字永远要用钢笔——尚未联系妥当的约会可以先用铅笔记载,待约定之后再用钢笔描一遍;

(2)记载时间、联系人姓名、地点以及其他有关内容,尽可能简单而全面;

(3)记载社交活动,要注意招待会或酒会的时间(18:30 动身赴 19:00 的酒会)以及穿着等方面应特别注意的情况;

(4)一天的活动安排,应按时间先后记载;

(5)每天开始,要先为当天的所有活动做好必要的准备工作,如为会议和约会准备好文件和档案材料;

(6)每天工作结束,要仔细检查每个日志,看所有项目是否都已处理,所有约会是否都已赴约。

表 4-1　秘书日志中一天的典型记载情况

日志 8 月 2 日(星期五)20		
时　　间	地　　点	活 动 内 容
09:00	办公室	工作人员会议日程
09:30	会议室	工作人员会议
10:45	——	为艾丁逊先生预订 8 月 4 日(星期日)中午 12:00 从伯明翰到伦敦休斯顿车站的车票
11:00	办公室	打字机维修工来维修打字机
11:30	办公室	约会:安东尼先生见艾丁逊先生
12:00	银　行	取小额现金——25 英镑
14:30	办公室	工作人员会议记录
15:00	牙科诊所	艾丁逊先生的约诊
17:00	布洛克酒店	18:00 开始的招待会,提醒艾丁逊先生

另外,秘书在记录秘书工作日志和领导工作日志时,要互相协调配合。如表 4-2 所示。

表 4-2　秘书工作日志　　　　　　　　　　　　　　行政主管日志

7 月,20			7 月,20		
16 日　星期一　　第 29 周			16 日　星期一　　第 29 周		
时　间	内　容	地　点	时　间	内　容	地　点
9:30	经理主管会议	董事会会议室		经理主管会议	董事会会议室
10:00	欢迎新员工暨员工培训课开课仪式	员工培训中心 B16 房间			
11:30	给参加员工培训课的员工讲话	地点同上	11:30	给参加员工培训课的员工讲话	员工培训中心 B16 房间
12:30	扶轮俱乐部午餐	皇家酒店	12:30	扶轮俱乐部午餐	皇家酒店
14:00	兑换支票以获取零用现金	银行			
14:30	与地区管理员桑德拉先生约会	办公室	14:30	与地区管理员桑德拉先生约会	办公室
16:30	审查员工鉴定录像	员工培训房间	16:30	审查员工鉴定录像	员工培训房间
19:00	与巴里先生打壁球	员工俱乐部			
19:30 与 20:00	高尔夫俱乐部野餐会	公园大街高尔夫球馆	19:30 与 20:00	高尔夫俱乐部野餐会	公园大街高尔夫球馆

注意事项：

(1)领导与秘书都要去参加的活动要记录在相同的时间内；

(2)秘书单独的活动，只有安排在领导的空余时间，或者单独活动的时间内。

任务三　印章管理、督查与信访工作

一、印章管理和使用

(一)印章管理

印章是企事业单位在被正式批准成立后，并经批准到当地公安部门指定的刻章单位刻制。经过验收合格的印章，应登记，盖好印签，以备查考。颁发印章时，应严格履行颁发手续，特别是颁发正式印章时，要郑重其事、安全可靠；颁发其他印章，也要按程序办理。印章在正式颁发启用前，应按印章制发权限由上级机关或代管机关发正式启用通知，启用通知的范围一般由该印章使用范围而定。为了防止伪造，要作印模留底并报上级主管机关备案。国家行政机关和企事业单位、社会团体的印章，如果因单位撤销、名称改变或换用新印章而停止使用时，应及时送交印章制发机关封存或销毁，或者按公安部会同有关部门另行制定的规定处理。

单位印章具有法定权威性，严禁伪造印章或使用伪造印章，违者将受到法律的惩处。如果发现伪造印章或使用伪造印章者，应及时向公安机关或印章所刊名称单位举报。

印章的管理，要注意如下事项。

1. 严格管理，健全制度

国家行政机关和企事业单位、社会团体必须建立健全印章管理制度，加强用印管理，严格审批手续。未经本单位领导批准，不得擅自使用单位印章。印章的保管，按照规定，专用印章、钢印和手印等都应指定由机要秘书或政治上可靠的人员保管。按照保密要求，保管者不得委托他人代盖印章，更不能自己随意带出办公室，或交他人拿走使用。应将印章存放在安全、有保密设施的地方，尽量做到专柜保管，没有专柜，也要在存放印章的地方安装上牢固的锁。有条件的单位，最好放在保险柜里，随用随取随锁。各级办公室都应备有用印登记册，主要登记用印时间、用印的部门或个人、用印的事由、用印的数量、用印批准人、用印经手人、监印人等。登记册要妥善保存，以便日后核查。

2. 严格审批程序

一是严格手续，按规定的制度办事。原则上盖哪一级机关的印章，应由哪一级负责人批准。批准应有文字手续，并在用印登记表上注明；文字批准手续和用印登记，要妥善保存备查。有些纯属日常事务不涉及重大事宜的，单位领导人可授权保管印章的人员具体掌握；有固定格式的外出介绍信，可经有关领导一次批准，盖一本或若干本的印章,交有关处、室、科负责人具体掌握,存根要归档。二是对所盖印章的文字内容必须认真审阅,尤其是对一些特别情况的用印,更要审阅清楚。如果需要经办人亲手盖章,不让印章管理人经手,必须有领导人明确批示,并登记清楚,否则不能用印。三是盖出的各种印章,必须保证位置恰当、文字端正、图形清晰。公文盖印要盖在单位署名的中间,不可压住正文。盖印时,握法要标准,印泥(油)要适度,用力要均匀,落印要平衡,使字形清晰,以求庄重、美观和有效性。

(二)印章使用

各级机关企事业单位都应制定印章的使用规定。印章管理人员须严格按照规定使用印章。

原则上,使用机关或单位的印章,要由本机关或单位的领导人审核签字。使用机关或单位办公室的印章要由办公室负责人审核签字。为了方便工作,对一些一般性事务的用印,机关或单位的领导也可授权办公室负责人或印章管理人员审签。但是一定要明确授权范围,超出范围的,应请示领导审签后方可用印。

印章管理人员用印前,要认真审核,明确了解用印的内容和目的。确认符合用印的手续后,在用印登记簿上逐项登记,方可用印。除留有存根的介绍信,机关或单位发文除有发文登记外,其他用印均应进行登记。

对需留存的材料应在加盖印章后,留存一份,立卷归档。如合同、协议、领导人签批的信件草稿、印发的文件原件及文稿等。

不得在空白凭证上加盖印章。确因工作需要,由业务部门以领导机关名义颁发的凭证,需要事先加盖机关印章或套印再填发的,需经过领导批准方可盖印。但凭证要逐页编号,装订成册,由领用部门办理领用手续,按规定填发。

经过审查、登记后,即可按要求加盖印章。一般情况下,印章应加盖在落款的年、月、日处,"齐年盖月"(即印章的左边缘与落款日期的年相齐,月、日盖在印章的下面),印迹端正、清晰。

机关或单位撤销更名或因其他原因而停用印章时,应由印章颁发机关及时收回封存或销毁。

二、督查工作的原则

(一)坚持实事求是的原则

实事求是是我们党的思想路线,也是督查人员的职业道德。在督查工作中应该做到:一要有坚强的党性。表现为尊重客观实际的科学态度,敏锐的洞察力,坚持原则,敢讲真话、敢报实情、敢于揭露和反映问题的大无畏精神。二是深入实际了解情况。作风要扎实,情况要真实,分析、判断要正确,意见、建议要中肯。三要如实进行督查反馈。有喜报喜、有忧报忧是督查反馈的基本要求,而且还要侧重反馈决策和工作部署在落实过程中出现的不落实问题及其原因。督查反馈最忌弄虚作假,粉饰太平,大事化小,小事化了。督查的出发点和落脚点都在实效上,要在促进各级领导改进作风、推动决策和工作的部署的落实上下功夫。

(二)坚持突出重点的原则

督查工作的范围很广,任务繁重,而秘书部门的督查力量相对薄弱。如果面面俱到,四面出击,就很难收到实效。因此,督查工作一定要突出重点,围绕一个时期的中心工作来开展,把主要力量放在促进重大决策部署和领导同志的重要交办件的贯彻落实上。一是从督查的职能看,各项大政方针的落实是重点。秘书部门作为领导的办事机构和参谋服务部门,工作千头万绪,但最终目的是保证领导政令的畅通,保证领导各项决策的有效落实。二是从督查层次看,本级领导重要决策和工作部署的落实是重点。秘书部门要为本级、上级、下级搞好"三服务",但重点是为本级领导搞好抓督促查服务。明确这个重点,督查的力度就大,成效也大;反之则成效甚微,甚至费力不讨好。三是从督查对象看,各级领导是重点。领导是各项决策和部署落实的第一责任人,也是抓督查的第一推动人。

(三)坚持分流承办的原则

坚持这一原则的基本要求:一是领导负责,督促检查工作必须置于各级领导的有效控制之下。领导的决策及落实的要求是开展督促检查的依据,一般督查事项都要经领导同志批准后才能立项查办;重大督查活动必须请主要负责同志亲自挂帅;督查进展情况要及时向领导同志报告;督查结果上报前要经领导同志审批同意。二是督查部门要主动做好综合协调工作。主要是根据领导授意对督查事项进行分解立项,下达到各有关单位负责承办,并认真做好催办工作;对涉及多个责任单位的督查事项,要明确牵头单位,并做好落实中的有关协调工作。三是各职能部门对领导机关及其督查部门交办的督查事项要积极办理,不得延误,并按时报告办理进度和办理结果,做到事事有回音,件件有着落,高效地完成任务。

(四)坚持注重时效的原则

具体要求:一是上级领导部门及其督查机构组织的督促检查,要坚决按统一布置的步骤和时间要求精心组织实施并及时报告结果,以便上级部门及时进行综合分析和研究。二是由督查部门正式以"督查公函"形式下达的专项查办件,时效要求很严。如查办件因查办难度大,未能及时办结的,也应在规定时限内先上报办理进度,说明未及时办结的原因并采取得力措施加强督办,争取尽早上报办结报告。

(五)坚持科学有序的原则

督促检查工作的科学有序关键是建立健全一种良好的运行机制。这种运行机制应包括如下内容:一是有一支与工作任务相适应的督查队伍,不仅要有一定的数量,更重要的是要保证较高的质量,有较高的政治素质和业务素质;二是有一个纵横通达的督查网络,建立健全各级各部门督查机构,加强紧密联系;三是有一套科学可行的工作程序,做到有章可循、有章必循。工作程序主要是指在决策督查和专项查办件过程中的实际操作方式,一般要经过拟办送审、立项登记、通知下达、催办检查、审核报告、立卷归档等环节。

三、信访工作

信访，是来信来访的简称，是指社会成员通过写信、走访、电话等形式，向党和国家机关、社会组织及其负责人反映情况，表达个人或集体意愿的一种政治交往活动。

信访工作是机关、团体及企事业单位的一项经常性工作，也是秘书工作的重要组成部分。做好信访工作，直接关系到各级领导能否发扬社会主义民主，保障人民民主权利和合法权益；能否接受群众监督，保持同人民群众的密切联系；能否及时了解社情民意，为领导决策提供信息和建议；能否妥善处理新时期人民内部矛盾，维护社会稳定等重大问题。因此，信访工作是一项政治性很强的群众工作。

（一）信访工作的原则

1. 实事求是，一切从实际出发

实事求是，一切从实际出发，是辩证唯物主义的基本原理在实际工作中的运用。它是我们党的思想路线和传统作风，是党制定政治路线和各项方针政策的基础。坚持实事求是，一切从实际出发，也是我们做好信访和领导公开电话工作应该遵循的思想路线和工作原则。

群众来信、来访、来电反映的事件总是涉及面广、情况复杂。有些问题，有具体政策规定，但只是原则精神；有些虽然没有政策，但确有实际困难需要解决。这就要求在处理信访问题时，既要坚持原则性，又要灵活掌握，在中央总的方针政策指导下，具体问题具体分析，因地制宜，采取变通的方法，积极主动地解决问题。

2. 认真执行党的方针政策和法律

信访人的正当权益、合法要求应当满足；超出政策规定的要求，要做好疏导工作，坚决维护政策和法律的严肃性，维护党和国家的利益。必须牢固树立政策和法制观念，依法办事，按政策办事。

3. 解决问题与思想教育相结合

群众来信、来访、来电，既有实际问题，又有思想认识问题。对思想认识问题，既不能不理不管，又不能用行政命令的方法、强制的方法加以压服，必须采取民主的方法以及说理、批评和自我批评的方法，进行疏导教育，帮助其解开思想上的疙瘩，提高认识。

（二）信访工作的基本方法

1. 送

送是指从来信、来访中筛选出与各级各部门中心工作有关的情况和问题，或可能引发重大问题的苗头，或带有倾向性、普遍性的问题，送有关机关、单位领导人，为他们指导中心工作提供依据。

2. 转

转是指将来信、来访群众提出的问题及时转交有关部门处理。

3. 办

办是指根据情况由信访部门直接办理有关信访案件,未设信访部门或信访员的单位,要由办公室指定专人进行承办。

4. 查

查是指信访部门对所转出的人民群众来信来访的处理情况进行督促、催办;对所属下级部门处理人民来信、来访的工作进行检查。

◎ **技能训练**

训练一　电话事务与工作日志制订训练

一、训练内容

电话事务与工作日志制订训练。

二、训练目标

通过训练,学生能够熟练掌握接听电话的技能与填写日志的技能。

三、训练方案与要求

(1)秘书小李一次给客户打电话,铃声响了五声之后还没有人接,她就挂了电话。她做得对吗?

(2)秘书小孙一次因工作被领导批评了,心情很不好,恰好电话响了,铃声响了两声以后,她拿起话筒说:"喂,你找谁?"当得知对方打错电话时,她很不耐烦地说了声"您打错了",就将电话挂了。她的做法对吗?

(3)秘书小欧一次早上 8 点钟就给新疆的一位老板打电话,"喂,是张总吗?""你是谁?""我是杭州娃哈哈集团人力资源部的办公室秘书。""对不起,我在吃早餐,等会儿打过来好吗?""噢,好的。"如果你是秘书小欧,你该如何做?

(4)秘书小董接到了一个投诉电话,对方态度还可以,她一边接电话,一边翻阅当天的文件。小董做得对吗?

(5)秘书小张一次接到了一个恐吓电话,对方态度很恶劣,声称一定要让她的老总亲自接。小张说老板不在,让他过一会儿打过来,对方依然态度强硬,小张就把电话筒放在一边,去做别的事情了。小张的做法对吗?

(6)陈之安先生是沈阳某飞机部件公司主管销售的经理。请把下星期一的活动安排有关内容分别填写在陈之安先生和他秘书的工作日志上:

星期一上午 10:30 在办公室举行会议,所有经理都参加;安排时间去银行取现金;12:30 陈经理与王新西先生商谈下一次推销工作会议的日程安排,但不能占上午 9:00—10:00 的时间,因为陈经理想在这段时间里处理他的信件;陈经理和夫人晚上 7:30 到康特公寓出席晚上 8:00 的俱乐部聚餐会;秘书本人在晚上 7:00 要参加社交俱乐部举行的一个会议。

训练二　印章使用登记训练

一、训练内容

印章使用登记程序实践操作训练。

二、训练目标

通过对用印的实践训练、操作,掌握印章使用与管理的基本要求与方法。

三、训练方案与要求

1. 结合学校具体情况,设定班级社会调查(或设定其他有关情况)盖公章。派学生代表到单位办公室开具证明。

2. 看、听印章管理人员的操作程序。

3. 填写印章使用登记表,熟悉登记表的具体内容。

4. 注意印章加盖时的技术要求。

训练三　查办工作实践

一、训练内容

查办工作的基本程序、工作要领实践。

二、训练目标

通过学习、训练,掌握查办工作的基本程序、工作要领。

三、训练方案与要求

1. 询问、调查,秘书专业人员讲解、操作:请单位专业秘书工作人员进行座谈

(1)查办工作特点,举实例说明;

(2)依据所发现问题(举实例),梳理查办操作程序;

(3)查办工作相关表格样式及内容填写要求。

2. 情形设定训练

(1)情形设定、模拟训练。

①秘书 A,业务处交办项目责任人 B,主管领导 C;

②选出三位学生扮演各自角色;

③演示:

主管领导 C 说:A,2009 年 3 月份安排的第一季度产品质量检测分析表已交上

来了,但缺少同行业同类产品质量指标的对比研究信息。这是年初计划中要求的。请通知业务处将有关内容在 2009 年 4 月 10 日前赶快补上。

秘书 A(动作):根据领导意见,拿出查办通知单,查阅业务处年初计划。

秘书 A:找到业务处交办项目责任人 B。

秘书 A:填写通知单的有关内容(交办期限假设 3 月 28 日)。

秘书 A:电话通知 B(表演过程自编),谈查办通知单有关内容。

(2)教师根据学生查办通知单填写的内容,分析说明其合理性、规范性。

◎ 知识拓展

链接资料一 电话记录单

如表 4-3 至表 4-5 所示简单而又详尽地对各类日程表的设计作了说明。在日常的工作中,秘书应根据不同的情况,选用不同的日程安排表。日程安排表的种类很多,随着时代的发展还会不断出现新的类型。对秘书而言,认真做好每月、每周、每天的日程安排,是一项重要的本职工作。

表 4-3 电话记录单(一)

来电日期	年 月 日 时 分
来电单位或姓名	
来电内容	
是否需要回复	
处理意见	

表 4-4 电话记录单(二)

来电者或单位名称		通话人		接话人	
		通话时间			
主要内容:				备注或处理意见:	

表 4-5 电话记录单(三)

来电单位		发话人姓名		接电话人	
内容					
领导意见					
处理					

链接资料二 拨打/接听电话的程序和技巧

1. 打电话前的准备

准备好电话记录本和笔。

要把与对方说明的事情、内容的顺序简单地列在记事本上,并逐一核对确保无遗漏。

准备好通话时需要的文件资料。

查阅对方电话号码,确认无误,开始拨打。

2. 拨打电话

拨通电话后,确认对方公司及姓名,然后热情而有礼貌地说:"你好! 我是联想电脑公司＊＊部＊＊。"

如果需与有关人员通话,应有礼貌地请对方传呼或转达。

如果告知对方的内容较为复杂,应主动提醒对方做好记录。

逐一将事情说明,注意语言简明、准确。

通话结束后,确认对方已放下话筒,然后放下电话。

3. 接听电话

在三声铃声内将电话接起,平和有礼貌地说:"你好,我是＊＊部＊＊。"

判断对方,分以下几种情况:

来电人员		总经理可接电话时	总经理不在时
内部	直接上级及平级	直接转入	记录留言
			如果事务紧急,记录对方电话,速联系总经理回电
	直接下属	问清事情大概,转接时向总经理说明大概后转入	问清大概,如果不紧急,记录下来转告总经理
			如果事情紧急,告知总经理联系方法
	普通员工	问清事由,如需要,转告总经理;其他可视情况处理	
外部	重要且紧急	问清概要,向总经理说明后转入	记录留言
			如果事务紧急,记录对方电话,速联系总经理回电
	重要但不紧急	问清概要,向总经理说明后,依总经理指示转入或不转入	记录留言,向总经理回报
	不重要且不紧密	问请大概,酌情处理	

若通话内容较为复杂,或有不清楚的地方,最后应当将要点重复一遍,以免遗留或有偏差。

通话结束后,确认对方已放下话筒,然后放下电话。

4. 通话技巧

日常礼貌用语:

询问对方时,可用:"请问您哪里?"、"请问您怎么称呼?""请问有什么事?"等。

对总经理直接领导及保持联系的外部、内部人员应在日常工作中尽量熟悉,达到闻其声知其人,并及时予以转接。

如果对方有事情需要你转达,必要时需将对方姓名、单位、电话号码以及需要传达的事重复一遍,以便必要时与对方联系。

如果不能把握总经理是否和对方通话的情况下,不能随便回答总经理"在"或"不在",可说:"请您稍等一下,我去看看＊＊总经理是否在。"然后请示总经理是否转接。

如果遇总经理不愿接听对方电话,则可用委婉的语气:"实在抱歉,＊＊总经理这时不知上哪里去了,我见到他时再给您回个电话;如果您方便的话,能否让我转达您的事情?"做到有礼有节、滴水不漏。

在知道身份但不告知事由的情况下,如果方便可询问总经理后决定是否转接;也可以询问对方是公事还是私事,如果是公事可让对方知晓,将事由告知自己也可以达到目的。

在对方不肯告知身份及事由的情况下,经反复询问后未果,可委婉结束通话。

如果对方喋喋不休,废话连篇,可以说"请问您还有别的事吗"或"对不起,我还有急事要办"等结束通话。

如果一个未完又来一个,应视电话内容和对方身份,让紧急的、重要的人员先讲,同时礼貌地告诉另一方稍候片刻,或记录对方电话,稍后打过去。

整理电话留言,在总经理回来后回报相关信息。

链接资料三 规范的日程表

表 4-6 年度计划日程安排表

一月	14 日召开职工代表大会,23 日董事会
二月	参加广交会
三月	召开股东大会,董事长去日本考察
四月	3 日职工技能大赛开始,5 日结束公司举行"以人为本"演讲经赛
……	……
十二月	进行年终总结大会,奖励先进个人和车间

表 4-7　月计划日程安排表

日期	星期	上　午	下　午
1	二	条山酒业集团公司建厂 50 周年厂庆	
2	三	皇台集团等兄弟单位参观,并组织专家	
3	四	李银城董事长、王强元副经理去比利时参加展销会	人力资源部召开会议,在 2 楼会议室
...			
...			
...			
31	一	全体职工大会,王晓元经理做年度报告,并奖励优秀员工	

表 4-8　周计划日程安排表

星期	上　午	下　午
一	8 点半,2 楼,李董事长介绍参展情况 11 点,李董事长参加市委的午餐会	14 点,市场营销科汇报工作,3 楼会议室
二	8 点,王强元副经理组织各部部长学习新的《企业法》 10 点,王晓元经理在衢州饭店与新加坡客商进行谈判 12 点,共进午餐	15 点,迎接市工商局、环保局检查,徐可圣副经理负责
三	9 点半,李董事长会见日本客商	16 点,李董事长、王晓元经理会见新到的大学毕业生
四	……	……
五		

表 4-9　条山酒业集团公司庆祝建厂 50 周年计划日程安排表

12 月 1 日(星期二)	
8:30～9:00	条山酒业集团公司庆祝建厂 50 周年代表签到
9:00～9:05	王强元副经理主持,李银城董事长致欢迎辞
9:05～9:10	皇台酒业集团公司董事长王自兴致辞
9:10～9:15	市政府秘书长王鹏元致辞
9:15～9:45	王晓元经理作主题发言,介绍集团发展过程和未来目标
9:45～10:40	构建共赢的价值链,推进竞合策略,广告科科长赵志强
10:40～11:00	短暂休息,与会人员留影
11:00～13:00	午餐
14:30～16:30	李董事长陪同各位来宾去车间参观
16:30～17:30	圆桌会议
17:30～19:30	答谢酒会
19:30～21:30	一起观看晚会,由公司公关部、文艺部负责

项目三　领导约会与商务旅行安排

◎ 学习目标

知识目标
- 掌握约会、商务活动安排的程序。

能力目标
- 能够为领导合理安排约会。
- 能够为领导拟订商务旅行计划。

◎ 工作任务

- 任务一：领导约会安排。
- 任务二：领导商务旅行安排。

◎ 导入案例

提前的会见

某省省长交代省政府沈秘书长：今天下午 4 时 30 分省领导要在省政府办公楼接待厅会见外宾，请通知电视台届时派记者到现场拍摄新闻。省政府沈秘书长根据经验，叫值班室通知电视台：下午 4 时整记者必须到现场并做好采访准备。

当日下午 4 时整，各有关单位的人员已集中在省政府办公楼接待厅前。4 时 05 分左右，省外办领导陪同外宾提前抵达办公楼，在楼下休息室等候。又过了 5 分钟，约 4 时 10 分，省长从外面赶回办公楼准备会见外宾。进门时路过休息室正好与客人打了个照面，省外办领导立即给双方介绍，于是会见比约定的时间提前 20 分钟开始了。各有关人员立即投入工作，会见顺利进行。会见结束时，沈秘书长一看表，正好是原定开始接见的时间——4 时 30 分，好险！

思考分析：

1. 秘书怎样有效安排领导活动？

2. 超前意识在秘书工作中如何体现？

提示：约会也称为约见，是指上司在事先约定的时间、地点与别人会面洽谈业务，会商工作。在企事业单位中，约见这一种交际形式被运用的频率，仅次于电话联系和书信联系。凡商量工作、解决问题、交流信息、联络感情都常用这一形式。在现代社会中，会面应事先约定，这是讲究社交礼节、注重工作效率的表现。秘书在日常工作中,为上司安排约会是最常见的事务工作之一。如何安排好领导的商务活动是秘书的重要职责。

本章重点介绍领导约会和商务旅行安排等相关内容。

◎ 理论导读

任务一　领导约会安排

约会也称为约见,是指上司在事先约定的时间、地点与别人会面洽谈业务,会商工作。在企事业单位中,约见这一种交际形式被运用的频率,仅次于电话联系和书信联系。凡商量工作、解决问题、交流信息、联络感情都常用这一形式。在现代社会中,会面应事先约定,这是讲究社交礼节、注重工作效率的表现。

为上司安排约会是办公室事务中的一项常规性工作。约会看上去似乎是一项比较简单的工作,但如何使约会工作安排妥当,完成领导的基本意图和工作目标,还是很有讲究的。这里有很多技巧性的事务处理方法、手段,也有约会工作的基本原则,还有在约会工作中的注意事项。应该说,约会的每一个环节都应重视,只有方法得当、举止得体、技巧娴熟、掌握原则,才会使领导的约会工作达到事半功倍的作用。

一、约会安排的基本原则

1. 要根据领导的工作习惯和生活习惯来安排约见。领导对自己的日程安排有不同的喜好,安排约见不能打乱领导的常规工作。办公室人员可以通过对领导如何分配时间的观察,聆听领导的工作计划,并据此分析、掌握领导的工作习惯和生活习惯。约见一般不能安排在领导生活中的休息时间和睡眠时间。

2. 要区分轻、重、缓、急,合理安排约见。一般来说,凡是领导安排约见人,就必须进行安排,但对方要见领导,就不一定有约必见。办公室人员要在领导频繁的约见活动中,分辨出轻、重、缓、急,根据约会的性质及重要性妥善予以安排。要保证该约的、该见的不耽误,适时安排;不该见的,坚决不约、不见,但必须说明原因,要想办法推辞;该见的,但并不是很急的,可稍缓安排约见。

3. 协助领导搜集有关信息,使领导事先做到心中有数。约见应当是有准备的,越是重要的约见,越要准备好。

4. 酌情弹性。这种弹性包含两方面内容:一是指办公室人员安排约见时间要错开进行,不可太紧或太松。二是早期安排的约见,时间不能太确定,因届时也可能会因情况有变而变动约见时间。

5. 办公室人员要注意提醒领导准时赴约,如果领导不能按事先约好的时间进行约见,办公室人员要设法及早通知对方。保证准时赴约,不误约,不失约。

二、约会安排的一般方法

1. 在领导时间比较充裕、精力比较充沛的情况下安排约见。注意在领导外出开会或出差回来的当天不要安排约见。尽量不要在每周一的早上和周五的下午以及节假日前安排约见。如果约见安排在上午,时间应该在早上上班后半小时左右,因为此时,不仅办公室已打扫完毕,而且领导也往往已安排好一天的工作。

2. 电话安排约见。处理电话提出的约见要求,办公室人员先要确认领导是否就是来电者要见的人,待对方讲明要求约见的原因后,再作出决定。电话安排约见时,办公室人员需要核对日历,确认领导的预定期约见时间内没有其他安排。与对方交谈时,要告诉对方约定的时间要得到领导的确认,稍后你会将领导的决定告诉对方。如果对领导是否能确认所安排的约见有疑问,则要告诉对方,使约见安排留有余地。确认后要及时复电或去函向对方加以确认并按时参加会见。确认函须留一份副本,作为谈话的永久记录存档。同时,要让对方告诉你他是否知道约见的具体地址,如果对方不清楚,则要向他解释明白。除非办公室人员已知道对方的电话号码,否则一定要了解每位约见人的电话号码,因为你可能需要打电话向对方确认约见时间,或更改既定的约见。

3. 信件安排约见。办公室人员安排约见时,还有一种常见的方法就是通过来往信件安排约见。在处理信件时,要记录一下来函确定的约见时间,发出确认约见的函件也要予以记录。在准备用信函答复对方之前,要先得到领导的确认。一经领导确认,就可以列入约见日程表。

4. 制订约见日程表。约见一般要在一周前安排好。为此,办公室人员每周要制订一份约见日程表。约见日程表是安排约见的必备之物,可放在办公室人员和领导的办公桌上,约见日程表的内容要简明、清楚,便于查阅。重要的约见日程表具有一定的查考价值,可作为文件保存。如果会见地点不在领导的办公室,则要注明确切的地点。

约见日程表要一式两份,一份办公室人员留存,另一份交给领导,以备查考。领导由于工作繁忙,有时会忘记查看日程表而耽误约见。因此,办公室人员必须还要在每一次约见前,再次提醒领导。

三、约会安排的注意事项

1. 配合上司的时间表

上司对自己的日程安排有一定的原则,文秘人员在为上司安排约会时,不能随便打乱上司的常规工作,要注意配合上司的工作规律和生活习惯,如上下班时间、休假时间、睡眠时间及其他时间等。

为了做好约会安排工作,文秘人员在平时就要做个"有心人",在日常工作中多加观察上司是如何分配时间的,掌握上司的工作习惯和生活习惯。这样,在为上司安排约会时,就能做到心中有数、妥善安排了。

2. 分辨轻重缓急

在上司频繁的约会活动中,要依约会的性质和重要性妥善予以安排。一般来说,重要而紧迫的约会,应安排在最近的时间;重要或紧迫的约会,应酌留时间安排;不甚重要的约会或礼貌性拜访,可适当插入上司的工作空隙中,或者取消。要保证该约的、该见的不耽误,适时安排;不该见的,坚决不约,但必须说明原因,要想办法推辞;该见的,但并不是很急的,可稍缓安排约见。

3. 约会时间留有余地

安排上司的约会时,在时间上一定要留有充分的余地,这包括两方面的内容:

(1)约会时间要错开,不可太紧或太松。

许多文秘人员都犯过这样的错误,为了争分夺秒,上司刚与 A 先生会谈完,就安排与 B 先生会谈……其实,这并不能提高工作效率,结果往往适得其反。因为上司刚与 A 先生会谈,思想不能一下子转过弯来,加上又没休息,如果与 B 先生会谈,精神会好吗? 再假如与 A 先生会谈延长时间的话,那不是浪费了 B 先生的时间吗? 所以,在安排约见时间时,要在每次约见之间留出 10～15 分钟的机动时间。

(2)远期安排或答应的约会,时间不能太确定。

未来是难以预料的,对于远期安排或答应的约会,时间不能太确定,因时日接近时,往往会因情况有变化而更改约会时间。

4. 适当保密

上司的约会安排,一般要注意保密。约会日程安排表不要随意乱发,一般来说,给上司一份、有关科室一份和汽车司机一份,自己留一份。给科室和司机的约会日程安排表,内容不能太详细,只有文秘人员自己和上司本人手中的日程表才允许那么详细。如果领有日程表的某些人不小心让竞争对手看到上司详细的约会日程安排表,后果就难以设想了。所以给这部分人的日程表,只要与他们业务有关的部分详细一点就行了。因此,制订上司约会日程安排表时,你不妨使用一些特定工作内容的符号,但是这些符号所代表的内容,你与上司、其他相关人员事前要进行沟通,不仅你可以看懂,相关人员也要看得明白。

5. 内外兼顾

随着业务的发展,上司与外界打交道的时间越来越多,但是上司必须内外兼顾。因此,文秘人员在给上司安排约见时,一定要留出专门的时间让上司了解单位的基本状况,及时处理业务中的各种矛盾和问题,把握本单位的发展。

6. 在领导时间比较充裕、精力比较充沛的情况下安排约会

如果你的上司外出,不要在他回来当天安排约会。你的上司因为长途跋涉,比较疲倦,需要好好休息。不要在临近下班时安排约会,以便上司能够更顺利地完成当天的工作。

注意不要在周末、假日或对方休息日安排约会,以免影响上司及对方的休息,

或者"剥夺"了上司及对方与亲朋好友欢聚的时光。

7. 心细少出错

安排约会时,你一定要向对方说明约会的内容、时间是得到上司同意的。如果你为上司安排一个外面的约会,在他离开办公室之前,最后打电话再确认一下。了解每一位与自己上司有约会的人的姓名、地址以及电话号码,以便万一取消或更动约会时间可及时通知对方。

一般来说,如果约会是通过电话来联系的,在打电话的同一天,应该写一封信证实电话联系内容,而且该信件应该留一份副本,作为该谈话的永久性存档,事情办理情况应以便条形式写给上司留存备查。

特别重要的约会,在接近约会的时间前,应与对方再联络,以确保约会的顺利进行。并随时提醒你的上司准时赴约。

下班前将第二天的约会事项填进小卡片,一张送交上司,一张交给司机,一张自己保存,以供提醒。

任务二 领导商务旅行安排

企事业单位由于工作的需要,领导会经常出差、旅行。很多旅行任务甚至是临时性决定下来的。但无论是国内出差还是国外出访,是短期出差还是长期出差,在每次出差之前,秘书都要为领导做好大量的准备工作。熟悉和掌握旅程安排的基本方法和秩序,是秘书事务工作的重要内容。有时秘书还要与领导同行,那对秘书的工作要求会更高。下面重点介绍旅行安排的有关程序、要求和基本方法。

一、旅行计划的内容、旅行日志表的格式要求与内容

(一)旅行计划

旅行计划是领导出差是否能顺利完成工作任务的重要前提,一份合理、周全、程序规范的旅行计划,能保证领导在最短的时间内完成工作任务。那么,如何才能制订出一份周密详细的旅行计划呢? 主要从以下几方面进行考虑。

1. 时间

这里的时间,一是指旅行出发、返回的时间,包括因商务活动需要到两个或两个以上地点的抵、离时间和中转时间;二是指旅行过程中各项活动的时间;三是指旅行期间就餐、休息时间。

2. 地点

这里的地点,一是指旅行抵达的目的地(包括中转地)。目的地名称既可详写(哪个地区、哪个公司),也可略写(直接写到达的公司名称)。二是指旅行过程中开展各项活动的地点。三是指食宿地点。

3. 交通工具

这里的交通工具,一是指出发、返回的交通工具;二是指商务活动中使用的交通工具。这要求秘书了解这方面知识,如识别火车种类。

4. 具体事项

这里的具体事项,一是指商务活动内容,如访问、洽谈、会议、宴请、娱乐活动等;二是指私人事务活动。

5. 备注

记载提醒上司注意的事项,诸如:抵达目的地需要中转及中转站名称,休息时间,飞机起飞时间;或需要中转时转机机场名称、时间,为旅客提供的特殊服务等;或开展活动时,就餐时要注意携带哪些有关文件材料,应该遵守对方民族习惯等。

秘书宜制订几个方案,征求上司意见,并与对方联系,最后选定一个方案为出差计划。计划制订后,至少打印 3 份,一份交出差上司,一份由秘书留存,一份存档。

(二)旅行日程表的格式要求与内容

旅行日程表实际上就是旅行计划的具体细化实施表。格式要求和内容可参考表 5-1。

表 5-1 旅行日程表

旅 行 日 程 表
××总经理行程安排 上海至北京 2008 年 5 月 13 日—5 月 15 日
5 月 13 日　　星期二 上午 7:00　　自家赴虹桥机场(公司派车送赴)。 8:40　　乘 Mu5143 次班机离沪赴北京。 10:20　　抵达北京(×××接机),住××宾馆 606 房间(已预先订房)。 12:00　　与××总经理共进午餐(在宾馆)。 下午 14:30　　与××总经理在该公司会议室洽谈(需用的 1、2、3 号文件在您的公文包中)。 18:00　　与××总经理在该公司共进晚餐。
5 月 14 日　　星期三 上午 9:30　　赴××公司与×××董事长洽谈(需用的 4、5 号文件在您的公文包中)。 11:30　　与×××董事长共进午餐(在该公司)。 下午 15:00　　拜访×××先生(由××先生陪同,礼品在您手提箱内)。 18:00　　在宾馆用餐。
5 月 15 日　　星期四 上午 8:50　　乘 CA1501 次班机离开北京(机票已预定,由王秘书事先送交您)。 12:25　　抵达上海虹桥机场(××接机)。

二、乘车、乘船、乘机旅行和预订票事务

（一）乘车

接送客户坐轿车外出办事，秘书人员应首先为客人打开右侧后门，并以手挡住车门上框，同时提醒客人小心，等其坐好后再关车门，然后自己从左侧后门上车。作为陪同，一定不能先于客人打开车门，除非对方坚持应女士优先。

抵达目的地时，秘书人员应首先下车，并绕过去为客人打开车门，以手挡住车门上框，协助客人下车。

如果是女性，上下车的姿势是十分讲究的，上车时仪态优雅的姿势是"背入式"，即将身体背向车厢入座，坐定后即将双腿同时缩入车内（如穿长裙，应在关上车门前将裙子弄好）。下车的正确姿势是：准备下车时，应将身体尽量移近车门，车门打开后，从哪边下车则应先将该方向的脚踏出车外，立定，然后将身体重心移至该脚，再把整个身体移离车外，最后踏出另一只脚。总之，上下车的正确姿势是"脚先头后"。如果是穿低胸服装外出，不妨披一条围巾，这样可以避免弯身下车时出现尴尬，也可利用钱包或手袋轻按胸前，并保持身体稍直的姿态。

轿车座位的尊卑次序是：后排右座、后排左座、后排中座、前排右座，即右为上，左为下，后为上，前为下。

如果主人亲自驾车，则其助手席即前排右座就是首席。

如果我们和上司同乘一部车，坐席位置由上司决定，待其坐定后，我们再选个空位坐下，但注意尽量不去坐后排右席。

（二）乘船

外出坐船时，应有秩序地排队上船，对号入舱位后，可在甲板上与送我们的亲友同事告别。告别时，我们举止得体，不要大声叫喊，也不要做出大幅度的动作。

由于轮船是公共场所，男女混居，我们进入船舱后，既要落落大方，也要注意谨慎自重，穿着上应该宽松保守些，如果太居家化，难免会遭人白眼，至于穿着睡衣在餐厅用餐或甲板上散步则更是粗俗，因为这是公共场所。

如果晕船要吐，应当立即去洗手间，千万不要吐在甲板上或舱内。如果来不及反应而已经吐了，则应马上歉意地给周围的人打招呼，同时尽快设法打扫干净。

出入舱口或在甲板上散步时，应礼让老人和孩童，见到其他乘客或船员，应彬彬有礼友好和善地对待，和睦相处。

船上标明"旅客止步"的地方不要进入，船上的各种设备以及开关也不要随意触动。

无论是在舱内或甲板上，不要向水里随手扔弃或倾倒杂物，因为这样会弄脏下层甲板或船舱旅客。

在船上就餐时如同在酒店宾馆用餐，虽然要自己动手且有些喧闹混乱，但我们仍应不失礼貌和风度，一要排队，二是找空位时要向旁边在座者问好，经过允许后

才可就座。下船时不要抢先或拥挤,对曾经帮助过我们或有缘相遇的乘客和船员,应友好地告别,说些令人好感的告别语。

（三）乘机

乘坐飞机旅行是件惬意的事,由于飞机内空间面积较小,人际关系特别紧密,而且各色人等聚在一起,对礼仪要求更高。

当我们上下飞机时,面对训练有素、美丽端庄的空中小姐职业性的问候,我们应报以同样职业性的微笑致意并说声"您好!"

进入机舱找到自己的座位后,应侧身尽快将自己随身携带行李放入座位上方的物品箱并关上门后立即坐下来,以免站在通道上堵塞和影响其他乘客入舱。

坐下后对我们的邻座,应微笑致意问好,以礼相待。如果不小心碰到了其他乘客,应立即主动道歉。如果别的乘客主动向我们打招呼想找我们攀谈,除非我们十分疲倦,否则应友好地应对。若我们想休息一下或要做什么事情,譬如看商务文件、查阅商务合同等则应向对方说明并表示歉意。

在机舱内谈话声不能过高,尤其是其他乘客闭目养神或看书报时,不要大声喧哗。

若非坐久了站起身舒展一下筋骨,否则尽量不要站起来在狭窄的通道上走动,因为这会影响其他乘客或空中小姐来往。

在飞机上拍照或为了看窗外景色而和其他人换座位是有失礼貌的举动,即使是靠窗观赏窗外景色,也要侧身观看,留一点空间给其他座位乘客观赏,不能整个身子遮住窗只顾一个人观赏。如果我们坐在通道一侧要朝窗外张望,也不要站起身只顾朝外看,而不顾自己的仪态有欠雅观。

如果遇到飞机误点或临时改降、迫降在其他机场,不必惊慌失措,也不用发牢骚埋怨。对秘书人员来讲,出差途中偶遇意外也是应该有所预料到的,有些惊险未必不是一种极好的应变能力训练。此时,我们应镇静和泰然自若地听从空中小姐的安排,友好体谅地与之合作、配合。越是在这种令人烦恼的时刻,越能表现出我们良好的职业素养和道德规范。

在飞机上使用洗手间要按顺序进行,保持洗手间洁净。等候他人时不要催促,自己使用时动作要迅速。

飞机抵达目的地还未停稳时,不能解开安全带站起身急于拿行李,只有等空中小姐通知后才能这样做。下机前别忘了和舱门口的空中小姐道别。

下飞机后万一找不到我们交运的行李,也不用着急,可请机场管理人员协助查找。即使遗失,航空公司也将会照章赔偿。但要注意的是,我们务必得把重要的资料和贵重的物品随身携带,以免对公司利益造成损害。万一交运行李遗失,也不要过分过多地责备和埋怨航空公司,因为那样做已经于事无补。

（四）预订票注意事项

在准备预订车票（机票）的时候，一定要查用最新的列车时刻表，因为现在有许多季节性的或临时性的车次，稍不留心，就会订不上。

各机关单位和公司对出差的待遇都有不同的规定，比如，按规定飞机的头等舱不是每个出差人都能乘坐的。因此，秘书在预订车票和机票之前，一定要弄清领导出差时能享受哪一级的待遇。

预订车票时，最好选择直达车。因为出差途中，最麻烦的就是换车，如果稍不注意，就会误车误点。所以，能直达的最好不要换车。如果是在大站换车，在时间上一定要安排得宽裕些。

为了预防意外，顶尖秘书在日程上要注明其他交通工具，如飞机起飞、轮船起航的时间，这样，就能根据实际情况，及时灵活地换乘其他交通工具。

从平时起，秘书就要注意学习预订和购买车票、机票、船票的办法以及如何使用支票，如何兑换外币，等等。这样，就能保证领导工作的顺利进行。

◎ 技能训练

训练一　实务训练法——约会事务安排

一、训练目标

通过秘书的实务处理具体训练，了解并掌握约会的程序与注意事项。

二、训练方案与要求

将班上同学以自然小组为一个单位，确定各组负责人。结合下列场景，由两位同学分别扮演角色 A 和 B，进行实务训练。然后分组讨论并回答有关问题。

场景：你是杭州丝绸公司秘书 A，省外贸进出口公司业务处处长 B 欲约你公司王总周五晚聚餐。B 拨通你的电话。

A：你好，这里是杭州丝绸公司，我是秘书 A，请问什么事？

B：你好，我是省外贸进出口公司业务处 B，我想约你公司王总谈谈 2004 年秋季丝绸出口中东的有关事宜，能安排王总周五晚在湖滨大酒店吃个饭吗？

A：（停顿）想约王总吃饭，周五晚上？

B：是的。请你安排一下。

A：（停顿）那我来查一下王总的工作安排表。（翻开记事本）对不起，周五晚上恐怕不行，王总要参加一个同学会。下周四、五都有空，要不安排在下周五？具体时间我们再联系，好吗？

B：（停顿）嗯——好的，我会通知你的。

A：（停顿，待答复）好的，那我等你电话，再见。

讨论问题：

1. 接约见电话时应注意什么问题？

2. 秘书 A 在电话回复中，体现了约会工作的什么原则？

3. 从上面电话片段中，可以看出秘书的哪些优点？

4. 情景训练与讨论 20 分钟，教师总结 5～10 分钟。

三、课外训练与案例思考

1. 请安排一次事务性约会，设计约会卡。

2. 思考：当对方要变更约会时间时，你应怎样处理较为妥当？

训练二　案例讨论

一、训练目标

通过王秘书的事务处理环节分析讨论，了解并掌握秘书事务处理的规范性。

二、训练方案与要求

王秘书在接到一位重要客户电话后，要请示领导该如何处理与客户的商务。此时领导正在会见一位来自韩国的客商，洽谈 2008 年春季竹工艺品的出口事宜。这时，王秘书就敲门请总经理出来，并请总经理马上给那位客户回个电话，给予答复。针对王秘书的这种处理方法，你怎么想的？

讨论：

1. 王秘书当时的处理方法是否合理？

2. 你认为怎样处理合适？

说明：

1. 分组讨论，并确定小组中心发言人；

2. 问卷调查，每组一份；

3. 分组讨论；

4. 代表发言由小组中心发言人总结小组答卷情况；

5. 教师总结。

训练三　情景模拟训练

一、训练内容

设计商务旅行方案。

二、训练目标

通过训练，使学生能根据具体情况，较熟练地掌握旅行基本程序与要求，安排好日程,最终有效安排领导旅行。

三、训练方案与要求

（一）情景设置

杭州某公司领导因公务需要,要携王秘书到西安出差,主要是洽谈合作项目前期有关事宜。

（二）训练过程

1. 同学担任王秘书角色,开展实务训练。

(1)收集西安公司的有关材料。

(2)选择去西安的旅行方式,查询杭州到西安的火车、航空等信息资料。书面整理(车次、航班、价位、起讫时间)等。

(3)预订车、机票程序熟悉:

①收集当地预订票受理点电话、地点、联系人;

②了解预订火车、飞机票的基本程序,业余时间学生到有关受理点询问(或电话询问),书面整理。

(4)预订西安客房及注意事项:

①以所在学校为对象,收集本单位外出人员差旅费报销标准;

②西安宾馆了解、资料查询、选择;

③客房预定程序。

2. 拟定一份旅行方案

3. 分析与总结(教师)

(1)学生在收集资料、实务训练中的不足分析;

(2)学生拟定旅行方案的合理性分析。

注意,以上训练很多环节可以是真实的,应该做到实质性的训练。

4. 时区计算训练:

(1)教师分发时区计算训练表,每人一份,5～10分钟计算完毕;

(2)教师宣布标准答案;

(3)教师分析时区计算规律及日常知识。

时区计算表(填上空格内容),如表 5-2 所示。

表 5-2　时区计算表

旧金山	伦敦	格林威治标准时间	北京	东京	悉尼
			10:00		
	10:00				
				10:00	
					12:00
8:00					
		12:00			

◎ 知识拓展

链接资料一　约会小卡片

约会卡片的制作虽然看上去很简单，但在实际工作中非常重要、实用。为使领导的约会工作顺利进行，作为秘书要做好精心的准备工作。其中制作约会卡便是一项不可忽视的重要工作。下面列举约会卡样表，以供参考。

约　会　卡

×××年×月×日星期×

10:00　会见张××，商谈下一年度的销售问题，地点：公司会议室。

13:00　与××公司王××经理共进午餐，地点：白云大酒店三楼。

14:30　与律师商谈租赁位于中环大街的假日别墅事宜，地点：瑞金路 18 号。

16:00　去白云机场接××公司董事长周先生及其夫人，客房定在白云大酒店。

19:30　去白云大酒店三楼。赴晚宴（宴请 20:00 开始），服装正式，附请柬。

链接资料二　约会日程表和约会时间提示表

约会日程表是安排约会的必备之物，其内容简单清楚，便于查阅。如果能恰当使用，不仅能帮你妥善安排约会，还能起到提醒备忘的作用。另外，因为约会日程表记录着上司参加过的约会及去过的地方，可以澄清一些开支的来龙去脉，如旅游开支、公务开支等。

如果上司告诉你他安排了一个约会，你必须把它记在上司和个人的日程表上。

如果某人写信查询约会的具体时间，一旦时间已定，必须通知询问的人，并且把它记入上司和个人的日程表上。

当上司与某客户讲座时，他也许会让你安排下一次与对方约会的时间，安排好后，必须确保对方收到书面或口头的通知，并记在上司和个人的日程表上。

有时，你与他的上司可能会通过信件与外地的参观者安排暂定的约会，这些约会必须用铅笔记入上司与个人的日程表上，因为它们的变动性比较大。

每天上班前要请上司核对他的日程表，看有没有约会，以免上司安排了约会却忘记告诉你，造成尴尬局面。

重要的约会日程表具有一定的查考价值，可作为文件保存，因为它从一个方面记录了公司的一些重要活动。附：约会日程表、约会时间提示表样式（见表 5-3 和表 5-4）。

表 5-3 约会日程表　　　　　　　　　年　　月　　日

约会起止时间	地　点	对方人员名单	主要参加人员

表 5-4 约会时间提示表

约会事由	所带资料	随行人员	备　注

链接资料三　办理出国旅行手续的内容、程序与注意事项

出国申请手续主要有五项：递呈出国申请书、办理护照、申请签证、准备妥健康证书、办理出境登记卡。

一、出国申请的内容

一般包括：出国事由、出国团组的人数、出国路线（外国公司所在国名称）、出国日程安排（出国时间，在国外活动的时间、地点，回国时间）等。申请文书后面要附出国人员名单（写清出国人员姓名、年龄、性别、职务、职称）以及外国公司所发的邀请函（副单）。

出国申请由秘书撰写，经上司审阅后递呈给当地公安局的出入境管理处。

如果是单位内的上司或员工因私出国出境，秘书还应告诉他们须履行"单位意见"这道手续，即由单位人事部门依据申请者的实际情况，出具同意或不同意的意见。

组织人事部门出具单位意见时除了考虑国家的法律规定、地方政府颁布的有关政策以及单位的实际利益外，还应注意几个问题：

第一，保障公民出入境的正当权益，防止侵权行为。公民只要申请理由正当，符合法律规定的，就应该出具同意出国的意见。

第二，防止法定不准出境的人蒙混出境，如刑事案件的被告人和犯罪嫌疑人，人民法院通知有未了结民事案件不能出境的，被判处刑罚正在服刑的，正在被劳动

教养的,国务院有关主管单位认为出境后将对国家安全造成危害或者对国家利益造成重大损失的,单位都应出具不同意出国的意见。

第三,不可弄虚作假,为非本单位人员出具单位意见,目前此类作假案件有所上升,因此规定国家单位、企事业单位的一般工作人员申请出国,由其工作单位的组织人事部门出具单位意见;单位、企事业单位的领导干部申请出国,则由上一级主管单位组织人事部门出具单位意见。

近年来,随着改革开放政策的进一步实行,我国有些省市对公民因私出国的条件、受理、审批正在逐步放宽,如上海市于 2000 年 1 月起,规定公民不论以何种理由申请以私出国,只需凭本人有效身份证件就可到就近区、县公安局的出入境管理办公室免费领取表格材料。并放宽了公民出国旅游的申请条件,只需在本地银行存有相当于 4000 美元的外汇,并存满半年以上者,无须提供境外人员的邀请信函和境外人员居住海外的证明材料,即可申请因私出国护照。并且,申请人只要手续齐全,在提出申请后的十个工作日内即可取得护照,如因急事出国,在受理后的 3 个工作日内即可发证。

自 2000 年 3 月起,我国教育部所属的中国留学服务中心还开通了网上签证申请系统——中国留学网(网址为:http://www.cscse.edu.cn),申请人只需上网就可查询、填写、修改签证表单,委托办理有关事宜。这一些,简化了出国手续,减少了申请人的往返奔波,省时省力省钱,方便了申请人。

二、办理护照

(一)护照的作用

护照是主权国家发给本国公民出入境及到国外办事旅行居留的合法身份证件和国籍证明。凡出国人员均应持有护照。出国前要凭护照办理所去国家和中途经停国家的签证,凭护照购买国际航班机票(车、船票)。在国外,当有关当局检验时须出示护照并凭护照住旅馆。任何国家都不允许没有护照的人进入其国境,对护照的检验很严格,以防止持照过期、失效或伪造护照的人进入其国境。

(二)护照的种类

目前,多数国家颁发外交、公务和普通三种护照,也有一些国家颁发三种以上或根本不分类的护照,或颁发代替护照的证件。

我国政府现在颁发的护照有:外交护照、公务护照和普通护照(包括国公普通护照和因私普通护照)三种。大红封面烫金的外交护照发给具有一定职级的人员的具有外交身份的驻外人员;墨绿色封面的公务护照发给我国驻外使馆职员、援外专家、出国访问代表团团员等;深棕色封面的因公普通护照,主要发给我国政府派遣出国的援外人员、访问学者、留学生等;因私普通护照发给侨居国外的中国公民及因私事出国的公民,原为浅棕色封面,根据公安部《中华人民共和国普通护照审批、签发管理规范》的规定,自 2000 年 6 月 1 日起,将陆续在全国颁发玫瑰紫色的普通因私护照,这一种新护照的封二资料页中,取消了"身份"、"婚姻状况"两栏。并对申请新护照时提供的照片提出了新要求,即必须是持证人近期直边正面免冠彩色半身证件照(光面相纸),国家公职人员不着制式服装,儿童不系红领巾,照片只限一人,照片的背景必须是白色或淡蓝色,不得提交一次性快照以及经翻拍的或用彩色打印机打印的照片。此外,照片人像尺寸要求是:半证件照为 48 毫米×33 毫米,头部宽度 21～24 毫米,头部长度为 28～33 毫米。凡提交不符合上述要求的照片,各地公安局出入境管理处一律不予受理。

(三)护照的办理

在国内,外交、公务和因公普通护照,由外交部及其授权单位(各省、市、自治区的外事办公)办理。在国外则由我国驻外使、领馆等外交机构负责处理。

秘书在办理护照时要注意几个事项。第一,携带有关证件:主管部门的出国任务批件,出国人员的政审批件,所去国有关公司的邀请书等文件。第二,认真填写有关卡片和申请表。第三,拿到护照后,再认真检查核对每位出国人员姓名、籍贯、出生年月和地点,若是组团出国,则要检查护照上的照片是否与姓名一致,有无授权发照人的签字和发照单位的盖章;发照日期和有效期有无问题,使用旧护照再次出国者更应注意其有效期,若已过期,必须申请延长。

护照是出国人员在外被唯一认可的身份证件和国籍证明,持照人在国外将凭此受到国家的外交保护。因此,护照全部内容必须准确无误,检查核对时一旦发现差错,应立即向发照单位提出更正。护照上另一容易被忽视的是持照人签名。根据国际规定,护照必须由持照人签名,否则该护照被视为无效,出境、入境、银行开户、法律交涉等都将难以进行,有的国家甚至要对未签名的持照人进行拘留审查。

三、申请签证

(一)签证的作用和种类

护照办理好后,再申请所去国家(地区)和中途经停国家的签证。签证是一国官方机构对本国和外国公民出入国境或在本国停留、居住的许可证明。签证一般可做在护照上,也有的做在其他身份证上。如果前往未曾建交的国家,则用单独的签证与护照同时使用。我国的签证一般做在护照上。

签证也分为外交、公务和普通三种。根据不同使用情况可分为入境、入出境、出入境、过境签证,另外还有居留签证。我国政府规定,因公出国的公民出入国境凭有效护照,可不办理签证,而持因私普通护照出入国境的中国公民必须办理中国的签证。

(二)签证的办理

因公出国的人员前往其他国家的签证通常由外交部事司或中国旅行社代办处向有关国家驻华使馆(或驻华总领馆)申办。如果时间紧迫,在国内来不及办理签证,可向我国有关驻外使、领馆发报,请期向驻在国申请。办妥的签证,可在抵达时，由机场移民局发给。前往国的签证应持国外邀请书，或有关国家移民局的允许证等，一般可通过中国旅行社签证代办处办理。

取得签证后，秘书要注意几点：第一，注意签证的有效期及证明单位是否签字盖章。第二，若由于种种原因签证已过期失效，在国内重新申办延长，在国外应通过我国驻外使馆领馆或自行向驻在国有关当局办理延长手续。第三，注意签证上持有人的姓名的拼音、签证种类是否正确。

如果出国者需一次出访两个以上国家，应当在国内全部办妥。常有人由于时间紧迫，特别是有的签证一时很难获准，就在国内只办较容易获得的签证，而将其他难办的签证放到国外去办。结果，事与愿违，这些签证在国外更难办出。在此情况下，这些人中，有的因时间不允许，只得提前回国；有的为取得签证，在外白白浪费了宝贵的时间、费用和精力。出国人员在申办出国签证时，需注意与本人的出国身份和目的相一致，不然，在国外就会受到种种限制，遇到更大麻烦。

上海市根据形势发展的需要，规定从 2000 年 1 月 1 日起，所有在 24 小时内经上海浦东国际机场和虹桥国际机场的外国旅客均可免办过境手续，其中，对美国、德国、法国、加拿大、澳大利亚、日本等 17 个和我国签有互免签证协议的国家的公民，允许过境停留 48 小时而免于签证。

四、办理健康证书

健康证书即预防接种证书，因为它的封面通常是黄色的，所以惯称"黄皮色"。为防止国际某些传染病的流行，世界卫生组织正式通过的《国际卫生准则》规定，入境者在进入一个接纳国的国境前，要接种牛痘、霍乱、黄热病等疫苗。

我国的黄皮书由卫生部统一印制，各省市卫生检疫站负责签发和注射疫苗，初次出国者，持单位介绍信前往办理。已有黄皮书的复种者可凭黄皮书复种。证书必须有医生签字，并盖有检疫站公章。

在出国护照、"前往国家的签证"和符合要求的黄皮书都已备齐后，再办理出境登记卡。

五、办理出境登记卡

在办妥了上述各项手续后，秘书再携带出国人员的护照、户口簿、居民身份证办理临时出境登记手续。凡出国超过六个月的（含六个月）人员，秘书则要携带上述证件到其常住户口所在地的公安派出所办理注销户口手续，然后凭护照、前往国的签证或入境许可证、临时出境登记单、注销户口的证明到护照颁发单位，把办理护照时领到的第一张"出境登记卡"换为第二张"出境登记卡"之后，可以购买机票、船票离境出国。

在出国旅行期间，应注意以下环节。

第一，在出访前后：

1. 掌握礼节。因公出国是代表国家、机关、单位，要注意在国外的形象。不懂对方国家的语言,外出最好集体行动。若能掌握些日常生活用语则会带来方便。有必要全面了解一下当地风俗习惯、礼节礼仪,以便在正式场合运用。

2. 任务明确。因公出国是办事,因此要有明确的目的。对工作任务要作出计划和安排。相关文件资料要及早准备妥当,尽量在有限的时间内圆满完成任务。

3. 节约经费。出国期间的日程安排要紧凑。事先有出访经费预算,出访期间不大手大脚,随意消费。许多出国人员常常把自己的生活费用节省下来购买工作中需要的资料、设备,这是值得学习的。

4. 及时总结。出访回国后,要及时向领导汇报工作情况、出访收获,并以书面形式作出工作总结。

第二,在入出境时:

1. 飞机选择。为避免发生意外事端,尽量选择建交国家的航班,这样可直接过境,不下飞机,不用签证。在飞机上填写好海关申报单(由航空公司代发),飞机经过中间站休息1小时,在飞机内或在候机室内等候。中间必须换乘飞机的,要选好中转地点,并安排好衔接航班。合适的衔接时间以2～4小时为宜,以便有足够时间办理中转手续或误机后办理改换航班手续。

2. 行李托运。乘飞机旅行所带行李物品要尽量减少,能托运的物品,随机或分开托运。一般规定手提物品不超过5公斤,随机托运行李,头等舱30公斤、二等舱20公斤内免费,超出部分付超重费。个人行李应有明显标记,写上中文名及目的地等。集体的行李用统一标记,以便识别。办完入境手续即可凭行李证领取托运的行李。下机后如果行李一时找不到,可通过机场行李管理人员或有关航空公司查寻,并填写申报单交航空公司。如果行李遗失,由航空公司照章赔偿。

3. 出关手续。飞机到达目的地,旅客下机后按次序进入机场检查处。每人手持护照、黄皮书到边防检查站办理入境手续,填写卡片。如果通过了对方国家接待单位(或主人)联系,可将有关证件集中交验。边防检查手续办完,即可提取自己的行李。然后到海关检查站办理手续。

链接资料四　一些主要国家和地区的风俗习惯

一、欧洲

由于欧亚大陆的文化差距大,一般的社交活动与交往方式也就大不相同。

(一)在公共场合的礼节

在欧洲,电梯表示为"G",但在法国表示为"R",在德国表示为"E"。而且欧洲的饭店从二楼开始算作第一层楼,除了在房间里,其他场合不可穿拖鞋或睡衣来回走,不可大声喧哗,早晨遇见任何人都要问早安。

在公共场所,不可剔牙垢,不可在别人面前摸皮带、提裤子,不可用手指着他人,不要把手放在他人肩膀上,不要摸小孩子的头,身体稍微碰到别人,或不管谁碰到谁,双方都必须道歉,公共场所不可随地乱吐,在他人面前不可脱鞋。

任何公共场所要记住女性优先,抽烟前请问一下在座都是否允许,握手须注视对方的眼睛,切不可把另一只手放在口袋里。初次结识,男士不可要求与女性握手。被邀请赴宴勿忘带礼物,礼物可以是鲜花或酒,购置鲜花时千万注意在法国不要送康乃馨,因康乃馨在法国表示不幸,在德国蔷薇是爱情的象征。在收到别人的礼物时,最好当面打开并致谢。

在欧洲,人们见面打招呼非常简单,如果是在上午,见面时就说:"早上好。"如果是下午,则说"下午好"。当然还有"晚上好",或者也可以说:"怎么样?""您近来可好?"等问候语。在我国则不尽然,朋友、熟人之间打招呼时,一般都比较具体,如:"你上班去呀?""吃饭了吗?"这些问候语在欧洲国家的人听来,颇感惊讶,不理解为什么中国人对别人的私事那么感兴趣。

(二)用餐礼节

随主人进入一流餐馆时一定要随引导入座,不要擅自闯入就座;就座姿势"正襟危从",不要东歪西扭;用餐、喝饮料时不要发出声音,不跷二郎腿,千万不可靠在椅背上进餐;如果用刀叉,不可舞动刀叉说话,不可用刀将食物送入口中;碰到鱼刺骨头不可放置桌上,而要放在用餐盘子的外侧。总而言之,要保持桌面的干净。

(三)小费问题

在欧洲小费没有一定的标准,它是因事而宜,诸如在下列情况下须给服务人员小费:搬运行李者,随团旅游的导游、司机,替叫计程车的饭店门口服务生,计程车的司机,剧场的女服务生,餐馆、酒吧的女服务生,客房卫生清洁员,等等。

二、美国

(一)宴会礼节

美国人喜欢举行各种宴会。宴会形式有餐会、野餐、户外烤肉等。如果参与餐会务必携带食物去,以表示参与的诚意;如果不带,会很失礼(如果不知道带什么食物合适,可以事先征询主办人的意见)。参加宴会的服装视宴会形式而定,至少需整洁大方,但有正式场合且场地在高级饭厅则不宜太随便,牛仔裤、球鞋的穿着是很不礼貌的,但有时穿西装、打领带又显得太过突兀。如果受邀而不确定该穿什么才合适,则可大方请教邀请者,他们会很乐意回答的。收到附有 RSVP 字样的邀请卡,应尽速回复参加与否,不可弃之不理,那将会给造成主人很大的不便。美国人很重视时间观念,答应参加时应准时赴宴,有事耽误,也应事先告知主人,以免失礼。用餐时勿狼吞虎咽,更忌讳打嗝,美国人认为这是很不礼貌的行为。宴会后则应寄出答谢卡或以电话向主人表示谢意,并感谢其安排如此一顿愉快的宴会。

(二)小费问题

凡搭计程车到餐厅吃饭,服务生或机场人员代提行李,都需给小费。小费虽然是自由的行为,但有约定俗成的习惯,最好能入境问俗,以免出丑。

一般而言,到餐厅吃饭,付小费约为 10％～15％。而在自助餐厅吃饭一般不需给小费,但若有人倒茶水,并殷勤询问需求,则可依人数酌给小费。晚间用餐小费需比白天多一些。

小费是对服务品质的一种评估,有些服务生为了赚小费会表现得特别热心,不时殷勤询问。这时不必管服务生的眼色,你可依自己对该餐厅及该服务生的满意程度付小费,多给或少给没有人会干涉。

但切记千万不要以零钱付小费,如果把零钱丢在桌上,尽管你付小费很多,很可能会被服务生误解为不满其服务,是一种羞辱的举止。因此,除非服务实在太差,否则绝不可在小费中放置任何零钱,当然若你以信用卡付账,而将小费与用餐金额凑整,则不在此例中。

三、日本

(一)见面礼节

传统的日本见面礼节是鞠躬,这是表示尊重的姿势。但是,大多数日本人希望和西方人握手。许多日本人握手后还会鞠上一躬。你的动作将根据日本人对你的行为而定。鞠躬时要把手掌放在腿上,双膝并拢。鞠躬的程度和时间长短与对方一样,但腰不能弯得更低(这意味着卑下)。每当你遇见一位熟人,不论是在街上还是在家里,都要鞠躬。对领导的鞠躬尤其要当心。如果你在街上或过道里碰见一位熟人,点点头也就作为一次简单的鞠躬了。日本人见面时不喜欢握住手臂、接吻、拍背或任何别的身体接触。握手已是他们所能做的最大努力了。一般来说,日本人不喜欢自我介绍。当你作介绍时,先介绍地位低的人,后介绍地位高的人,别忘了介绍每个人与你的关系以及他们的头衔和所在公司。当你被介绍时,介绍人要说出你的姓名,并表示为与你相识而感到荣幸。姓名和衔头:在日本,人们姓名的头一个是姓,第二个是名。当日本人用英语写姓名时,他们却把自己的姓名变成与西方传统相一致,即把名放在前、姓放在后。日本人即使相识多年也互不用名称呼(妇女尤其如此)。唯一的例外是青年人,在非正式场合,好朋友之间有时使用名来称呼。当你与地位高的人谈话时,请使用不带姓的头衔。

(二)交谈礼仪

好的交谈话题:你对日本及其日本文化的印象、棒球(在日本很普及)、高尔夫球、食品和旅游。日本的畅销书中有些是外国人所撰写的关于日本人的书。日本人认为自己的文化十分独特,喜欢通过外国人来巩固这种想法。忌讳的话题:家庭(个人的事)、贸易摩擦、第二次世界大战、财产的价值和政治。大多数日本人不信教,因此可绕开这个话题。

四、韩国

在韩国简简单单的一句"谢谢",却是待人接物中极为重要的礼节,在表示感谢时一定要稍微低一下头。低头的动作一般是下辈对年长者行的礼节。初次相见的陌生人在互相致礼时一般不做夸张的动作,而多半是互相握手。但很快就会发现韩国人待人接物是非常亲切的。第一次到韩国的外国人当看到青年男子肩搭肩、女孩子手拉手地走在街上的背景也许会惊讶,但这不过是他们之间亲密无间的表现,这是韩国人生活中很自然的现象。

与西欧人坐在椅子上吃饭的习俗不同,韩国人自古以来就坐在炕上,吃住亦在炕上。因此,当一个外国人访问韩国的家庭时,进屋前要脱掉鞋子,但光着脚进屋是对年长者失礼的行为,所以最好穿着袜子或者长筒丝袜。在吃饭的时候大声说话或说过多的话也是失礼的。

链接资料五

表 5-5　世界主要城市时间对照表

檀香山	温哥华旧金山	芝加哥	渥太华	伦敦	格林威治标准时间	罗马柏林	赫尔辛基	金边曼谷	吉隆坡新加坡	北京	东京平壤	墨尔本悉尼	惠灵顿
14:00	16:00	18:00	19:00	24:00	0:00	1:00	2:00	7:00	7:30	8:00	9:00	10:00	11:00
15:00	17:00	19:00	20:00	1:00	1:00	2:00	3:00	8:00	8:30	9:00	10:00	11:00	12:00
16:00	18:00	20:00	21:00	2:00	2:00	3:00	4:00	9:00	9:30	10:00	11:00	12:00	13:00
17:00	19:00	21:00	22:00	3:00	3:00	4:00	5:00	10:00	10:30	11:00	12:00	13:00	14:00
18:00	20:00	22:00	23:00	4:00	4:00	5:00	6:00	11:00	11:30	12:00	13:00	14:00	15:00
19:00	21:00	23:00	24:00	5:00	5:00	6:00	7:00	12:00	12:30	13:00	14:00	15:00	16:00
20:00	22:00	24:00	1:00	6:00	6:00	7:00	8:00	13:00	13:30	14:00	15:00	16:00	17:00
21:00	23:00	1:00	2:00	7:00	7:00	8:00	9:00	14:00	14:30	15:00	16:00	17:00	18:00
22:00	24:00	2:00	3:00	8:00	8:00	9:00	10:00	15:00	15:30	16:00	17:00	18:00	19:00
23:00	1:00	3:00	4:00	9:00	9:00	10:00	11:00	16:00	16:30	17:00	18:00	19:00	20:00
24:00	2:00	4:00	5:00	10:00	10:00	11:00	12:00	17:00	17:30	18:00	19:00	20:00	21:00
1:00	3:00	5:00	6:00	11:00	11:00	12:00	13:00	18:00	18:30	19:00	20:00	21:00	22:00
2:00	4:00	6:00	7:00	12:00	12:00	13:00	14:00	19:00	19:30	20:00	21:00	22:00	23:00
3:00	5:00	7:00	8:00	13:00	13:00	14:00	15:00	20:00	20:30	21:00	22:00	23:00	24:00
4:00	6:00	8:00	9:00	14:00	14:00	15:00	16:00	21:00	21:30	22:00	23:00	24:00	1:00
5:00	7:00	9:00	10:00	15:00	15:00	16:00	17:00	22:00	22:30	23:00	24:00	1:00	2:00
6:00	8:00	10:00	11:00	16:00	16:00	17:00	18:00	23:00	23:30	24:00	1:00	2:00	3:00
7:00	9:00	11:00	12:00	17:00	17:00	18:00	19:00	24:00	24:30	1:00	2:00	3:00	4:00
8:00	10:00	12:00	13:00	18:00	18:00	19:00	20:00	1:00	1:30	2:00	3:00	4:00	5:00
9:00	11:00	13:00	14:00	19:00	19:00	20:00	21:00	2:00	2:30	3:00	4:00	5:00	6:00
10:00	12:00	14:00	15:00	20:00	20:00	21:00	22:00	3:00	3:30	4:00	5:00	6:00	7:00
11:00	13:00	15:00	16:00	21:00	21:00	22:00	23:00	4:00	4:30	5:00	6:00	7:00	8:00
12:00	14:00	16:00	17:00	22:00	22:00	23:00	24:00	5:00	5:30	6:00	7:00	8:00	9:00
13:00	15:00	17:00	18:00	23:00	23:00	24:00	1:00	6:00	6:30	7:00	8:00	9:00	10:00
14:00	16:00	18:00	19:00	24:00	24:00	1:00	2:00	7:00	7:30	8:00	9:00	10:00	11:00

链接资料六　印章使用与查办事务登记表

一、印章使用登记表

表 5-6　印章使用登记表

盖章日期	文件内容	印章类别	盖章次数	批准部门	批准人	盖章人	备　注

二、查办通知单及汇总表

1. 查办通知单

表 5-7　查办通知单

_____年_____月_____日

查办人	
查办内容	
查办原因	
查办期限	
通知时间	
交办项目责任人	
交办期内容	
交办期限	

备注：

2. 查办汇总表

表 5-8　查办汇总表

_____年_____月_____日

序　号	1	2	3	4	5
交办项目					
交办部门					

序　号	1	2	3	4	5
交办日期					
交办内容					
交办期限					
责任人					
查办原因					
查办内容					
查办目的					
查办期限					
查办人					
通知时间					
收通知人					
查办结果					
查办意见					
有关问题					
有关建议					
上司批示：					

模块三　秘书办文工作

项目一　文书撰拟

◎ **学习目标**

知识目标

- 熟悉通用文书、专用文书、常用事务文书。
- 掌握常见商务文书的种类和要求。
- 熟悉文书拟写的基本要求。

能力目标

- 能够拟写典型商务活动策划方案。
- 能够确定正确的行文关系。

◎ **工作任务**

- 任务一：商务文书撰写。

◎ **导入案例**

新秘书李昕的"办文"故事

思锐集团公司是一家专营电子信息产品的大型集团公司，在业内颇有影响。由于电子信息产品更新速度很快，按公司惯例，在每年的新品推出之前总公司都将召开一次重要的市场销售工作会议，要求各分公司主管此项工作的负责人参加，讨论新品营销方案，会期两天。

李昕是思锐集团通过校园招聘的新任秘书，由于总公司新品销售会议召开在即，办公室主任便将两天内下发会议通知的任务交给了李昕。李昕接到任务后，觉得非常简单,当晚便写好了会议通知。第二天上班后,李昕准备将文件交办公室主任过目,但不巧办公室主任正好去参加一个谈判会了。考虑到这份通知非常紧急,同时李昕又认为企业文书的拟写与运转不像行政公文那么程序严谨,她便直接将会议通知送到了打印室进行打印。打印完毕后,李昕便给文件盖章,然后准备下午将通知封发。此时,办公室主任回来了,看见李昕便问起会议通知的事情,李昕便很高兴地回答说:"已全部弄好,正准备发出。"办公室主任便问:"怎么不见文件拿来审核?"李昕只好说:"刚要给您看,您正好不在。我想只是份会议通知,又要抢时间发出,所以就想弄好了快点下发。现在我拿给您看。"办公室主任看过文件后,指出这份会议通知内容上对具体的会议时间、地点有遗漏,此外,文件的格式和排版都不够规范,文件本身需要进行修改。

对于李昕此次的工作,办公室主任更进一步地指出,李昕做事讲求效率这是对的,但是不能不按流程来做事。

提示:企业文书工作,无论是文书本身的格式规范还是运转模式都有自身的规范,要做好办公室秘书工作,熟练掌握文书的基本格式、书写技巧与运转处理流程都是很重要的。通过此次的会议通知事件,李昕对秘书的"办文"又有了更新的认识和体会。

◎ 理论导读

任务一　商务文书撰拟

"办文"是秘书人员一项十分重要的职能活动。它包括秘书起草撰制文书,收发、传递和处理文书以及针对文书内容办理各种事务工作。简而言之,"办文"工作是围绕"文"而展开的一切工作。

一、文书的概念

文书是国家机关、企事业单位在管理活动过程中形成的具有法定效力和规范体式的文书的统称,是传达、贯彻党和国家的方针、政策,发布法规和规章,实施行政措施、指导,商洽工作,汇报情况,交流经验的重要工具。

文书和公文是既有区别又有联系的两概念。文书包括通用文书(公务文书)、事务性文书和专用文书三大类。在我国日常工作中还有"文件"这个概念,广义的文件是指一切可用作依据或参考的书面材料;狭义的文件是指通用文书,是行政机关在行政管理过程中形成的具有法律效力和规范体式的文书。

二、文书的种类

根据不同的标准,文书有多种分法。一般来说可分为三大类。

1. 通用文书

通用文书是指在行政机关和企事业单位中普遍使用的、国家实行统一管理的文书,即公务文书。根据国务院 2000 年 8 月 24 日发布《国家行政机关公文处理办法》规定,我国行政机关现行公文有 13 种,分别是命令(令)、决定、公告、通告、通知、通报、议案、报告、请示、批复、意见、函和会议纪要。

2. 专用文书

专用文书是指在一定工作部门或一定业务范围内使用的文书。如:外交文书中的照会、外交声明;司法文书中的诉状、答辩书、判决书;经济活动中的市场调查与预测报告、经济活动分析报告、质检报告、财务分析报告;另外还有军事专用文书、科技专用文书等。

3. 常用事务文书

常用事务文书是指机关、企事业单位和团体在日常工作和事务处理中,常使用的形式较为灵活的文书。如计划、总结、调查报告、演讲稿、慰问信、情况说明等。有些情况下,这些文书既可为公用也可为私用,机关事务文书多在内部使用,必要时也可上报或下发。这种情况下多和公文联用。

通用文书按行文方向可分为上行文、下行文、平行文。行文方向是指发文单位和收文单位之间的关系。上行文是指具有隶属关系的下级机关报送给上级机关的文书。下行文是指具有隶属关系的上级机关发送给下级机关的文书。平行文是指不相隶属或同一系统内平级机关之间往来的文书。按文书办理时限的急缓程度可分为特急、急件和一般文件。一般来讲,特急件应在一天内办理完毕,急件应在三天内办理完毕。按保密程度分,文书可分为秘密文件和非秘密文件。密级文件根据其限制阅读范围又可分为绝密、机密、秘密三种。

三、文书撰拟的基本要求

文书尤其是公文,撰拟目的都是为了解决实际问题,不同于一般文章和文学作品。因此,文书写作必须符合上述目的。在符合应用目的的基础上,文书写作还必须符合惯有体式、客观实际,根据这些特点撰写文书有以下几方面要求。

1. 主题正确、鲜明

文书写作首先应搞清对象,即写给什么人看;其次要辨明目的,即解决什么问题。主题正确是文书尤其是公文撰拟的基本要求。文书的主题必须符合国家的方针、政策及法律、法规;必须有针对性地解决实际工作中存在的问题,对工作起到促进作用。鲜明是指文书主题应集中单一、重点突出,有针对性地反映并服务于现实。

2. 语言准确、精练

文书的务实特点决定了文书写作用语必须准确朴实、简明精练。根据观点的需要选择恰当的词语,应力求词义的单一性,使用标准书面用语,不用俚语、俗语和方言。因此,应掌握文书用语的特点。文书表达可以使用叙述、说明、议论等多种方式,但一般以叙述、说明为主,要求叙述简练、说明具体。

3. 体式规范

通用文书有其固定的格式,体现了它的权威性,既是通用文书的重要特点,又是通用文书的组成要件,在文书撰拟过程中必须符合其基本特点。

◎ 技能训练

训练一　文书撰拟综合训练

一、训练目标

通过训练,使学生熟悉并掌握商务大型活动中相关文书的撰写。

二、训练方案与要求

立远公司专营电子信息产品,从创立之初的 2002 年起,经过公司全体员工的努力,至 2007 年获得了较大的发展。为促进业内信息交流,进一步推本公司的新产品开发进程,立远公司销售部决定于 2007 年 10 月 16－19 日举行一次为期四天的电子产品交流会,邀请相关公司的负责人及业内专家、学者参加。此次会议由立远公司销售部承办,具体的文书工作则由销售部秘书方弘负责。

1. 为承办此次会议,立远公司销售部需向公司申请会议经费 5 万元,包括会议的场地租借费、餐费、礼品费等。请代方弘向公司写此请示,并结合此案例,说明发文的基本流程。

2. 公司收到方弘请示后,请代之回复。

3. 请代方弘向公司内部参会人员发出此份会议通知。

4. 请代方弘向所邀的相关公司负责人及专家发出邀请函。

5. 请代方弘在会议结束后,向公司提交此次交流会议的情况报告。

训练二　文书 Web 自动排版系统操作

一、训练目标

通过实训,熟悉文书 Web 自动排版系统的主要内容和基本功能;熟练运用文书 Web 自动排版系统,掌握该系统的使用方法,为提高秘书工作效率打下基础。

二、训练方案与要求

1. 教师分析文书 Web 自动排版系统的功能、特点。

2. 示范操作文书 Web 自动排版系统,分析使用该系统的基本要点和注意事项。

3. 学生上机操作,使用文书 Web 自动排版系统。

4. 利用文书 Web 自动排版系统撰写文书。

5. 2～4 课时内完成运用文书 Web 自动排版系统撰写的文书一份(电子文档)。

说明:考虑到有些高等院校可能没有《文书 Web 自动排版系统》等软件安装,可以选择自己开发的文书处理相关软件进行训练。

◎ **知识拓展**

链接资料一　国家行政机关公文格式

国家行政机关公文格式

(国家质量技术监督局 1999 年 12 月 27 日发布,2000 年 1 月 1 日实施)

中华人民共和国国家标准

(GB/T9704－1999 代替 GB/T9704－1988)

前　言

本标准根据国务院办公厅发布的《国家行政机关公文处理办法》的有关规定对 GB/T 9704－1988 进行修订。本标准相对 GB/T 9704－1988 作如下修订:

(1)将原标准名称《国家机关公文格式》改为《国家行政机关公文格式》;

(2)删去原标准中的引言部分;

(3)删去原标准中与公文格式规定无关的一些叙述性解释;

(4)对公文用纸的幅面尺寸作了较大调整,将国际标准 A4 型纸作为用纸纸型;删去国内 16 开型纸张的相应说明;

(5)对公文用纸的页边尺寸作了较大的调整;

(6)不设各标识域,而按公文眉首、主体和版记三部分各要素的顺序依次进行说明;

(7)增加了公文用纸的主要技术指标;

(8)增加了印刷和装订要求;

(9)增加了每页正文行数和每行字数以及各种要素标识的字体和字号;

(10)增加了主要公文式样。

本标准中所用公文用语与《国家行政机关公文处理办法》中的用语一致。

本标准为第一次修订。

本标准由国务院办公厅提出。

本标准起草单位:中国标准研究中心、国务院办公厅秘书局。

本标准主要起草人：孟辛卯、房庆、李志祥、刘碧松、范一乔、张荣静、李颖。

1. 范围

本标准规定了国家行政机关公文通用的纸张要求、印刷要求、公文中各要素排列顺序和标识规则。

本标准适用于国家各级行政机关制发的公文。其他机关公文可参照执行。

使用少数民族文字印制的公文，其格式可参照本标准按有关规定执行。

2. 引用标准

下列标准所包含的条文，通过在本标准中引用而构成为本标准的条文。本标准出版时，所示版本均为有效。所有标准都会被修订，使用本标准的各方应探讨使用下列标准最新版本的可能性。

GB/T148－1997 印制、书写和绘图纸幅面尺寸。

3. 定义

本标准采用下列定义。

3.1　字 word

标识公文中横向距离的长度单位。一个字指一个汉字所占空间。

3.2　行 line

标识公文中纵向距离的长度单位。本标准以 3 号字高度加 3 号字高度的 7/8 的距离为一基准行。

4. 公文用纸主要技术指标

公文用纸一般使用的纸张定量为 $60\sim80g/m^2$ 的胶版印刷纸或复印纸。纸张白度为 $85\%\sim90\%$，横向耐折度 $\geqslant15$ 次，不透明度 $\geqslant85\%$，pH 值为 $7.5\sim9.5$。

5. 公文用纸幅面及版面尺寸

5.1　公文用纸幅面尺寸

公文用纸采用 GB/T148 中规定的 A4 型纸，其成品幅面尺寸为 $210mm\times297mm$，尺寸允许偏差见 GB/T148。

5.2　公文页边与版心尺寸

公文用纸天头(上白边)为：$37mm\pm1mm$

公文用纸订口(左白边)为：$28mm\pm1mm$

版心尺寸为：$156mm\times225mm$(不含页码)

6. 文中图文的颜色

未作特殊说明公文中图文的颜色均为黑色。

7. 排版规格与印刷装订要求

7.1　排版规格

正文用 3 号仿宋体字，一般每面排 22 行，每行排 28 个字。

7.2　制版要求

版面干净无底灰,字迹清楚无断划,尺寸标准,版心不斜,误差不超过 1mm。

7.3　印刷要求

双面印刷;页码套正,两面误差不得超过 2mm。黑色油墨应达到色谱所标 BL100%,红色油墨应达到色谱所标 Y80%,M80%。印品着墨实、均匀;字面不花、不白、无断划。

7.4　装订要求

公文应左侧装订,不掉页。包本公文的封面与书芯不脱落,后背平整、不空。两页页码之间误差不超过 4mm。骑马订或平订的订位为两钉钉锯外订眼距书芯上下各 1/4 处,允许误差±4mm。平订钉锯与书脊间的距离为 3~5mm;无坏钉、漏钉、重钉,钉脚平伏牢固;后背不可散页明订。裁切成品尺寸误差±1mm,四角成 90°,无毛茬或缺损。

8. 公文中各要素标识规则

本标准将组成公文的各要素划分为眉首、主体、版记三部分。置于公文首页红色反线(宽度同版芯,即 156mm)以上的各要素统称眉首;置于红色反线(不含)以下至主题词(不含)之间的各要素统称主体;置于主题词以下的各要素统称版记。

8.1　眉首

8.1.1　公文份数序号

公文份数序号是将同一文稿印制若干份时每份公文的顺序编号。如需标识公文份数序号,用阿拉伯数码顶格标识在版心左上角第 1 行。

8.1.2　秘密等级和保密期限

如需标识秘密等级,用 3 号黑体字,顶格标识在版心右上角第 1 行,两字之间空 1 字;如需同时标识秘密等级和保密期限,用 3 号黑体字,顶格标识在版心右上角第 1 行,秘密等级和保密期限之间用"★"隔开。

8.1.3　紧急程度

如需标识紧急程度,用 3 号黑体字,顶格标识在版心右上角第 1 行,两字之间空 1 字;如需同时标识秘密等级与紧急程度,秘密等级顶格标识在版心右上角第 1 行,紧急程度顶格标识在版心右上角第 2 行。

8.1.4　发文机关标识

由发文机关全称或规范化简称后加"文件"组成;对一些特定的公文可只标识发文机关全称或规范化简称。发文机关标识上边缘至版心上边缘为 25mm。对于上报的公文,发文机关标识上边缘至版心上边缘为 80mm。

发文机关标识推荐使用小标宋体字,用红色标识。字号由发文机关以醒目美观为原则酌定,但是最大不能等于或大于 22mm×15mm。

联合行文时应使用主办机关名称在前,"文件"两字置于发文机关名称右侧,上下居中排布;如联合行文机关过多,必须保证公文首页显示正文。

8.1.5　发文字号

发文字号由发文机关代字、年份和序号组成。发文机关标识下空2行,用3号仿宋体字,居中排布;年份、序号用阿拉伯数码标识;年份应标全称,用六角括号"〔〕"括入;序号不编虚位(即1不编为001),不加"第"字。

发文字号之下4mm处印一条与版心等宽的红色反线。

8.1.6　签发人

上报的公文需标识签发人姓名,平行排列于发文字号右侧。发文字号居左空1字,签发人姓名居右空1字;签发人后标全角冒号,冒号后用3号楷体字标识签发人姓名。

如有多个签发人,主办单位签发人姓名置于第1行,其他签发人姓名从第2行起在主办单位签发人姓名之下按发文机关顺序依次顺排,下移红色反线,应使发文字号与最后一个签发人姓名处在同一行并使红色反线与之距离为4mm。

8.2　主体

8.2.1　公文标题

红色反线下空2行,用2号小标宋体字,可分一行或多行居中排布;回行时,要做到词意完整,排列对称,间距恰当。

8.2.2　主送机关

标题下空1行,左侧顶格用3号仿宋体字标识,回行时仍顶格;最后一个主送机关名称后标全角冒号。如主送机关名称过多而使公文首页不能显示正文时,应将主送机关名称移至版记中的主题词之下、抄送之上,标识方法同抄送。

8.2.3　公文正文

主送机关名称下一行,每自然段左空2字,回行顶格。数字、年份不能回行。

8.2.4　附件

公文如有附件,在正文下一行左空2字用3号仿宋体字标识"附件",后标全角冒号和名称。附件如有序号使用阿拉伯数码(如"附件:1.××××× ");附件名称后不加标点符号。附件应与公文正文一起装订,并在附件左上角第1行顶格标识"附件",有序号时标识序号;附件的序号和名称前后标识应一致。如附件与公文正文不能一起装订,应在附件左上角第1行顶格标识公文的发文字号并在其后标识附件(或带序号)。

8.2.5　成文时间

用汉字将年、月、日标全;"零"写为"〇";成文时间的标识位置见8.2.6。

8.2.6　公文生效标识

8.2.6.1　单一发文印章

单一机关制发的公文在落款处不署发文机关的名称,只标识成文时间。成文时间右空 4 字;加盖印章应上距正文 2～4mm,端正、居中下压成文时间,印章用红色。

当印章下弧无文字时,采用下套方式,即仅以下弧压在成文时间上;

当印章下弧有文字时,采用中套方式,即印章中心线压在成文时间上。

8.2.6.2　联合行文印章

当联合行文需加盖两个印章时,应将成文时间拉开,左右各空 7 字;主办机关印章在前;两个印章均压成文时间,印章用红色。只能采用同种加盖印章方式,以保证印章排列整齐。两印章间互不相交或相切,相距不超过 3mm。

当联合行文需加盖 3 个以上印章时,为防止出现空白印章,应将各发文机关名称(可用简称)排在发文时间和正文之间。主办机关印章在前,每排最多 3 个印章,两端不得超过版心;最后一排如有一个或两个印章,均居中排布;印章之间互不相交或相切;在最后一排印章之下右空 2 字标识成文时间。

8.2.6.3　特殊情况说明

当公文排版后所剩空白处不能容下印章位置时,应采取调整行距、字距的措施加以解决,务使印章与正文同处一面,不得采取标识"此页无正文"的方法解决。

8.2.7　附注

公文如有附注,用 3 号仿宋体字,居左空 2 字加圆括号标识在成文时间下一行。

8.3　版记

8.3.1　主题词

"主题词"用 3 号黑体字,居左顶格标识,后标全角冒号;词目用 3 号小标宋体字;词目之间空 1 字。

8.3.2　抄送

公文如有抄送,在主题词下一行;左空 1 字用 3 号仿宋体字标识"抄送",后标全角冒号;回行时与冒号后的抄送机关对齐;在最后一个抄送机关标句号。如主送机关移至主题词之下,标识方法同抄送机关。

8.3.3　印发机关和印发时间

位于抄送机关之下(无抄送机关在主题词之下)占 1 行位置;用 3 号仿宋体字。印发机关左空 1 字,印发时间右空 1 字。印发时间以公文付印的日期为准,用阿拉伯数码标识。

8.3.4　版记中的反线

版记中各要素下均加一条反线,宽度同版心。

8.3.5　版记的位置

版记应置于公文最后一页,版记的最后一个要素置于最后一行。

9. 页码

用 4 号半角白体阿拉伯数码标识,置于版心下边缘之下一行,数码左右各放一条 4 号一字线,一字线距版心下边缘 7mm。单页码居右空 1 字,双页码居左空 1 字。空白页和空白以后的页不标识页码。

10. 公文中的表格

公文如需附表,对横排 A4 纸型表格,应将页码放在横表的左侧,单页码置于表的左下角,双页码置于表的左上角,单页码表头在订口一边,双页码表头在切口一边。

公文如需附 A3 纸型表格,且当最后一页为 A3 纸型表格时,封三、封四(可放分送,不放页码)应为空白,将 A3 纸型表格贴在封三前,不应贴在文件最后一页(封四)上。

11. 公文的特定格式

11.1　信函式格式

发文机关名称上边缘距上页边的距离为 30mm,推荐使用小标宋体字,字号由发文机关酌定;发文机关全称下 4mm 处为一条武文线(上粗下细),距下页边 20mm 处为一条文武线(上细下粗),两条线长均为 170mm。每行居中排 28 个字。发文机关名称及双线均印红色。两线之间各要素的标识方法从本标准相应要素说明。

11.2　命令格式

命令标识由发文机关名称加"命令"或"令"组成,用红色小标宋体字,字号由发文机关酌定。命令标识上边缘距版心上边缘 20mm,下边缘空 2 行居中标识令号;令号下空 2 行标识正文;正文下一行右空 4 字标识签发人签名章,签名章左空 2 字标识签发人职务;联合发布的命令或令的签发人职务应标识全称。在签发人签名章下一行右空 2 字标识成文时间。分送机关标识方法同抄送机关。其他要素从本标准相关要素说明。

11.3　会议纪要格式

会议纪要标识由"×××××会议纪要"组成。其标识位置同 8.1.4,用红色小标宋体字,字号由发文机关酌定。会议纪要不加盖印章。其他要素从本标准相关要素说明。

12. 式样

A4 型公文纸页边及版心;公文首页版式;上报公文首页版式;公文末页版式;联合行文公文末页版式 1;联合行文公文末页版式 2。

注:版心实线框仅为示意,在印制公文时并不印出。

项目二 文书处理

◎ 学习目标

知识目标

- 了解文书的行文关系、方式、原则。
- 掌握文书收文、发文办理的基本程序。

能力目标

- 能够按照程序进行文书处理。

◎ 工作任务

- 任务一：收文处理工作。
- 任务二：发文处理工作。

◎ 导入案例

误拆信笺的处理

小王是某外资公司秘书。一次，他不小心误拆了法国总经理的私人信件。而且信里写的是总经理极其不愿他人知晓的隐私，这可如何是好呢？

小王当时想，事情既然已经发生了，就要勇于面对，不可藏匿不交，更不可私自拆毁。误拆信件只是工作事故，而藏匿或拆毁则是道德甚至是法律问题了。当务之急是先解决问题，然后再分析原因。于是他紧急采取了如下步骤：

1. 发现误拆，当即停止阅读，并保证不把已看到的内容告诉任何人。

2. 把信纸按原样折叠好，放回信封。

3. 取一张便士贴，上面写上：Sorry, opened by mistake, 并签上自己的姓名。然后将这张便士粘贴在信封上。

4. 在每天规定的呈送邮件的时间里，把这封错误开拆的信放在其他邮件中间，一并送入总经理室。若办公室无人，则当面向总经理道歉。若办公室有其他人在，则过后道歉。

通过这一方式，小王虽然受到了总经理的严厉批评，但最后也得到了总经理的谅解。事后，小王及时总结经验教训。小王承认，发生误拆信笺的事情，主观上是自己工作不认真、太大意所致，今后要增强工作的责任心，以避免类似事情的发生。客观上是来信人没有按照一定的规范表明私人信件。这需要学习识别哪些是没有表明性质的私人信件。小王得出如下经验：一是留意哪些人经常给总经理写私信，那么这些人的来信即便没有标明信件的性质，也不会贸然误拆了。二是学会辨别公务信件和私人信件的差别。一般，公务信件是打印的，而私人信件是手写的；公务信件的信封是白色的，私人信件的信封是多种颜色的；公务信封往往印有单位的名称和地址，而私人信封往往是公开出售的。三是当拿不准是公务信件还是私人信件的时候，请领导来定夺。

思考题：

1. 小王秘书的做法是否值得我们借鉴呢？为什么？

2. 秘书该如何细致高效地处理邮件？

提示：文书处理是秘书工作中的重点环节之一。要做好秘书工作，熟练、科学、合理地进行文书处理非常关键。通过上述案例，我们会有深刻的认识。

◎ 理论导读

文书处理基本内涵

一、文书处理的涵义及原则

文书处理是指机关单位在日常工作中围绕着文书的拟制、办理、管理所进行的系列工作。其核心就是运用现代化、科学化的手段推动文书的运转，以提高工作效率。上一节讨论了文书的一般知识，本节将主要讨论文书的处理。

文书的处理主要是指文书的办理，是在拟制或收文的基础上以传递及内容处理为主的过程。文书的办理主要由机关职能部门负责，通常由秘书部门负责。

根据文书处理的内容与要求，文书处理必须坚持及时、准确、安全、统一的原则。

1. 及时

现代社会是一个高科技迅猛发展的社会，社会生活瞬息万变，针对社会生活，解决实际问题的文书客观上要求高效、快速地完成其办理程序，才能发挥作用。因此，时效性是文书办理的核心。

2. 准确

信息社会要求决策者必须获得准确的信息。错误的信息或无用的信息只会导致作出错误的决策，造成工作的失误、失败或造成付出大量无益的劳动。准确，既是对文书拟制的要求，又是对文书传递的要求。文书传递过程中应核对投递文书的地址、单位，以保证传递的准确性。

3. 安全

现代文书的办理以安全为前提,安全是保证国家机密、民族利益以及部门、行业工作步骤协调统一、经济利益共同发展的前提。为确保文书内容不泄露,在文书办理过程中必须执行严格的保密制度。文书传递过程中的投递、分发、签收都必须按有关规定执行。

4. 统一规范

文书的统一规范主要是指文书,特别是通用文书应全国范围内实行统一的名称、格式、行文规则、处理办法等。统一规范是文书处理及时、准确、安全的前提。

综上所述,文书办理过程必须以文书的基本特征,即解决工作中实际问题为出发点,围绕文书及时、准确、安全、规范地做好文书的传递工作。

二、文书的行文关系、方式、规则

文书的行文关系是指文书的发文机关及受文机关之间的关系。各级行政机关、单位必须按各自的权限、职能及隶属关系行文。除特殊情况外,不能越级行文。行文关系主要有三种:上行文、下行文、平行文。

1. 上行文

上行文是指下级机关或单位向所属上级机关或单位的行文。上行文可分三种情况:一是逐级上行文,用以向直接上级行文。二是越级行文,一般是指上级机关单位交办并指定越级上报的事项,或一些特殊情况必须越级上报。例如,突发自然灾害而无法和直接上级机关、单位取得联系,但可和上一级机关、单位取得联系。其目的是尽快反映情况,得到指示并展开工作。必须越级行文的,如控告上级违法、违纪行为等。三是多级行文,是指下级同时向自己的直接上级和更高的上级单位的行文,这种情况只有在少数特殊情况下才可以采用。如直接上级布置的或问题重大需要同时报请更高上级的。

2. 下行文

下行文是指上级机关或部门向所属下级部门或机关的行文,主要有三种情况:一是逐级下行文,按隶属关系上一级机关或单位给下级机关、单位的行文。如批复、意见等。二是多级下行文,对一些广泛知行的事项的行文,可用于不同层次的下级机关。如通知、决定。三是直接下达至社会各界的行文。

3. 平行文

平行文是指同一隶属关系内各平行机关、单位或同层次不同隶属关系机关、单位之间的文书往来。如函、通知等。

在具体办理行文的工作时,有以下几项原则:

(1)各级机关、单位应根据其隶属关系及职权范围行文。秘书在办理收文时必须搞清行文对象之间的关系。通常情况下,上级机关单位可以给下级机关单位行文,但上级机关单位的职能部门不得向下级机关、单位发出指示性的公文。

（2）一般情况下不得越级行文。

（3）向下级机关或系统内的行文需抄报上级机关并抄送同级相应平行机关。要明确抄送机关。

（4）需各级机关、单位协调一致的事项，未经协调一致不能单独发文。联合发文须经会签。

（5）必须正确使用文书种类，确保行文质量。

（6）经公开发布的党和国家公文，如公告、通告等应视为正式公文，遵照执行，可不再行文。

任务一　收文处理工作

文书处理程序是指文书从登记到立卷归档各个环节运转的工作程序。它包括收文处理程序和发文处理程序。

收文处理程序主要有以下几个步骤。

1. 签收

签收是指收文机关收到文件，在发文通知或登记簿上签字、签章的过程。该过程一般由文秘人员办理。签收时应注意以下几个方面：

（1）核对：即核对收到的文件与发文通知是否相符。如果发现不符，在查明原因前，可暂不签收，待查明原因并使文件数量等和发文通知相符再行签收。

（2）检查：主要检查收文单位与本单位是否相符以及文件包装是否完整。

（3）签字：在发文通知或登记簿上签字或签章以表明收到文件。对急件应注明收到日期。

2. 拆封及登记

文稿启封是秘书的职责。拆封要求不损坏封内文件。对注明"亲启"的文件应交收件人自行开启后应将文件与目录核对，以确定文件数量无差错。如果有差错，应及时向对方查询。确定无误后，在发文通知上签字并将发文通知寄回原发文单位。

对于收到的文件根据急缓程度、密级及时登记，以防止积压，利于催办。

收文登记可分为总登记和分类登记。总登记适用于收文总量较少的单位，就是将总收文按年或季度以时间为序造册登记。分类登记适用于收文较多的单位，应按一定的标准对收文进行归纳、分类别登记。

3. 分办和传阅

（1）分办：即根据来文的性质，确定具体承办及批阅对象并及时准确送达。分办文书有三种：内容重要或带有指示性的公文应由文书部门负责人决定送达对象。隶属日常公务性工作，可直接送达有关部门或直接负责人承办。对阅读范围有明确规定的,可按规定范围组织传阅。

(2)传阅:根据公文的内容,由秘书部门负责人决定或根据规定的阅读范围组织传阅工作。传阅者会做出批示或写明意见。秘书人员应按传阅者的批示或意见进行处理。在分办和传阅后,秘书人员应根据批示或意见做好催办、注办工作。

(3)催办:是指对必须答复的文件,根据时限要求,及时地对承办情况进行督促与检查,以确保落实。

(4)注办:亦称办结,是指对文件审办情况和结果,由经办人在文件处理单上扼要注明结果,作为办理完毕的标志。

4. 归卷

任务二　发文处理工作

发文处理程序主要有以下几个步骤:

1. 拟稿:文件承办人根据领导交办或批办的意见草拟文稿的过程。

2. 审核:拟稿人员的直接负责人对初稿的审查和核实。这个阶段应注意以下几方面:

(1)审查行文的必要性;

(2)审查文稿内容是否符合有关法律、法规、政策以及和已有文件是否矛盾,文件的措施、要求是否明确和具有可行性和可操作性;

(3)审查是否涉及其他职能部门以及是否经过协商一致和会签;

(4)审查拟办的公文用语是否符合相关要求。

3. 签发:是指有关领导对文稿签字发出。

4. 缮印:是指对已签发的文件定稿进行誊清、复印或排版印刷。

5. 校对:是指对文件誊写稿、打印稿或清样按定稿核对、校正。

6. 用印:是指在完成的文件上加盖机关印章。应注意必须以签发的文稿为依据;用印应清晰端正,加盖于签发日期上;用印须和签发机关一致;用印须核对发文数量。

7. 发文登记:凡发出的文件均应进行登记,包括时间、发文对象、发文方式等。

8. 封发:对准备发出的文件分装和发送。应注意发文渠道及相应问题。

9. 归卷。

◎ 技能训练

训练一 收发文程序训练

一、训练目标

通过训练,使学生熟悉和掌握文书处理和收发文基本程序。

二、训练方案与要求

情景模拟训练。

1. 收文程序训练

(1)角色:收发一人,秘书一人,办公室领导一人,公司领导一人。

(2)道具:收文一份,由市政府安全委员会发来的题为《关于加强安全生产的通知》,各种收文登记表。

(3)说明:

①由收到文件开始进行;

②按照收文程序进行;

③在模拟办公室进行。

2. 发文程序训练

(1)角色:初级秘书一人,中级秘书一人,办公室领导一人,公司领导一人。

(2)说明:

①由公司领导发出拟稿指令,发文内容由教师确定;

②按照发文程序进行;

③在模拟办公室进行。

3. 作业

以上训练,可以分组进行,暂时没有任务的学生可在旁边观察评价。根据文书处理要求模拟填写收文和发文登记单、登记簿以及其他表格。

4. 思考

(1)某单位对外拟发公文,领导签发后交秘书部门审核修改。

(2)某单位秘书为保证工作不出错,将所有来文一律以三天为单位,每三天分送一次,这样做对不对? 为什么?

(3)某单位秘书每次都将来文按单位领导顺序填好名字,请他们自行传阅,这样做对不对?

◎ 知识拓展

链接资料一 收文处理程序与相关登记表

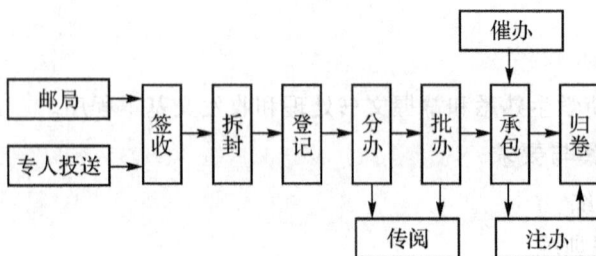

图 6-1 收文程序图

表 6-1 联单式收文登记簿

收文日期　　年　　月　　日

来文单位	来文字号	密级	文件标题	份数	收文编号
分送情况			承办单位		
处理情况			签收人		
			归卷		
			备注		

表 6-2 收文登记簿(式样)

收文月日	收文编号	来文单位	来文字号	文件内容（标题）	份数	收文情况	主办单位	处理情况	备注

表 6-3 文件处理单

来文单位		来文编号		收文编号	
文件内容					
处理意见					
上级批示					
办理结果					

表 6-4 文件传阅单(一)

来文单位			性质			份数	
办公室拟办意见							
阅者签名	时 间	阅后意见	传阅部门	签 名	时 间		阅后意见

表 6-5 文件传阅单(二)

来文单位		来文字号	
文件标题			
收文日期		收 文 号	
传阅者签名	时 间	传阅者签名	时 间
备 注			

链接资料二 处理程序与相关登记表

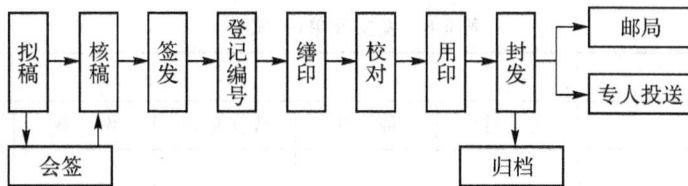

图 6-2 发文程序图

表 6-6　单位文件拟稿稿纸

密级＿＿＿＿＿＿　发文编号〔　　　〕

上级签发：	部门审稿人：
	主办单位和拟稿人：
发文标题：	会签部门签字：
	附件：
主送单位：	
抄送单位：	
校对：	打印 本文共　　铅印　　份
打字：	本文于　　年　　月　　日印发

表 6-7　发文登记簿(样式)

发文 日期	发文 号	密级	文件 标题	收文单位	共印 份数	发出 份数	存档 份数	拟稿 单位	签发人	备注

表 6-8　发文清单(样式一)

文件标题					
收文单位	份　数	备　注	收文单位	份　数	备　注

发文日期：　　年　　月　　日

表 6-9 发文清单(样式二)

发文日期	文 件 号	份 数	备 注
注意事项	此清单由收文机关按右上角编号顺序保存备查。 如发现缺号、漏发、错发、重发等情况,请函告我处查找。		

表 6-10 机要文件交寄单

发出日期: 年 月 日

序号	收件单位名称及住址	号码	密级	急缓程度	件数	发文单位	备注
1							
2							
3							
4							
5							
6							
7							
8							
9							
本页合计划 作						接收人: (签章)	
本号单共计 页, 计 件							
购票文件资费:						接受日戳	

模块四　秘书的会务与接待工作

项目一　会议筹备工作

◎ **学习目标**

知识目标
- 熟悉会议的分类。
- 了解会议的申报、审批。
- 掌握会议预案的基本要素。
- 熟悉会议证件及会议资料的基本制作要求。

能力目标
- 能够拟订会议的筹备方案。
- 能够选择会议地点、预定会议室。
- 能够熟练布置一般会场。
- 能够按要求发送会议通知、制发会议证件、发放会议文件资料及用品。

◎ **工作任务**

- 任务一：拟定会议预案与文件准备。
- 任务二：会前组织准备。

◎ **导入案例**

案例一　会议准备：细致、周密

　　某地党代表大会的开幕式上，会务人员未能按大会主持人宣布的程序播放国际歌，虽得到补救，但终是一件憾事，并受到批评。

事情发生的过程是，会务组会前起草的"大会开幕式程序（送审稿）"中列有"奏（或播放）国际歌"一项。大会秘书处一位负责人审稿时，拟把此项目放在大会闭幕式进行，于是把此项目在开幕式的程序中删掉了。后来大会秘书处主要负责人定稿时，又把该项圈了回来。会务组的同志凭印象只记住已删掉了奏国际歌这一程序，而对后来又被圈了回来一事，未加注意，因此当大会上宣布"奏国际歌"时无法奏出，一时形成了冷场。幸好会务组长急中生智，立即上台挥拍领唱，这样才圆了场。会后领导同志说，这一事故该予以批评，吸取教训。但在关键时刻能及时补救，这是好的，这一点值得表扬。

思考题：本案例中，会务准备方面存在哪些问题？

案例二　会前准备如何做

金州公司准备在本市的新天地大厦召开大型的新产品订货会。参加的有本单位、外单位的人员。总经理让秘书部门负责安排，会上要放映资料电影，进行产品操作演示。而公司没有放映机。租借放映机的任务交给了总经理秘书刘小姐。会议的召开时间是 6 月 9 日上午 10:00，而资料放映时间是 10:15。刘小姐打电话给租赁公司，要求租赁公司在 9 日上午 9:45 必须准时把放映机送到新天地大厦的会议厅。

9 日上午，会议开幕前，金州公司的秘书们正在紧张地做着最后的准备工作。刘小姐一看表，呀，已经 9:50 了，放映机还没有送到。刘小姐马上打电话去问，对方回答机器已送出。眼看着各地来宾已陆续进场，刘小姐心急如焚……

思考题：

1. 假如你是刘小姐，对接下去可能发生的各种情况，应该如何处理？

2. 假如放映机在 10:10 还未送到，你将马上向总经理报告还是擅自决定调整会议议程？

3. 向总经理报告后，你还应该做些什么？

4. 召开大型会议前的各种准备工作，包括音响、电子类装置应提前多少时间安排？

5. 有人说，会议上要用到的各种东西，最好公司都买齐。假如要借，应提前一天送到。你认为如何？

提示：会议对领导者而言，既是实施领导行为的一种手段，也是领导工作的一个环节。而一个有效的会议，无论是隆重热烈的庆祝会，还是任何一个企事业单位中必不可少的办公会，无不存在着会议组织服务工作，即本章所说的会务工作。秘书人员应熟悉会务工作的程序，掌握会议组织与服务工作的方法和技巧。

◎ 理论导读

会议基本概述

一、会议的涵义

会议是有组织、有目的地召集人们商议事情、沟通信息、表达意愿的行为过程。从字面含义上看,"会议"一词中"会"有聚会、见面等意思,"议"是讨论、商议的意思,因此"会议"的基本意思应包含聚会并商议两层意思。但在现实社会中,会议却有多种形式:有的是聚会并商议,如各种代表大会、办公会、论证会、评审会等;有的是聚合集会,而"议"则用沟通信息取代了,如报告会、传达会、"吹风会"、记者招待会、新闻发布会等;还有的聚会只为表达某种意愿,如誓师会、庆祝会、团拜会、联谊会、欢迎会等。

在以上会议的三种模式基础上,交叉融合,各有侧重,又可演变成各种类型、各种形式的会议。

二、会议的种类

从不同的角度出发,可以将会议划分为不同的类型。

1. 按会议规模分

大型:千人乃至数千人参加的会议,如政治和群团组织的全国性大会,一些庆祝大会、纪念大会等。

中型:百人至数百人参加的会议,如报告会、庆功会、经验交流会等。

小型:少则几人,多则几十人参加的会议,如座谈会、办公会、现场会等。

在某些地方、某些时候,还有在露天广场举行数以万计的人参加的特大型会议、庆典活动,如万人集会庆典活动,焰火晚会,特大型工程的奠基、开工及竣工典礼等。

对于秘书和秘书部门来说,大、中型会议的会务组织工作环节较多、难度较大,需要精心准备;小型会议虽属日常工作范围,但也有些关键环节,需要认真安排。至于特大型会议,则不是秘书部门能独立承担得了的,应由秘书部门会同相关部门临时专门组建的会务工作班子来负责组织。

2. 按会议性质分

规定性会议:指依法必须召开的,具有法律效力的会议,如各级人民代表大会;

决策性会议:指各级政府的常务会议,省、市、县长的办公会议,企业中厂长、经理办公会等;

专业性会议:这类会议具有极明显的专业性,多以各部门名义召开,如教育工作会议、金融工作会议、人事工作会议等;

动员性会议:这类会议以宣传动员群众,提高群众认识为目的,如征兵动员会;

纪念性会议:纪念重大事件或重要人物的会议,如纪念辛亥革命九十周年大会;

外事性会议:指与外宾会谈,与外商谈判的会议等;

综合性会议:这类会议多以各级办公室名义召开,讨论和研究各种问题。

3. 按时间分

常规型定期会议:如学会、年会、机关办公例会;

非常规型不定期会议:视需要临时召开的会议或处理紧急突发事件而临时召开的会议,如防汛紧急会、抗震救灾紧急会等。

4. 按会议采用的媒介分

电话会议:通过公共通信系统或专用通信系统提供的电话会议功能,使多个会场实现异地语音交流的会议形式。20 世纪中期至末期,这种会议形式在沟通交流重要情况、传达和布置紧急任务方面被普遍采用。

电视会议:运用远程数字传输系统,声音和图像在不同地区的多个会场之间相互联通,使相隔千里的各分会场如同在同一会场内方便地传输文字、图像和语音信息的会议形式。

计算机会议:计算机和数字传输设备在网络支持下可实现非常灵活的网上多方对话。这种网络上多方对话同时也是计算机网络技术支持下的会议组织和管理的新形式。

此外,按会议地域划分,如国际性会议、全国性会议、地方性会议等;按会议召开的阶段划分,如预备会议和正式会议;还有如前文按会议目的划分,如为商讨研究的会议、为沟通信息的会议、为表达意愿的会议等。

以上会议分类都只是相对而言,没有绝对的标准。如会议的规模概念并不明确,有的会议是大小会议相结合,即通常所说的“大会套小会,小会接大会”。又如有的国际合作会议,其内容既有相互沟通某方面的信息,又对共同关心的国际问题进行广泛深入的讨论,而这种特定范围内相互间的沟通和讨论,正是为向全世界显示与会国对某些国际事件的共同关注和一致的态度。也就是说,这种会议既有聚会行为,又兼有沟通信息、商讨问题、表明意愿的作用。

三、会议的申报与审批

会议无论大小,都有提议和决定召开该会议的过程或者程序。这种程序,视会议性质、内容、规模而不同。对于例行的常规性工作会议,如经理办公会,需要提议和审定的往往不是会议本身的必要性,而是会议应讨论研究的内容,即议题。而对于更多的非例行、非常规的会议,如企业的客户联谊会、年终表彰会、产品鉴定会、订货会,则这一程序应包括对会议的必要性、会议的内容、形式、规模、出席范围、经费预算等一系列内容的申报和审批。

1. 会议申报与审批的形式

一般而言,会议申报与审批大体有三种形式。

一是口头申报形式。对于小型座谈会、简短的碰头会、一般问题的现场会、报告会等,由职能部门负责人口头向主管领导人提出召开会议的要求,由主管领导视情况当即答复或讨论研究后答复。

二是书面申报形式。由申办会议的部门将需召开的会议的目的、议题、规模、形式、时间、场地、出席范围、所需经费等写成综合性文字材料,上报机关领导,经研究协调后,由领导审定批复,或责成秘书部门按领导研究意见予以回复。

三是会议申报形式。在办公会、联席会或其他工作会议中提出要召开某一个会议的要求及会议的大体方案,在会议上由领导研究,决定是否批准该要求和方案。对于一些较复杂的大型会议,即使办公会议上领导人原则同意后,仍需要责成秘书部门会同有关职能部门综合协调、反复研究后,修改、制订出详细的会议预案,再次交办公会审定或报主要领导人审批。

为避免会议的重复、"会出多门"、或者"会海"现象以及议而不决,甚至劳民伤财,有必要加强会议的申报与审批工作。

2. 会议审批的原则

尽管各种会议的申报与审批形式不同,但精简从严的审批原则却大体一致。

秘书部门对有关职能部门申报召开的会议,要本着精简从严的审批原则,严格把好审批关。要分析会议是否有必要开,能否合并开,可否用其他方式解决问题等。对于可开可不开的会议,要向职能部门说明情况,协商变通解决。如果仍不能取得一致意见,应上报领导裁定。对必须召开的会议,也应本着严格控制的精神,在规模、规格、时间、经费方面从严把握,在与申办会议的职能部门协商一致后,报领导批准。在企业中虽不至于形成某些机关单位"会海成灾"的现象,但这种精简从严的会议审批原则,对提高管理效率、避免资源浪费,仍是十分必要的。

会议审批还应遵循"一支笔"的原则。与前面所说不同的是,精简从严的原则是针对会议本身而言,会议审批"一支笔"的原则是针对会议审批管理而言。在一些党政机关、大型企业中,众多的部门,复杂的事务,使得拟议需要召开的会议甚多。为加强管理,避免"会出多门"、"会海成灾",必须由机关的一个部门负责会议审批把关,以更好地执行会议审批精简从严的原则。在党委、政府机关里一般由秘书长把关,在企业中也大都授权由办公室主任或行政事务部负责人审批把关。

要开好会议,使会议有效率,达到预期目的,就必须认真组织好会议。有人认为开会很简单,通知一下,几个人就可以在一起开了。而事实上,没有认真做好组织工作的会议,是很难开成功的,不是不欢而散,就是开成了马拉松式,解决不了问题。所以有人说,开会容易,开好会难,是有道理的。精心组织的会议,会议的主持者只是幕前指挥者,而大量的工作是由后台工作人员即会议筹备者去完成的。

开好会议,需要会议各方面的"角色"(即会议的主持者、参加者、组织者和服务者)共同努力,才能达到预期目的。在通常情况下,会议的组织者、服务者,即会务工作人员的工作情况是影响会议质量和效果的重要因素。

四、指导会务工作的原则

1. 准备充分

会议不论大小,都应充分准备,围绕会议的目的展开调查研究,搜集必要的背景资料和统计数据,了解群众的看法和意见等。重要会议还要事先准备好会议文件,如动员会中的领导人报告、经验交流会中的发言材料等。决策性会议应将讨论方案预先印出,会前送有关与会者审阅。这样,开会讨论时与会者才不会感到突如其来,发表意见毫无准备,避免出现职能部门用一两个月制订的方案,却可能要求与会者在一二十分钟里表明取舍态度的现象。

2. 组织严密

会议有哪些具体内容、会议如何开、讨论议题可能出现什么情况,都应在会前逐项研究,安排到周密制订的预案之中,使会议过程中的各项工作有条不紊。规模较大的会议,组织工作更为重要。

3. 服务周到

对会议服务工作的各个细小环节都要考虑周到,以免因小失大,造成忙乱现象。某地有一次召开咨询会,请各方面专家谈本地区发展规划。各方准备一应俱全,但临到开会时,专家准备演示事先准备好的文稿,却出现了找不到投影仪遥控器的尴尬局面。一时,台上台下,手忙脚乱,影响了会议进行。秘书工作人员应从类似"小事"中吸取教训,对琐碎的会务工作尽可能地考虑周全,做到服务周到。

4. 确保安全

大型或特大型会议由于人数众多,要特别注意安全;有少年儿童和重要来宾参加的会更要确保安全。会议组织者应将安全问题作为一个特别重要的方面予以考虑。1994年,新疆某市一次教育系统汇报演出中,当会场出现火警时,由于疏散通道被堵,竟使300余人葬身火海,其中大多数为参加汇报演出的儿童。这一惨痛教训应使每一个会议组织者,特别是大型会议活动组织者引以为戒。

任务一　拟定会议预案

一、会务工作主要内容

各种会议类型不同,内容各异,规模也有差别,会务工作的项目也会有所不同,这里重点分析大、中型会议会务工作的一般要求。

大、中型会议工作内容繁多,且视会议议题、规模不同而有所差别,但概括起来说,大都有以下六个环节：

1. 会议预案；

2. 会议文件准备；

3. 会议通知；

4. 会前检查；

5. 会间调度；

6. 会后整理。

二、拟定会议预案

所谓会议预案，就是会议的筹备方案，制订好预案是开好会议的前提。

会议预案一般包括以下内容。

1. 会名

预案中首先要明确会议名称。会名要名实相符，妥帖恰当。会议名称不同，其性质、规模也不同，例如座谈会与汇报会不同，表彰大会与总结会也有差别。因此，首先要给会议"正名"。

2. 会议时间

会议时间包括会议何时召开和会期长短两项。会期长短应与会议内容联系起来考虑，能够在半天开完的会，就不要勉强拉长到一天，更不应该预先毫无估计，开到何时算何时。预案中应写明会期，由领导人最后"拍板"通过。

3. 会场

开会地点，会场设置，要结合参加会议的人数和会议效果来综合考虑。一两百人的会议，就不要勉强在可容一千余人的大礼堂召开。党政机关或企事业单位的秘书部门，平日要掌握本单位或附近的主要会场、礼堂、宾馆（招待所）的数据资料，包括会（剧）场、招待所可容人数，会场座号排列方法、舞台大小，宾馆单、双、多人房间数等基本情况。代表须集中住宿的会议，会场安排还应与宾馆或招待所一起考虑，按会议的规格、出席人数等因素选择适当的会议地点。

4. 出席范围

会议出席人数事先应有比较精确的计算。会议开到哪一级（总公司、分公司、部门或车间），哪些单位派什么人出席，哪些单位应有人列席，都应心中有数。这也需要秘书部门平时注意掌握本公司、本系统的基本资料（如下属单位数、部门数、某级干部人数等）。大型会议活动，应专门成立"组织组"负责考虑会议参加者的范围、人数及名单分配。

5. 会议票证

小型会议的票证很简单，凭会议通知或介绍信即可。大型会议则需要专门印制入场证和其他票证，重要会议还要为工作人员印发证件。如大型游园联欢或重要集会，应有各种入场证（分区使用的或各区通用的）、各种工作证（指挥长、联络员、领队、服务人员、记者等)、各种汽车通行证(小汽车、交通车、联络服务车等)。重要的代表大会有出席证、列席证、请柬等。会议票证制发应兼顾会场安全和工作方便两方面。

6. 会议筹备班子的职责分工

会议筹备班子中有关方面(如会务组、秘书组、后勤组)或有关人员的职责,一定要在会议预案中划分清楚,以便预案中规定的各部门分别按照其职责要求去完成会议筹备和会议其他工作任务。特别是临时组织起来的大会指挥部、秘书处、会场工作人员,平时缺乏分工协作的实践,因此更应在预案中明确各方的任务和协作要求,以期密切配合、共同努力,组织好会议。如较大会议的预案中,应分别写明大会筹备处、宣传组、组织组、秘书组、资料组、后勤服务组、保卫组的职责,人有专职,事有专人,既要分工明确,又要互相协作。

7. 会场布置

会场通常为正方形、长方形,也有布置成马蹄形、圆形、八角形、山字形、而字形,视会议需要而定。

会场布置要讲究"气氛"。庆祝会要布置得气氛热烈,履行法定程序的会场要布置得庄严,追念哀悼性的会场要布置得肃穆。会场的布置,包括会场主席台上方会标字体与横幅颜色的选择,会场周围标语、口号的制作以及台口花卉的摆法等。大型会议,为了预先了解会场布置情况是否合乎要求,有时还应先画出会场布置效果图,请有关领导人审定。

会场布置也包括场地的划分以及进场、退场的路线。人数很多的大型会议,如在体育场、露天广场上召集的会议,应有会场平面布置图。要特别注意,大型集会中与会者是分散进场的,应避免出现由于集中退场而通道不畅,发生人群拥挤、踩踏伤人事件。这在大型活动中有过许多血的教训。

此外,会场音响效果、照明设施、通风设备、茶水杯盘、录音录像设备、场地卫生设施、会场保安措施等,都应在会场布置中考虑如何妥善安排。

会场音响应事先调试妥当,不要临场调试,避免现场出现强烈的回输啸叫声。会议期间,在多路话筒语音信号同时接入时,音响控制室工作人员应密切注意会场发言人的转移变换,在多路调音台上适时将某路话筒传输信号强度提升或消除。特别要避免在主发言人信号输出时,其他多路话筒中传出与会议无关声响的情形,如主席台上就座的某些人员与其他人员讲述无关会议主题的声音,这将严重影响会议效果。

重要会议的录音工作要有专人负责。录音工作人员应全程监听录音效果,适时更换磁带。当使用无线话筒录音时,特别要避免由于无线话筒的频率漂移或信号减弱,造成录音不清晰,甚至一片空白,以致留下无法弥补的遗憾的情况。

会议进行中,若有现场摄像工作,要充分考虑摄像照明对会场供电负荷的影响。若多个摄像照明灯接入同一相电源中,可能造成某一相电流过载而致使断电。即使马上采取紧急措施,也会严重影响会场气氛,因此要特别避免。

8. 主席台

主席台是会议参加者注目的地方,也是会场布置的重点,应在预案中单独列为一项。

主席台布置除前面提到的会标外,还有国徽或纪念人画像、旗帜悬挂等问题。重要会议的主席台座次名单也是会务工作中必须考虑的重要问题,常常由秘书部门负责人亲自安排,并及时送领导审定。至于一般会议,则不必把众多的领导请上主席台,只要主持人和发言人上台即可。主席台上的座位安排,应根据领导审定的座次名单事先用名签(席次卡)标明。主席台上若有外宾,名签上面对外宾的一面应使用其本国文字或英语。话筒布置也要注意选择最佳位置。

主席团或负责同志的休息场所也应有专门安排。

9. 会议议程

会议议程通常是指会议所要解决、处理的问题的大体安排。会议议程必须体现在妥善安排的日程中。也就是说,议程比较概略,日程比较具体;各项议程在会议期间何时进行,要在日程中显示出来。将日程具体分解,可以看出半天或一天的会议内容的先后顺序,这就是会议进行的程序。

大型会议的议程、日程、程序必须划分得很清楚。小型会议则将三者合而为一,统称为议程。

小型会议,议程可由主持人掌握。大型会议议程应印发给主席团全体成员。

秘书工作人员在制订会议预案时,应首先了解会议议程,并依此作为初步日程安排,由有关领导人审定通过。会务人员在会议期间应根据议程或日程安排,事先做好准备。例如举行经验交流会,会务人员应事先将发言人提前请至后台等候或在台下前排就座,并由专人负责联系,不要在会上喊发言人上台或到处找发言人。

10. 经费预算

会议活动的经费视会议规模大小、规格高低而定,但只要会议涉及经费问题都要事先做好预算,以备领导审核。

以上十项是一般会议预案的主要内容,有些会议还有选举、发奖、摄影等活动,也应列入预案之中。

11. 选举投票的组织工作

各种代表会议往往有选举投票工作。投票地点、票箱的设置、唱票间隙的活动,都应在预案中安排好。如果用计算机处理选票,会务工作人员也应做好相应的准备工作。

12. 发奖活动的组织工作

表彰大会往往都有发奖活动,气氛既要热烈,又要防止错乱。预案中应就此列出专项,作好安排。例如,台上奖品的排列顺序应与领奖人上台顺序相符。重大会议的发奖仪式,应将领奖人员安排在台下前排按顺序就座,必要时可事前进行预演,以便事先发现问题,避免错乱。

会务工作人员应预先向领奖人说明上台领奖的礼仪和程序。如果有现场摄影录像活动,更应将注意事项事先通知有关人员。领奖后,如果发现奖品错发,可以会后再行调整,不宜在会场上调换。

13. 集体摄影活动组织工作

大型会议的集体摄影活动看起来不过是几分钟的事,但会务工作人员往往要为此花费很多精力。

会议预案中应对集体摄影活动进行周密安排。人员队列安排应有平面布置图;在人数众多的集体摄影中,进入摄影场地的路线和进退场先后次序应有明确规定;摄影场地的站台长度应计算准确,并留有余地,各排间应留有足够的高度差;领导人座位应在椅背上将姓名做出标示,整个摄影活动要有专人统一指挥。

14. 特殊活动的安排

有些特殊性的会议,如节日的焰火晚会,也应列入节日庆祝预案之中。如焰火施放地点与联络方法应作明确规定。

应指出的是,特大型会议内容较多,组织工作复杂,预案往往是由大会整体实施方案和各组具体工作实施方案(如秘书组、组织组、宣传组、保卫组、后勤组等各组具体实施方案)组成。大会筹备处或办公室从整体列出各组工作要求,由各组再行拟定具体方案。会议预案形成文字后,经过审批,由各方面遵照落实,并作为会后检查的依据。

任务二　会前组织管理

一、会前检查

会前检查是落实预案、保证开好会议的重要一步。重要会议在会前要多次反复检查落实。会前检查,一般分为由领导人听取大会筹备处各组汇报和现场检查两种方式。其中,现场检查是主要形式。检查的重点是会议文件材料的准备、会场布置以及安全保卫工作等。

大型会议的会前检查还包括:警卫部署,票证检验人员的定岗定位,交通指挥及主席台服务人员的就位,供电安全、疏散通道的检查,特别是会议播放乐曲的光碟或磁带的检查,等等。有的大型会议活动就曾出现因为播放乐曲的光碟、磁带检查不认真,出现笑话甚至严重的错误而导致会场秩序哗然、影响会议进程的情况。

二、办公会议题的收集整理

办公会议题收集,由秘书人员主动向有关行政副职和职能部门联系、征询。在工作秩序良好的企业中,职能部门则每周定时向办公室主动联系,提出需要提交办公会研究的问题。

收集的议题应在合并整理后,视条件成熟与否和事项的轻重缓急,列出有必要提交办公会研究的若干问题,送主要领导人审定,由主要领导人斟酌后增删调整,确定办公会议题。

三、会议文件准备

会议审议的文件材料,应在会前数日分送与会人员审阅,让他们有时间准备意见。特别是研究工作方案、审议工作计划的会议,这一环很重要,会直接影响会议的效率。

为了准备好会议的主要文件,秘书部门应根据领导意图,有的放矢地进行调查研究,提出解决问题的方案,拟出文件。如有必要和可能,还应将拟定的初稿分送有关单位征求意见,然后修改定稿。会前做好有关文件的准备工作,可以使会议议题比较集中,保证会议的基本目标得以实现。

会议文件一般不宜过长、过多。特别是经验交流会的典型材料,一要真实,二要简短,以千字为好,要力求短、小、精(即篇幅宜短,题目宜小,内容要精),不要长、大、空,要使人听后有"看得见、摸得着、跟着学"的感染力。

会议文件应事先打印好。印刷会议文件,应认真校对,避免差错,特别是统计数字、计量单位、人名地名,要力求精确,务必反复核对。文件印刷份数要比预计发放份数多些。文件宜在代表报到时发给,不要开会时在会场上散发,影响秩序,干扰会议。

当重要会议的会议通知发出后,还应跟踪落实,用电话与参加会议人员联系,检查通知是否送到,了解对方是否能如期出席会议。特别是对会议中的关键人物,通知发出后一定要注意落实。

发送会议通知时可将会议的有关票证一起附上,如入场券、汽车通行证等,但分发票证时,应留有必要的机动数,以解决不可预见的临时需要。

重要会议在通知发出时,还应准备好代表座次、住宿房间、就餐安排、乘车号码、小会地点、编组名单和其他准备事项。这些事项附件如能随通知附上,则一起发出;不能一起发出的,至少也要在会议参加者报到时通知他们。

办公会相关材料的准备一般包括:

1. 与议题相关的背景材料及解决问题的初步方案;

2. 议题提出部门向办公会所作的专题汇报材料;

3. 拟作为会议讨论的文件初稿或拟提交会议讨论通过的决定草案。

在以上的会议相关材料中,第2、第3两项大都由议题提出的职能部门准备,第1项一般由秘书部门在主要领导授意下完成。打印或复印的议题、与议题相关的背景资料及提交会议讨论的初稿,一般在会前送交给办公会组成人员,使与会者对商讨的问题心中有底。

四、会议文件的管理

办公会会议记录,应由秘书部门妥善保管。作为讨论稿的相关文件,应按文书处的有关制度予以妥善处理。

五、会间调度

1. 会议签到制度

会议签到可以及时了解参会的人员是否到会,准确地统计到会人数。对于股东大会、董事会来说,这关系到是否达到法定人数,选举结果和通过的决议是否有效等大问题。为了保证执行签到制度,有的会议还采取了周密的签到卡、签到图等措施。在规模较大的会议中,采取划片安排座位的办法,由会务工作人员核对介绍信或入场券的方式,执行签到制度。

2. 候会制度

有些会议,议题较多,与前一议题无关但必须参加后一议题汇报讨论的人员,秘书部门可根据预计的各议题讨论时间,通知他们在讨论前到另行为他们安排的地方候会。这是保证会议有条不紊地进行的必要措施,也是保证各议题讨论内容不致扩散的重要措施。秘书部门应指定专人管理这件事,对各项议题讨论时间的估计应尽可能准确,以免候会过久。坚持候会制度也是改进会风,减少不必要的"陪会"现象的一种办法。

3. 会议特殊情况的应急措施

会议进行过程中可能发生临时变动,如调整议题、临时动议、增加与会人员以及其他特殊情况。秘书部门要根据情况采取应急措施,做好临时调度工作,始终有人在场服务。

4. 大型集会的现场指挥

大型会议活动,要有现场指挥,并运用现代化联络手段(如有线广播、无线电对讲机和其他联络信号等)来调动队伍,处理突发事件,保证集会的顺利进行。

◎ 技能训练

训练一　拟定会议预案

一、训练目标

通过实训,掌握会议筹备工作的基本要求和会议组织工作的一般程序,熟悉会议计划和筹备方案的主要内容,熟悉会议材料的基本种类及一般要求。

二、训练方案与要求

（一）案例描述

近年来,中国家电业迅猛发展。这不只表现在家电品种的增加,更主要是表现在中国家电业在全球市场份额的扩大。比如,中国制造的彩电已占全球市场份额的29%,洗衣机占24%,电冰箱占16%,空调占30%,而照相机和电话机则超过50%,微波炉的数字更是惊人,单是广东格兰仕一个厂生产的微波炉就占全球市场份额的35%。最近,手机和电脑的生产量与销售量也直线上升。这充分说明中国家电业在逐步发展壮大、走向成熟,中国家电业在基本上占据了国内市场的同时,迅速占领了国际市场。

当然,形成这种局面的原因是多方面的,除了我们国家良好的经济环境、优惠的经济政策外,企业自身素质的提高也是重要因素,他们注重开发科技含量高的新产品,注重产品质量、售后服务等,重视现代经济管理体制在企业发展中的作用。比如,国内一家著名的家电公司——朝阳家电公司正在召开有关会议,讨论关于近期召开全国各地客户咨询洽谈会的有关事宜。朝阳家电公司是一家改制后的大型国有企业,公司资产雄厚,员工众多,著名科技人员和高层管理人员云集。公司在做好内部管理工作的同时,也注意做好客户管理工作。最近几年,公司推出了一系列新产品,占领了国内50%以上的家电市场,在国外影响也很大。最近,公司又在电脑、手机、电视等多个项目上研制生产出新型、新款产品,准备在这次客户咨询洽谈会上亮相,以此引起客户和消费者的关注。会上,营销部主任提供了一份本公司客户名单,各类单位和个人共有两三百个。公司决定给这些单位和个人发出邀请信,邀请他们参加本公司的新产品大型客户咨询洽谈会。公司派主抓公关、销售的王副经理负责此项工作,迅速成立会务筹备处,拟定会议方案,准备大会所用各种材料。会议定于2002年10月10日在北京国际会议中心召开,食宿也在北京国际会议中心,会期暂定为5天,其中第一天开幕式,第二天专家讲座,第三天专家咨询,第四天专项合作项目洽谈,第五天组织客户游览长城。公司要求大会必须圆满成功,以达到公司举行这次活动的目的。

王副经理立即成立了大会筹备处,成员有10人。他们首先召集会务工作会议,明确将要召开的咨询洽谈大会的主题,即宣传新产品、洽谈新业务;围绕主题,拟定大会筹备方案;确定参加会议的正式人员280人,其中特邀有关领导和专家10人,工作人员10人。

经过精心准备,各方人员如期到会,新产品咨询洽谈会按时召开。但是,在与会人员报到时,负责接待签到的小张发现,有十几个会员在报到单上注明"回族"或其他民族。小张及时把这一情况报告给王副经理,王副经理马上通知有关人员安排不同民族风味的饭菜,使与会人员都非常满意。会议按计划顺利进行,与会人员对该公司的新产品非常满意,专家的讲解、介绍更使与会人员大开眼界。利用会议休息时间,公司还应与会人员的要求,组织参观了公司的生产车间。会务筹备处还安排了舞会等娱乐项目,最后一天的游长城更是其乐融融、热闹非凡。大家像老朋友似的说笑着、唱着登上长城,年轻人还进行了登长城比赛。公司王副经理在长城上即兴演说,把长城的历史同当今中国经济的繁荣结合起来,使得客人们群情激昂,振奋不已。客人们都表示,对这种形式的会议很满意,他们了解了生产公司的情况,了解了公司产品的特点。在经销这种产品时就会有的放矢地介绍产品,这增加了他们销售的积极性。因此,在这次会上,公司签订的订单是出人意料得多。在游览长城回来后,就有单位同公司签订合同。

新产品咨询洽谈会结束了。公司送走了客人后,进行会后总结。总结会上,公司总经理认为,这次会议开得很成功。会务筹备处的准备工作做得周密细致,会议的组织接待工作做得很好,为公司赢得良好的人气指数打下了基础。再加上新产品过硬的质量,专家精辟的讲解,使得这次会议达到了预期的目的,圆满成功。王副经理也讲了话,他主要指出这次大会上的一些疏漏之处,比如,在准备期间,把一个常识性的问题给遗忘了,那就是少数民族人员的就餐问题。虽说这是一个小问题,但处理不好也会造成不良的影响。幸亏发现及时,及早解决,才没有影响客户的情绪,使大会得以顺利进行。另外,会议简报出得不够及时,没有把会议上的情况及时通报给有关人员,尤其是最后签订合同的情况,这可能是会期结束后有些人员思想松懈造成的,以后应吸取这方面的教训。总结会上还通报了这次咨询洽谈会上的收获,80%的与会者都同公司签订了合同,超出了预计的数量。这也为公司下一步的工作提出了更高的要求。尽管如此,公司上下都很高兴。总经理决定,对大会筹备处的人员每人奖励一个月的奖金。最后,要求大会筹备处尽快把与这次大会有关的材料都整理出来。

(二)训练要求

1. 假定你是会议筹备处的秘书,请你为新产品咨询洽谈会拟订一份会议计划和会议方案。

2. 要求学生在电脑上完成上述两份文案,排版后发邮件到教师指定邮箱,并交打印稿一份。文档要求格式规范,内容正确,条理清晰,表达精确,编辑打印精美。

(三)训练步骤

1. 指导学生认真阅读案例及实训内容和要求。

2. 分析案例主要内容以及本次实训目的。

3. 讲解会务准备工作(会议计划及会议筹备方案)要点。

4. 布置实训任务。

(四)训练提示

此案例设置的主要目的是让学生对会务工作有一个具体、清晰的认识。通过实训掌握会议计划及会议筹备方案的制作。

1. 拟订会议计划,一般要制成会议活动安排表。会议时间、名称、与会单位及人员、议题、主持人、地点等均填入表中,提前分发给领导及有关部门。

2. 制订会议预案,即会议的筹备方案,主要包括会议名称、会议主题、会期、出席人员、会务工作组及职责分工、会议会场布置、会议其他活动安排等。

◎ 知识拓展

链接资料一　会议通知与会议报名表范例

关于举办国家职业资格秘书职业师资培训班的通知。

各省、自治区、直辖市高等院校及相关单位:

为推动秘书职业资格考试新标准、新教材的应用,确保 2007 年秘书职业统考下放后培训和鉴定工作顺利进行,适应"统考日"制度的实施,同时协助各地培训鉴定机构做好秘书职业实训基地建设工作,应各地培训和鉴定机构要求,劳动和社会保障部中国就业培训技术指导中心、国家职业技能鉴定专家委员会秘书专业委员会拟于 2007 年 7 月,在北京举办国家职业资格秘书职业师资培训班。现就有关事宜通知如下。

一、培训目的

1. 促进各培训机构熟悉新标准、新教程。

2. 针对秘书职业不同级别,进行教学和实训指导。

3. 提高秘书职业教师队伍的整体素质。

适应各省鉴定中心对从业教师的资格要求,促进各培训机构的师资队伍建设,促进秘书职业技能实训的推广和普及。

二、培训内容

1. 秘书职业从业形势与企业需求分析。

2. 秘书职业主要知识技能体系及培训纲要。

3. 秘书职业技能鉴定考核方案。

4.《秘书国家职业资格考试与实训指南》使用指导。

5. 秘书职业培训教学指导与经验分享。

6. 参训教师现场进行教学教法交流。

7. 秘书职业技能实训统一指导及实训资源库试用。

8. 实训基地和职业场所参观考查。

9. 参训教师体验实训流程。

另外,本次培训班在进行教学教法研讨的基础上,将选择优秀论文推荐发表到国内著名期刊上,请有意向的老师携带论文参加。

三、培训对象及资格认定

1. 秘书及相关专业的授课教师。

2. 培训机构秘书专业培训师。

参加培训并经考试合格者,由中国就业培训技术指导中心统一颁发秘书职业师资培训合格证书。

四、组织实施

1. 主办单位:劳动和社会保障部中国就业培训技术指导中心。

2. 承办单位:国家职业技能鉴定专家委员会秘书专业委员会。

3. 北京中鸿网络教育技术有限公司。

五、培训时间和地点

1. 培训时间:2007 年 7 月 26—31 日,共 6 天。7 月 25 日全天报到。

2. 培训地点:中央电大培训中心。

3. 报到地点:海淀区魏公村街 1 号韦伯豪家园 7 号楼二层。

自火车站:自西客站乘坐 727、827 路公交车(或自北京站乘坐 808 路公交车),到魏公村站下,上过街天桥,从人民出版社大厦路口进 50 米即到。

自首都国际机场:乘坐机场大巴到双安商场站下,转乘 727、332、808 路公交车到魏公村站下,直接从路口进即到。

六、其他事宜

1. 培训费:1800 元/人。

2. 食宿统一安排,费用自理。

3. 报名及交费方式:

(1)填写《秘书职业师资培训报名表》传真至:010—888639××或发 E-mail 至大会秘书处。

(2)报名截止日期:7 月 20 日。

(3)培训费通过银行汇款至:

户　　名:(略)。

账　　号:(略)。

开户行:华夏银行北京世纪城支行。

(4)将汇款底联传真到大会秘书处,同时注明发票抬头及要求。

(5)报到当日领取培训资料。

4. 参加培训人员需带 2 张一寸彩色照片,身份证、学历、职称复印件各一份。

七、联系方式

联 系 人:王小姐、李小姐

联系电话:010—888637××、010—888639××

传　　真:010—8886××××

附件:秘书职业师资培训报名表

国家职业技能鉴定专家委员会秘书专业委员会秘书处

北京中鸿网络教育技术有限公司

2007年5月9号

(说明:考虑到有些信息的私密性,部分内容隐去真实信息,适当修改。)

附件:

表 7-2　秘书职业师资培训报名表

姓　名		性　别		年　龄		民　族	
职　称			从事本专业时间				
工作单位							
通讯地址							
邮政编码		联系电话			手　机		
E-mail							
身份证号码							
本单位现有 鉴定业务		□五级　　□四级　　□三级　　□二级　　□涉外					
个人专业 经　历							
所在单位 意　见		单位盖章: 年　　　月　　　日					

注:请报到时提交身份证、学历、职称复印件,两张一寸彩照。

链接资料二　会议活动安排表

会议周安排表

××集团公司周会议活动安排表　　　　　　　　　2003-9-8—9-12

时　间		会议内容	地　点	出席范围	主持人
9-8	星期一 下午2时	总经理办公会	集团二楼会议室	集团领导及生产、销售、财务部负责人	×××
9-10	星期三 上午9时	新厂区落成典礼	新厂区大门	集团领导及各部门负责人、新厂区基建领导小组成员	×××
9-11	星期四 下午2时	新产品论证会	技术中心三楼会议室	党委会全体成员	×××
9-12	星期五 下午2时	党委民主生活会	集团二楼会议室		×××

链接资料三　大中型会议筹备方案

全国高等院校秘书学教学经验交流会暨
中国高等院校秘书学教学研究会第一次年会
筹备方案

　　根据中国高等院校秘书学教学研究会第一次理事会议决定,由我校筹备召开研究会第一次年会暨全国高等院校秘书学教学经验交流会。这次会议,是一次全国性的学术会议,能否开好,关系到我校在全国高等院校中的影响,也是对我们各方面工作的一次实际检验,对我校提高秘书学教学水平,探讨秘书学的理论和实践问题都必将有所促进。我们应以热情、负责的态度做好接待筹备工作。经校领导研究,现将会议筹备事项作如下安排。

　　一、会议名称:全国高等院校秘书学教学经验交流会暨中国高等院校秘书学教学研究会第一次年会。

　　二、会议时间及会期:11月15日至19日,会期五天。

　　三、会议地点:我校3号楼大会议厅。

　　四、会议人数及范围:参加人员160人左右。

　　范围包括:研究会全体理事,全国各有关院校代表,会议还特邀匡亚明、中共中央办公厅秘书局常务副局长李欣、国家教育委员会办公厅副主任郝维谦、高教一司司长季晓风、中山大学教授夏书章、光明日报学校教育部前任主任陈季子等著名学者和领导同志参加。

　　五、组织领导:学校成立接待领导小组,由刘家穆任组长,陈泽延任副组长,成员:顾正华、涂国梁、杨光汉、×××、×××、×××。

六、职责分工:在领导小组的统一领导下,成立三个工作小组。

会务组,组长顾正华,负责会标、会场、欢迎标语、代表接送、组织参观、娱乐活动安排、音响、录音、照相、新闻单位联系、安全保卫以及主管会务的协调工作。

秘书组,组长杨光汉,负责会议文件起草、大会议程安排、组织大会交流。

后勤组,组长涂国梁,负责住宿、交通、回程车(船、机)票、经费落实、财务结账等工作。

另由杨光汉安排秘书学教研室部分教师带领 83 名秘书专业学生,参加全部会议组织服务工作。

各工作小组具体安排另行制定。

七、会议经费本着精打细算、节约开支的原则,除向与会代表收取少量的会议费外,由学校给予适当的会议补贴。会议经费预算及补贴方案另行报告。

八、要求:接待工作要充分反映出我校的精神面貌,做到热情周到,重点解决好与会人员的食宿安排、车辆接送、车票购买问题,会议组织各项工作要有专人负责落实,切实做好。教务处、行政处、宣传部、保卫处、中文秘书系等有关部门和单位,要密切协作,保证开好这次会议。

江汉大学办公室

1985 年 10 月 25 日

大中型会议的正式通知(信函型)
会议通知

×××同志:

兹定于 1985 年 11 月 15 日—19 日在湖北武汉江汉大学召开全国高等院校秘书学教学经验交流会暨中国高等院校秘书学教学研究会第一次年会,请届时参加。

注意事项如下:

(1)报到时间:1985 年 11 月 14 日。

研究会会长、副会长、秘书长、副秘书长于 11 月 13 日提前来汉,商讨会议有关事项。

(2)11 月 14 日大会筹备处在武昌火车站、汉口火车站、长航17 码头设接待站;如果乘飞机来汉者,请乘坐机场交通车至中国民航汉口售票处,此处同时设有接待站。提前或逾期来汉者,请乘坐××路公共汽车至终点站×××。

(3)各校自编教材可提供样本五册以上,大会准备进行教材陈列、交流活动。

(4)住宿、差旅费用自理。

(5)其他有关事项请参照江汉大学 1985 年 9 月 13 日《会议通知》。

（6）大会筹备处通讯地址及电话：湖北武汉赵家条江汉大学中文秘书系。

联系人：×××

电话：027—×××××××

全国高等院校秘书学教学经验交流会
中国高等院校秘书学教学研究会第一次年会　筹备会

1985 年 10 月 15 日

表 7-3　返程登记表

单位							
姓名		性别			职务		
通讯地址							
返程	返程日期	交通工具名称	车班航次	数量	等级	到达站名	
方式							
备注							

大中型会议通知（公告型）
关于举办"并购重组国际高峰论坛"的通知

经国务院批准，国务院国有资产监督管理委员会（以下简称国资委）与联合国工业发展组织（UNIDO，以下简称联合国工发组织）将于 2003 年 11 月 19 日—11 月 20 日在京共同举办"并购重组国际高峰论坛"。

本次论坛以"并购重组——融合全球经济的桥梁"为主题，以高水准专业知识、高层次参会代表、高质量会议成果为组织原则，紧扣世界及中国并购重组领域的重大问题，为中外双方就并购重组的战略、趋势、方法、途径、立法、监管、制度改革等问题提供广泛交流的平台。

论坛将由国资委主任李荣融和联合国工发组织总干事卡洛斯·马加里尼奥斯担任主席，并邀请部分近年来在并购重组领域较活跃的国内外知名公司和中介机构的董事长或总裁、联合国工发组织等国际组织的高级官员、我国政府部门和有关机构的高层人士、并购重组领域的专家学者等约 500 名代表参会。届时拟邀请国务院领导同志出席论坛的有关活动。

现就有关事项通知如下：

（一）日程安排

11 月 19 日上午：举行开幕式和主论坛（人民大会堂剧场）

11 月 19 日下午：同时举行三个分论坛（人民大会堂广西厅、吉林厅、海南厅）

11 月 19 日晚：欢迎晚宴（钓鱼台国宾馆）

11 月 20 日上午：同时举行三个分论坛（人民大会堂广西厅、吉林厅、海南厅）

11 月 20 日下午：举行电视论坛（中央电视台演播厅）

（二）报名办法

报名办法一：将填妥的参会登记表于 11 月 10 日前传真至国资委外事局。

联系人：辜嫱、王德智

电话：010—63193533、010—63192304

传真：010—63193625

报名办法二：登录论坛网站 www. masummit. org ，在网上在线填写参会登记表。

（三）费用

每位参会代表需缴纳会议注册费 4100 元人民币（含会议资料，两次人民大会堂午餐、一次钓鱼台国宾馆晚宴）。

国资委办公厅

2003 年 11 月 4 日

大中型会议日程安排表

表 7-4　全国高等院校秘书学教学经验交流会议日程安排表

1985-11-15—11-19

日　期	时　间	主持人	内容安排	会场地址	备　注
11-15	上午 9 时	王千弓	开幕式	大会议厅	
	下午 2 时	严鸣晨	秘书处报告一年工作情况，秘书专业建设问题讨论，教学计划交流	大会议厅	
11-16	上午 9 时	严鸣晨	秘书学体系研究	大会议厅	
	下午 2 时	各小组牵头人	分组讨论	小组讨论会场	
11-17	上午 8 时起全天活动	杨光汉	参观武钢浏览东湖浏览黄鹤楼		午餐由武钢安排
11-18	上午 9 时	张金芳	秘书学与公文写作讨论	大会议厅	
	下午 2 时	张金芳	教学信息报告会	大会议厅	
11-19	上午 9 时	王千弓	关于秘书学研究讨论与设想	大会议厅	
	下午 2 时	王千弓	闭幕式	大会议厅	

项目二　会务组织管理与文字工作

◎ 学习目标

知识目标

- 了解会议组织工作方法的变革。
- 熟悉会议服务的基本要求。
- 熟悉会议的文字工作(简报、纪要、工作规程、总结等)。
- 了解会议评估的基本方法。

能力目标

- 能够做好签到及座位引导工作。
- 学会会议服务礼仪。
- 能熟练使用会议常用设备。
- 熟悉并掌握会议材料的制作。
- 能够做好会务协调工作。
- 能够做好会议的总结工作。

◎ 工作任务

- 任务一:会议服务与工作规程设计。
- 任务二:会议组织与控制。
- 任务三:会议文字工作。

◎ 导入案例

"首届世界温州人大会"乐清发展恳谈暨投资项目推介会

为积极参与世界温州人大会和中国国际轻工产品博览会活动,充分挖掘和发挥在外乐清人这一独特优势,进一步加大招商引资力度,加快我市开放型经济发展,促进全市国民经济和社会各项事业持续快速健康发展,现决定举办"首届世界温州人大会"乐清发展恳谈暨投资项目推介会。实施方案如下。

一、指导思想

以首届世界温州人大会和中国国际轻工产品博览会活动为契机,围绕把乐清建设成为新型的现代化中等城市这一目标,进一步加大招商引资力度,包装推出一批重点招商引资项目,把"乐清人经济"转化为"乐清经济",实现资金回流,外资涌入,人才、信息、技术的交流合作及发展理念的更新提高,为全面提高乐清对外开放水平和提前基本实现现代化奠定基础。

二、时间地点

(一)时间:2003 年 10 月 13 日。

(二)地点:新世纪大酒店。

三、来宾邀请

参加首届世界温州人大会的全体乐清籍人士,约 155 名。

四、活动安排

(一)参观考察

1. 时间:上午 9:30—11:30。

2. 参加对象:全体来宾。

3. 参观考察路线:到来宾住宿宾馆迎接—正泰工业园—上高速—乐清经济开发区—中心区—新世纪大酒店。

4. 参观考察结束后,来宾入住新世纪大酒店。

5. 中午就餐:新世纪大酒店四楼荣华厅。

(二)乐清发展恳谈暨投资项目推介会

1. 时间:下午 2:30—5:00。

2. 参加对象:全体来宾,市四套班子领导,组委会相关成员。

3. 地点:新世纪大酒店四楼荣华厅。

(三)招待酒会

1. 时间:晚上 18:00。

2. 地点:新世纪大酒店四楼荣华厅。

3. 参加对象:全体来宾,市四套班子领导,组委会全体成员。

(四)机动安排

1.13 日:温州其他来宾来乐参观考察安排(根据温州具体部署另行安排)。

2.14 日:来宾继续参观考察(根据来宾报名情况组织)。

五、组织机构

为切实加强对"世界温州人大会"乐清发展恳谈暨投资项目推介会组织工作的领导,决定建立"世界温州人大会"乐清发展恳谈暨投资项目推介会组委会。组委会主任由×××市长担任;副主任:王××、张××;成员:相关单位负责人。

组委会下设联络文秘组、项目推介组、后勤保障组、环境整治组、新闻宣传组等 5 个工作组。具体安排另行通知。

六、工作要求(略)

思考题：

如果你作为会务组秘书处秘书,针对这次大型会议,你认为应该从哪些方面着手做好会务工作?

提示:会议的组织和服务是一项复杂的、艰巨的工作。只有掌握全面的会务组织、协调等专业技能,提高综合素质,才能将秘书会务工作变得高效、完善。通过本章学习,学生应了解会议组织变革发展的情况,掌握会议组织规程表的制作及使用要求,掌握会议文字工作的基本要求。

◎ **理论导读**

任务一　会议服务与工作规程表

一、会务工作总体要求

(一)准备充分

会务工作是一项时限性、集中性很强的工作,会期机动时间很少,这就要求秘书人员必须充分做好会前准备工作。主要包括:

1. 拟订会议计划,一般要制成会议活动安排表。会议时间、名称、与会单位及人员、议题、主持人、地点等均填入表中,提前分发给领导及有关部门。

2. 制订会议预案,即会议的筹备方案。主要包括会议名称、会议主题、会期、出席人员、会务工作组及职责分工、会议会场布置、会议其他活动安排等。

3. 准备会议材料。一般在较重要的会议举行前均应提前准备好各种会议材料。主要包括开幕词、闭幕词、工作报告、领导者发言、交流材料等。

4. 发送会议通知。会议开始前一般都要发通知给有关人员。会议通知应做到及时准确,开会须知表达明确,防止错发或漏发。

5. 布置会场。人的情绪很容易为外界因素所影响,合理布置会场,既能改变会议氛围,又能调节与会者心情。会议要取得理想效果,会场布置不容忽视。

6. 座次排列。包括主席台座次和其他与会者座次。主要依据职务或社会地位、名望高低进行排列。

7. 制发名册与证件。名册主要包括姓名、性别、年龄、工作单位、职务、联系方式、房间号(与会期间)等项目。若遇大型会议,还需编制会议手册等材料。

(二)组织严密

会议经过充分的准备工作阶段后,会议的组织工作将会议带入实质性阶段,这就要求各项具体的会务工作责任到人、安排有序、运转有方,既遵循原则又不失灵活。具体包括:

1. 签到工作。签到是为及时了解与会人员的基本情况,同时对于需要选举的会议,还涉及有无达到法定选举人数及选举结果是否有效的问题。通常用签到本(事先分项列表)签到,也有用发放签到卡(或会议出席证)方式进行签到。

2. 接待工作。会议接待工作的好坏直接关系到会议和会议主办者的形象。秘书人员要根据会议的基本要求,彬彬有礼,热情周到,做好接待工作,使与会人员颇感亲切,从而提高会议工作效果。

3. 会议记录。会议记录是秘书人员的一项重要工作。认真做好会议记录,力争做到记录材料完整、翔实。尤其是重要会议的讲话、发言,还需要通过录音、录像等方法加以辅助,为会后整理、分析、研究提供依据。

4. 编写会议简报是对会议进程动态的直接反映,通过通报会议情况的文件形式向与会者发布,便于与会人员、组织者及领导及时掌握会议信息和会议进程,加强交流。

5. 会间调度。即会议期间对会议程序、内容以及会场服务等环节进行调整和安排。会务组织人员要及时了解会议进行的情况和与会者意见、建议,并遵照主要领导者或主席团指示进行会议期间有关内容的适当调整。这既是确保会议顺利进行的需要,又直接反映了秘书沉着冷静、灵活应变的处事能力。

6. 会间生活安排。一次大型会议,从准备到完成凝聚了很大的工作量,应该说,组织工作非常不易。能否合理安排好会间与会人员的吃、住、行(交通)、乐(适当娱乐)等事宜,直接反映了会议组织工作的质量好坏,也是会议能否取得成功的重要因素。

(三)服务周到

会议期间,秘书人员要摆正自己的位置,将做好服务工作放在重要位置,以热情、细致、优质的服务迎接与会人员。在服务的每个环节上,都要考虑全面、周到,严防出现差错。

(四)安全保障

会议的安全保障是会议成功与否的至关重要的前提。尤其是大型的会议、重要领导人出席的会议,一是规模大、范围广,二是影响广,媒体介入力度强,安全工作迫在眉睫,采取强有力的安全措施非常必要。它主要表现在交通、饮食、文体及会议内容保密、重要人物在公众场合出入保护等各个环节。

二、会议组织服务工作的规程表

会议组织工作,特别是非常规的大中型会务工作,按照前文所说的方法制作会议预案是一种多年形成的传统方法。这种方法是有效的,但也存在需要改进的地方。如:用这种传统方法,很难在预案中将会议细节(如时间要求以及工作效果要求)制订得很完备,因而在操作时,工作人员只能依靠经验跟上整个会议筹备的进程,筹备服务工作也只能依靠经验或按口头指示尽可能地满足工作要求。再如:在这种传统的会议预案中,很难看清各部门各程序相互之间的联系和制约关系,会议筹备者难以从整体上控制各项工作细节的进度,使分属各组的工作细节符合整体进程的要求。

随着会议组织工作方法的深入研究,会议规程表形式逐渐使用。这种方法在一定范围内推广使用取得了较好的效果。这种方法对传统的预案制作方法的改进主要在于:

1. 会议组织规程表将原来用冗长的文字所表达的预案变成一两张很简明的表格。不但篇幅缩小了,而且条理清晰了。

2. 会议筹备组织工作在预案中比较难以表述的细节,在表格的项目中都能很清晰地表达,且工作的要求、完成的时间、责任人一目了然。

3. 对经常筹备大中型会议活动的单位,对于不同的会议,这种表格不仅项目可以相对固定,甚至有些要求也可以大体相似,仅对时间、责任人作些调整即可使用,这样极大地缩短了会议筹备工作的时间。

表 8-1 所示是 1985 年 11 月在原江汉大学召开全国高校秘书学教学研究会所用的规程表。此表对该会议的成功组织起了相当重要的作用。这种工作规程表设计,即使到了今天,仍然十分有效。

当然,不同的会议在规模、内容、地点上会有许多区别。这种会议组织规程表格除了将一般会议必须有的项目列入其中外,还可视会议内容和会议筹备者的不同要求增减其中的项目。

应注意的是,使用这种表格筹备会议,筹备者自身仍应对会议的细节有充分考虑。虽然已有的表格项目可以为筹备者避免许多细节上的疏忽,但毕竟表格是死的,完成这项工作的人才是至关重要的。因此,会务工作规程表从严格意义上讲,它只是会议筹备组织工作分工责任表。即使明确了工作责任和完成任务时间,并不等于筹备工作就能做好。会议筹备负责人仍要抓好三个大组的工作,即通过会务组、秘书组、后勤组的负责人的工作,反复督促检查会议组织各项工作的质量和进度。

必须明确的是,应用这种规程表方法筹备组织会议,要建立在熟练掌握传统方法的基础上,即基于对会议筹备组织工作全局的全盘把握。否则,没有会务工作的全局在胸,仅凭一张详细的表格,也难以组织好会务工作。

表 8-1　全国高等院校秘书学教学经验交流会暨中国高等院校秘书学

教学研究会第一次年会会务工作规程表

会名		（见题头）		批准人			批准时间	
会期		1985 年 11 月 15 日至 11 月 19 日共 5 天		会场	北院 6 号楼二楼会议厅		会务筹备负责	
出席范围		1.全国高等院校中开办秘书专业的负责人； 2.高等院校秘书学教学研究会会员； 3.国内各秘书杂志编辑部负责人； 4.秘书学研究领域中有影响者； 5.特邀中办秘书局、中国行政管理学会、国家教委及国内知名人士		新闻单位	光明日报 湖北日报 长江日报 武汉电视台 湖北人民广播台	会议人数	原定 150 人 实际报到人数包括本校与会者将达到 170 人	
						主持人		
		任务		具体要求			完成时间	责任人
责任分工	会务组	负责人		落实各项工作并协调各组行动				顾正华
		会标全文		9 米×0.9 米布底，白吹塑纸，长宋体字				
		主席台背景及桌椅		主席台设两排座，每排十人				
		主席台座次安排		画出三种方案草图，视情况摆好名签				
		主席台成员休息室		北院 6 号楼小会议				
		会场花卉		庄重、淡雅为宜				
		音响、录音		2 只有线话筒，1 只无线话筒，保证录音质量				
		茶水供应		由会务组提供茶叶，实习学生随时倒茶				
		新闻单位联系		开幕式安排电视采访、消息见报、电视台播放				
		欢迎标语牌		北院大门内置一大标语牌"欢迎全国高校……"				
		特邀代表接送		热情有礼、细致周到				
		参观活动联系		确定线路、时间，落实午餐安排				
		文化活动安排		两次电影，一次录像，一次校内文艺演出				
		开幕、闭幕式安全保卫						
		分组讨论地点安排		按五组分，每组 30～40 人讨论安排				
		特邀代表的看望		预先通知校领导				
责任分工	秘书组	制发会议通知		红底烫金，会议正式通知			10-15	杨光汉
		会议须知		明确周到			11-12	
		编排名单		1.按地域编组；2.按研究内容编组			11-4	
		会议日程、议程、作息时间		预先提出方案，经碰头会认可即打印				
		代表及工作人员胸卡		编号、分发、登记务必准确无误			11-12	
		编写简报		三期简报，力求第二天见面				
		记录人员		将学生分三组，记录准、整理快				
		预订报纸		每间房一份《长江日报》，有会议消息时每人一份				
		集体照相安排		安排好前排座位，后排估算准确			11-12	
		预问气象		分别向省台、武汉台预问会期天气情况			11-13	
		公告栏		在住宿处设一公告栏			11-14	
		住房划分		划分后，应印制成平面图，以便查找			11-10	
		学生学习管理与安排		11 日动员，12 日进入工作				

续表

会名		（见题头）	批准人		批准时间		
责任分工	后勤组	负责人					涂国梁
		确定膳食标准	4.00 元/餐，每餐六菜一汤				
		进餐票证制发	在会议报到日前发至专门人员负责分送代表				
		落实住房					
		保证供电	向地区调度送交报告，确保 5 日供电，校内电工值班				
		工作用车	一辆面包车				
		接送代表团用车	车队安排				
		参观武钢用车	四辆大客车，17 日上午 8 时招待所待命				
		医务人员					
		会场卫生					
		回程车（船、机）票	会议报到时落实所有返程车、船、机票				
		经费落实	由学校财务按办公会意见预拨 2 万元				
		预收票款	伙食费、车票预售款由财务科负责，会务费另行安排				
		财务结账	财务应在代表离会前结清财务手续，不耽误代表离会				
		票证发放					
		补假					
		集体照相椅、凳、桌安排	与秘书组合作，搬运桌椅				15 日中午

任务二　会议组织与控制

会议种类繁多，性质不同，目的各异，规模、会期也互有差异。因此，在会议工作具体实务操作过程中，采取的方法和措施也自然不同。只有充分了解各种会议的基本特点，做到心里有数，不断积累经验，才能使会务工作真正务实、高效、圆满。这里主要介绍常见的会议实务的处理技巧和方法。

一、会议组织技巧

（一）如何选择和布置会场

1. 会议场地选择

对组织一些较大规模或重要性会议特别重要。主要掌握以下要点：

（1）足够的会议场地空间。这既为会议场地布置带来多种选择，又是保持会议室内良好空气、环境的需要。同时，会间休息时便于自由交流、活动。

（2）与会人员与会务组均方便的场所，这是提高会议效率的需要。

（3）良好的照明、通风、保暖（或送凉）设备，这是保持与会人员良好精神状态的需要。

（4）完善的会议设备，除普通桌椅外，有时需要黑（白）板、视听器材（投影仪、幻灯机、扩音设备等）以及各种不同会议所需的专用设备器材等。

（5）抗干扰。会议期间能有效地确保与会人员专心致志地参加会议，避免噪音及其他干扰因素影响会议的正常进行。一般会议室内不装电话，会议中，门外挂上"正在开会，请勿打扰"等类似牌子。

2. 会场布置要求

（1）会议桌椅安排

会议时间如果较长（1 小时以上），要尽量安排桌子大一些，椅子有靠背，便于摊放会议资料，同时能减轻与会者身体疲劳。年长者居多的会议、自由讨论的会议，在桌椅安排上更多考虑以舒适为主。

（2）照明光线

一般宜采用亲和的暖色灯光为主。既避免受强光照射刺眼引起疲劳，又利于与会者集中注意力。会议室窗帘应用遮光布。

（3）室内装饰

室内装饰并不是越高档豪华越好，而应根据会议中心议题，起到突出会议主题和烘托会议气氛的作用。主要考虑：

色调：与会议内容、对象、气氛相适应，并考虑季节因素。

徽标：在会场主席台或主席位的上方悬挂会标或会徽。

标语：在会场内或入口处适当挂一些与会议内容相关的庆祝性标语。标语文字力求通俗易懂，读来上口简短，多用口号式。

花草：是会议气氛营造的需要，既能保证会场的环境美化，又能创造会议的宽松气氛。一般安排在主席台底幕布下，主席台前排与代表席的隔离处，会场四周等。有时在专题发言席（演讲台）处放置鲜花，既庄重又美观。

旗帜：对一些党、政、团等政治性会议、企业商贸开幕式等会议上，在主席台底幕会标两边要挂 10 面红旗或竖一些彩旗，以烘托气氛。

（4）排列座次

排列座次是很多会议必须要做的重要工作。大中型会议都需要排列座次，使与会人员有固定的座位，确保大会整齐、方便、有秩序。主席台与主桌席是排列重点。具体排列方法：

主席台和主桌席一般按职务身份排列；

代表席则按系统、区域、汉字（英文）、笔画或字母顺序排列；

正式代表在前，列席、候补代表在后。

会议主持人的座位应事先决定，一般来说，主持人的座位以会场主席台中央或稍中央为宜，以确保其主要角色地位。

发言席（报告者）一般安排在会场的中央位置，有时特设演讲台（报告席），以突出其中心地位。

会议秘书座位,原则上设在大会入口处。这样便于联系工作,会间调度又不影响整个会场秩序。

当然,有些小型会议或普通事务性会议对座次排列要求并不是很严,甚至是自由择座,但作为秘书人员,均需就是否进行座次排列或座次排列后征求领导的意见。

(二)会议议题确定

1. 提交会议讨论的议题的资格。提交会议讨论的议题,一定要够会议讨论标准,即一般性事务议题和主管领导能解决的问题,不要放到集体会议上讨论。

2. 议题应有简要的文件或汇报提纲。

3. 议题及文字材料应事前经过领导人审批和专人对其内容及文字审核把关。

4. 议题选定、处理,均应事前请主管领导人审定。

5. 适量的会议议题。议题过多,与会者不能充分发表意见,讨论仓促,容易忽视有关因素;议题太少,会议效率就显得低下,会议的必要性就值得怀疑。从这一点上来说,会议议题宁肯多一些,也不要出现无事可讨论的尴尬局面。

(三)会议日程与时间的安排

会议日程是秘书人员对会议期间整个过程的框架安排,会议时间是对会议各个环节的具体时间分配。

1. 会议日程确定

一般根据召开会议的具体目的来确定总体安排。在具体运作过程中应特别注意以下因素:

一是事先安排好关键人物(重要领导人、发言者)的时间。一些会议,目的明确,缺少某个重要人物,会议效果则大打折扣甚至会议根本无法进行。所以,会前应征求关键人物的意见,先确定其出席到会时间,再根据需要对其他环节作时间安排或调整。

二是考虑多数与会人员的情况确定日程。会前应充分调查与会人员的情况排出若干日程,最终确定合理的会议日程。

三是照顾特殊原因或因素。一些会议是历史沿革或特殊原因所致,如党、政府、军队、团、妇女组织等纪念性会议,尽管某些重要领导可能没时间,但也应以大局为重。一般来说,关键人物也会考虑到这点,能准时到位。

四是例会制度不能随意改变。单位或部门原来确定的例会(年会、月会、周会制度等),没有特殊原因,不能随意取消或改变,以确保例会制度的严肃性、规范性。这也是确保单位职能部门的权威性的需要。

2. 会议时间分配

会议日程一旦确定,应该说,会议召开的时间也就可以确定了。应特别注意的是,会议时间较长的,一定要安排好开(闭)幕式的具体时间,做到每个与会者心中有数,也便于安排会间活动。同时,要注意每次召集时间不宜太长,以 2 小时左右为宜,避免因开会时间过长,引起与会者疲劳,降低会议工作效率。如确需将会议时间延长,中途可安排 10～15 分钟休息时间。

(四)会议通知与会议材料

1. 会议通知

会议一旦决定召开,就要以书面形式分发通知。召开单位内部会议可以给每位参加者发一份通知,也可以用传阅形式通知,甚至可以通过布告栏通知、电话通知或转告等方式进行。但一些较重要的、涉及外单位和部门的会议,尤其是地区性会议,地市级及以上规模的会议,撰写会议通知并及时发出就变得非常重要了。在撰写会议通知时,应重点抓住以下几方面因素:一是会议名称,如"浙江省教育厅高校招生工作会议"、"浙江省高校财政拨款协调会"等;二是开会日期、时间、地点要明确;三是写明会议议题;四是附上必要会议资料,并注明名称、页数;五是写明与会者必须随带物品和费用预算等。有些全省乃至全国性会议,因与会者来自四面八方,路途遥远,开会通知中还应注明前往报到地点的具体交通路线等。

2. 关于会议资料

很多会议,为使与会者早日准备讨论内容或意见、建议,会议资料和会议通知一并发出。会议资料一般包含:一是对会议议题的主要说明,阐明会议目的与背景;二是对会议中要讨论议案的说明。

会议资料是与会者必要的参考资料,因此在准备会议资料时应做得精简、准确、必要、一目了然。

(五)会中茶水服务与会间膳食安排

1. 茶水服务

会中服务除了提供必要的资料准备、与会人员的引导、突发事件的处理等外,很重要的一个环节是做好茶水服务工作。初一看,这是一个很简单的工作,实际上是很有讲究的。在会中茶水服务过程中应做到:

(1)茶水端出时间要适当,会议时间长,要多次倒茶。

(2)倒茶姿势文雅,茶杯不要放在会议资料上,要慢倒轻放。

(3)先端给重要人物或外单位人员。

(4)准备充足的热水,方便与会人员随时能用。

(5)遇到像座谈会、商谈会等较宽松自由的聚会,可准备一些饮料或糖果,增加亲切感,改善会议气氛。

(6)大中型会议主要对主席台及前排重要代表席上茶水,小型会议直接上茶水。

2. 会间膳食安排

有很多会议,因开会时间较长,需要安排与会人员用膳。因与会人员来自各个地方、单位,所以与一般的单位食堂用餐是不同的。安排用膳,是一件细致、严肃的工作,要主动请示领导,再作妥善安排。并对不同的情况、不同的会议采取不同的方法。在安排会议用膳的具体操作过程中,主要把握:

(1)在会议通知中注明是否用膳。用膳时统计人数要准确。

(2)预约订餐时,要明确交代具体时间,确保准时送来。

(3)注意用餐食物口味大众化与特殊化相结合。大中型会议,用膳人数多,以符合大多数人的口味为宜,对少数特殊情况者(少数民族、地域饮食习惯特殊、孕妇等)要事先了解清楚,以便给予适当照顾。

(4)因会议用膳人多、集中、量大,饮食卫生特别重要,以防食物变质、中毒事故发生。

(5)会议用膳力求经济实惠。

二、会议角色扮演

作为秘书人员,在各种会议中经常扮演不同角色。掌握会议不同角色的基本要领和技能,是秘书综合能力的基本要求。

(一)如何当好主持人

会议主持人担负着控制会议有序进行的重任。他对会议良好氛围的营造和会议效率的提高起着极其重要的作用。

1. 主持原则

(1)善于调节各方意见。作为主持人,应能及时收集获取与会人员的建议意见。主持人本身就是会议主办者和与会人员之间架起的桥梁和纽带。不宜将自己的意见强加给与会者,要善于协调。

(2)充分发扬民主。与会人员中的职位、资历虽有不同,在会议座次及发言安排上一般会有所体现,但千万不能忽视与会人员中职位低、资历浅的这部分人的作用。会议要给予与会人员平等发表意见的机会。发扬民主是会议的基本原则。

(3)效率优先。无论什么会议,都必须在议程规定的时限内完成,力求高效率。作为主持人,在会前及时宣布会议纪律和要求,会中有效控制会议节奏,限时发言、讨论都是提高会议效率的有效方法。

(4)集中统一。主持人要与主办方领导及时交换沟通信息,利用自己的有效职权,集中统一指挥整个会议过程,这样能有效地将会议控制在议题范围。在会议结束前,主持人一般都要对本次会议作出简短精要的概括,表达会议成功之意。

2. 主持人基本能力要求

主持会议是一门学问，必须不断积累经验，才能使会议在主持人的引导下开得有条不紊。作为秘书人员，掌握这些基本功是非常必要的。

(1)调研能力。就是主持人在会前应对整个会议的基本情况作认真调查、分析、研究，掌握第一手材料，以便在主持时得心应手，避免因不了解情况而出现错误。

(2)洞察能力。作为主持人，要能够及时观察会场情况并及时作出反应。这要求主持人应当是思维敏捷、反应及时、应对自如的大会组织者。会场局面的控制和会场秩序的维护在很大程度上取决于大会主持者的组织能力。

(3)判断能力。作为会议主持人，在充分遵从主要领导或主席团意见的前提下，对会议需要解决的情况不优柔寡断、犹豫不决，必须果断裁决。当然，并不是说主持人可以盲目拍板。

(4)表达能力。主持人的语言要求准确、简洁、有号召力。这要求主持人善于表达大会意图。我们经常看到一些主持人妙语连珠，使大会有声有色。所以说，语言艺术训练，是每位秘书人员的必修课。

(二)会议发言技巧

会议发言与平时一般交流时的用词、语调、神态均有很大区别。在稍大规模的会议上发言，对发言者来说，是有较高要求的。一般来说，发言者在发言时应掌握以下基本技巧。

1. 语言通俗易懂

除专业学术会议外，一般会议与会者学历层次、文化程度等相差很大。为加强沟通、交流，发言者所用语言应尽可能地通俗易懂，避免出现深奥难懂、专业性很深的词汇。即使像国家领导人的报告都是遵循这个基本原则的。

2. 发言简洁明了

除特殊需要专题报告、学术研究等外的一般性会议，发言的时间长短均有明确规定，力求简明扼要。话说多了，易偏离议题中心，如果不是高明的演说者，泛泛而谈，更易引起与会者反感。

3. 节奏快慢有序

会议发言不是播音、朗读，它应该是随着内容的变化、会场的气氛及时变换语调和速度。尽管多数会议用扩音设备，但仍要求发言时声音要大，发音要清晰，语速不宜太快，以便与会者听得清楚。当然，时快时慢、时轻时重都是视会议需要决定的，这样能使发言变得充满激情而娓娓动人，充满吸引力和号召力。

4. 形体语言得体

在发言过程中，加以适当、得体的形体语言(主要通过手势、脸部表情等)对提高会议发言的感染力能起到很大的作用。秘书人员在平时与人交谈时就要充分注意养成良好的习惯,善于发挥形体语言的作用,落落大方,温文尔雅。

5. 保持双向交流

发言时要面对观众,不要看天花板、地板或斜视,要善于把握会场气氛,将你的目光从一个人身上慢慢移向另一个人,让目光在每个人身上都停留片刻。如果感到这样不舒适或不习惯,宁可把目光集中在会场尽头的某一点上,这比看天花板或地板要好些。将目光注视听众,就能保持与他们的交流。当然,在发言过程中,提一个小问题,讲一个笑话,也是经常采用的双向交流的技巧。

三、控制会议特殊技巧

(一)如何营造踊跃发言的氛围

在举行的各种会议中,我们经常看到,由于种种原因使会议"冷场",这未必就是坏事,可能是与会者正在动脑筋思考问题。作为会议组织者此时不应慌张,应注意观察每位与会者的表情。要善于暗示和启发、鼓励其发言。通常采取以下方法:

1. 主持或组织者要有幽默感

在会议举行过程中适当运用幽默语言,提起与会者的精神和兴趣,使大家有亲切感、轻松感,产生主动参与意识和欲望,关键要掌握一定的"度"。

2. 供大家讨论的议题要具体

组织者提供较具体的议题,便于大家在讨论时下手。当讨论来年计划时,可分阶段讨论。比如:"明年第一季度主要任务是什么?","哪个部门负责?","有什么任务指标?"等。这些问题都很具体,便于大家针对性讨论,如此会议就不会"冷场"了。

3. 会议组织者要创造民主气氛

不要在会议上指责发言者,即使说错了,也不能当面点明,以解释的方式进行处理比较合适。千万不要以简单、粗鲁的方式行事。如果这样,要么对方沉默,要么互相争论,总之效果适得其反。

(二)如何缓解会议出现的紧张气氛

有时,会议可能出现一些意想不到的事情。有些人甚至利用会议这种特殊形式来发泄私人恩怨,使组织者难堪。作为秘书人员,面对这种情况,首先不要紧张害怕;其次不要以牙还牙,要保持自己的身份;再次就是要用巧妙的语言,从容对待。这需要组织者有良好的心理素质和综合能力。比如,一位与会人员指着主持者大声说道:"你算什么? 照照镜子,看看你的模样!"这时主持者应该和气有礼地回答:"谢谢你的批评。真的,我在平时工作中确实还有很多需要改进的地方,自身努力也需要加强,幸亏大家都能给予真诚相助,才使我的工作得以顺利完成。我也衷心希望大家继续关心和支持我的工作,在此谢谢了!"如果这样,能有利于会议紧张气氛的缓解,也会赢得与会多数人的佩服、尊重,从而使他们的立场站到主持者的一边。要记住,对方的不理智,大家自有分辨。作为组织者的不理智,不仅会使会议因矛盾激化而陷入僵局,而且会被大家认为无能。

四、会议中问与答的技巧

在会议过程中,及时提问和恰到好处的解答能使会议质量增色不少。作为秘书人员,掌握问与答的技巧是秘书做好会务工作基本的要求之一。

(一)会议提问方法

在会议进行过程中,经常会遇到不明白或需要加深理解的时候,为跟上会议进程,趁热打铁,有必要及时提问。然而提问是有讲究的,主要应从以下几方面考虑:

1. 不明白的地方要及时提问,以便跟上会议节奏。

2. 正确选择提问对象。如"我想请问大会主席……","请问大会主持人……"等,提问对象一定要明确。

3. 问题提得明确、精要。不要一次提很多问题,也不要一个问题中含有太多的层次,以确保回答者"对症下药",否则易造成回答者无从下手。

4. 提问紧扣会议主题。提问者一定要紧紧抓住会议议题,所提问题最忌不着边际,远离主题,否则会遭到主持人或答题者婉言拒绝,甚至难堪的反问。

5. 提问不是指责。提问的目的是想更深、更多地了解发言者的意图或精神,绝不是对发言者的无端指责或品头论足。提问不是辩论。这是提问者必须掌握的基本原则。

(二)会议解答提问的要领

当会议上有人向你提出问题时,如果给予恰当的回答,这既达到了对方的目的,又使你的发言获得了更大的成功,那么如何做到回答有方呢?

1. 确认对方提问内容。在听到对方提问后,稍思片刻,很有礼貌地问对方"你是问这个问题吗?","是想让我将刚才所说的作些说明吗?"等。这样一来,对方感到的是一种尊重,会对你产生一种亲切感,双方合作就容易顺利。

2. 抓住问题要点回答。有时提问者问题语言较长,层次也可能较多,但你要抓住最主要的一点展开回答,其他内容可附带说明,切忌全面铺开。

3. 答案既要明确,又要留有余地。意思是当对方提出问题后,尽可能给予清晰的回答,或肯定,或否定,但有时要善于将答案留有余地,巧用辞令。比如说:"我想是的。至于时间么,大约在国庆节之前能够完成。不过,这需要我们大家共同努力才行!"

4. 回答内容要具体明确。在会议回答问题时,千万不要说"我们有许多事情要做","我们还有很多方案有待讨论","我们准备做一些工作,花一些力气"等此类的话,容易给人造成模棱两可、解决不了实际问题的不良印象。

任务三　会议文字工作

会务工作中,涉及文字工作的内容比较多。一般来说,有起草会议通知、工作报告、总结，做好会议记录，编写会议纪要等工作。这里仅就会议记录、简报、会议纪要作简述。

一、会议记录

会议记录是会议情况的真实反映，也是检查会议决定事项执行情况的依据和凭证。它包括两部分：

第一部分是会议组织情况，要写明会议的名称、届次数、时间、地点以及出席者、缺席者、列席者、主持人的姓名与职务，稿末签上记录者的姓名。

以上这些项目多在会议主持人发言之前写好。

第二部分是会议内容。这是记录的主要部分，要将会议议题、讨论发言、形成的决议，尤其是主持人的结论性发言记录下来。

会议记录的方法有以下两种。

1. 摘要记录

摘要记录是一般会议通用的记录方式。不必有言必录，只记发言要点、结论和会议上讨论的问题以及通过的决定、决议。

2. 详细记录

详细记录多用于领导班子的重要会议，如党委常委会、经理办公会等。要求有言必录，不能只搞提纲挈领式的记录，也不能只记结论，要尽量记原话，不改变原意。

做好摘要记录的关键在于：要对发言内容迅速作出分析，哪些可记，哪些可不记，要有所取舍，适当归纳，扼要地记下重点，不可歪曲发言者的原意，不可遗漏发言者的主要观点。所谓重点，一般是指会议主持者和主要负责人的发言，也包括与会者的不同意见或有争议的问题以及会议的决定或决议。所谓扼要，就是要记下发言人的主要观点和论据。

做详细记录，要求记录者认真负责，精力集中，一字一句谨记不放，特别要注意抓住发言人开始、转题、结论的语言。对通用词汇可采用简化方法，事后补正；涉及文件名称或便于查找的文件内容，可先省略后补记。有可能的话，可采用多人记录，综合整理；还可利用录音方式，修正补齐会议记录。能否作好会议记录，不完全是书写速度的问题，还要看记录人是否熟悉会议所涉及的内容。有的机关即使配了速记员，但记下来的内容往往并不合要求，甚至闹笑话，原因就在于记录人不熟悉会议内容，不了解实际情况。

会议结束后，记录人要全面检查记录，检查错漏字，字迹不清的地方和其他遗漏处要及时补写好，对会上没有弄清楚或发言者表述不清的地方，要及时找有关人员核对。

记录人必须遵守保密规定，不得泄露会议内容。会议记录要妥善保管，不得外传或遗失，并使用专用记录本，按规定定期归档。

二、会议简报

会期短、人数少的会议，不必出简报。会期较长、人数多的会议，应做好会议简报。

会议出简报的目的是交流情况，以提高会议质量。简报应求新、求实、求短、求快。求新，即反映新经验、新情况、新问题；求实，即反映情况要真实，不夸张，不缩小，事事要查对落实，不能马马虎虎；求短，即文字简练，篇幅短小；求快，即迅速反映值得注意的问题，简报不抢时间、拖拖拉拉，就起不到指导会议的作用。

会议简报的主要写法有下面两种。

1. 报道式写法

报道式写法是由简报编写者将情况综合后，选取有价值的部分，用新闻消息报道的形式反映。其反映会议全局或局部的进展情况。

2. 转发式写法

转发式写法的会议简报往往用于节录某组代表发言，照登某代表的倡议或意见。简报编写者"转发"这些发言或倡议时，往往加上简短的"按语"，强调"转发"内容的指导意义或参考价值。

会议简报应注意标题的选用，既要醒目，能吸引人看下去，又要实在，做到文题一致。

简报的印制数量和发送范围，应视内容而定，有的只送主席团，有的发到各组负责人，有的发到全体与会者。

三、会议纪要

会议纪要的内容可分两部分：

第一部分是会议情况简述。其中包括召开会议的根据、目的、时间、地点、参加会议的人员，会议讨论的问题以及会议结果（包括对会议的基本估价）。

第二部分是会议主要内容的归纳。这是纪要的主体，应对会议讨论问题的基本结论和今后的任务作出具体的阐述。如果会议内容较多，可以分列标题，逐段逐层地将会议讨论的各方面问题阐述明白。

有的会议纪要，特别是例行的会议，这一部分写得极简略，开门见山就是"×月×日会议，讨论和议定了以下问题"，结尾处才写会议主持者、参加者的姓名等。

会议纪要的第二部分，既是对会议主要内容的归纳，又是今后对会议贯彻执行的依据，应认真拟写。这部分写作要点是"纪实"和"扼要"。也就是说，纪要应忠实于会议实际，这也是拟写纪要的基本原则。纪要又应是对会议基本精神的提炼和概括，既要反映会议讨论情况，特别是领导人重要讲话精神，又必须是综理其要，不致成为会议记录。拟写这部分内容，特别应注意条理要清晰，可用顺序号或小标题将各问题、决定、措施、要求写清楚。

写好会议纪要，文笔固然重要，但关键在于了解会议主旨。拟写纪要的人应自始至终参加会议,注意从发言和简报中收集素材。当会议进展到一定阶段,就可根据会议主旨和实际情况,拟出纪要的大体轮廓,进一步收集材料,加以充实并广泛征求意见。必要时,会议纪要的要点或提纲应经会议讨论,统一认识。纪要起草后,一般需经会议讨论,然后定稿。例行办公会的纪要,只需将会议讨论的若干问题的结论明确后,直接拟写,由主管领导人或秘书部门负责人核准,即可发出,不必再经办公会通过。

◎ 技能训练

训练一　会务组织情景训练

一、训练目标

通过实训,掌握会议组织的全方位内容,掌握会议期间的组织、协调、服务的基本要求。

二、训练方案与要求

(一)训练要求

1. 熟悉会议筹备方案的分工落实环节。

2. 熟悉主持人、发言者、会议记录者等不同角色的基本要求。

3. 熟悉会议的协调和服务要领。

4. 熟悉会议期间文书工作。

(二)训练组织

1. 以班为单位,举行一次以"暑期大学生社会实践表彰大会"(模拟)。

2. 情景模拟:设定上级领导、来宾若干人。

3. 确立会议主持人、主要发言人。

4. 成立会务服务组、秘书处。

(三)实训指导

1. 对会议筹备方案、议题、议程审核。

2. 大会服务组布置会场,做座位牌,座次排列,音响、话筒等准备。

3. 会议主持人、发言人角色扮演。

4. 颁奖次序与形式要求。

5. 会中服务:茶水服务、资料分发、摄影等。

6. 会议记录:要求与会者均作记录。

(四)训练作业

1. 秘书组会后整理会议记录,出会议简报。秘书组:会议简报一份。

2. 其他人每人会议记录一份。

◎ 知识拓展

链接资料一 会议日程表

表 8-2 教育部高职高专文秘类专业教学指导委员会

第四次会议日程安排表

会期:2008 年 3 月 20—23 日   地点:浙江省湖州市

时间	项目	内　容	主持人	地点
3 月 20 日 下午	会议报到	1.签到; 2.交费; 3.领取文件资料; 4.安排住宿; 5.订返程票。	李柯 宗培玉	湖州大厦总台 会务室 907 房
3 月 20 日 晚 7:30	会务组会议	1.研究会议细节安排; 2.确定讨论要点。	孙汝建	另行通知
3 月 21 日 上午 8:30	开幕式与 专题报告	1.介绍到会领导、来宾; 2.主任委员孙汝建教授致辞; 3.湖州职业技术学院领导讲话; 4. 9:30:集体合影; 5.孙汝建教授介绍会议主要议题; 6.湖职院吴建设教授介绍文秘主干课程标准开发; 7.兄弟院校介绍文秘专业主要课程设置情况(每校 10 分钟)。	孙汝建	湖职院 5 号会 议室(陆中恺老 师摄影)
3 月 21 日 下午 13:30	专题讨论	1.高职高专文秘专业主干课程标准(草案)讨论; 2.高职高专文秘专业教材开发编撰讨论。	任鹰	获港渔庄会议 室(全体人员)
3 月 21 日 晚上 17:00	晚宴	校领导宴请	湖职院 校领导	获港渔庄
3 月 22 日 上午 8:30	教指委委 员会议	1.教指委文秘专业课题选题事项讨论; 2.高职高专文秘专业教材开发编撰讨论。	孙汝建	湖职院 1 号会 议室
	校际专业交流 (特邀代表)	文秘专业建设交流与实训中心参观。	丁国强	人文分院 6410 会议室
3 月 22 日 下午 13:30	教指委委员 会议	1.首批教指委文秘专业课题申报确定; 2.首批高职高专文秘专业教材开发课程名单确定。	杨群欢	湖职院 1 号会 议室
	兄弟院校代表自由活动		人文 分院	机动
3 月 22 日 晚上 19:00	校方组织联谊活动		人文 分院	湖州大厦
3 月 23 日 上午	会议结束,代表返程			

备注:早餐:7:00;午餐:11:30;晚餐:17:30。

会务组湖州大厦专车接送到会场,上车时间:上午 8:00;下午 13:15。

会务组联系电话:办公室 0572-2364208,湖州大厦 2035888 转 907 室。

教育部高职高专文秘类专业教学指导委员会第四次会议会务组

2008 年 3 月 20 日

链接资料二　会议简报、会议纪要例文

会议简报范例

全国高等院校秘书学教学经验交流会会议简报

（第一期）

大会开幕盛况

全国高等院校秘书学教学经验交流会暨中国高等院校秘书学教学研究会第一次年会于 11 月 15 日在江汉大学召开。

出席开幕式的有中共中央办公厅秘书局副局长李欣，光明日报社学校教育部高级编辑陈季子，中共湖北省委办公厅副主任金启芳，湖北省行政管理学会筹备组负责人、省编制办公室副主任戴国家，市政府办公室副主任叶竞生，华中工学院副院长姚启和，以及来自全国 28 个省、自治区、直辖市，120 多个大专院校的近 190 名代表。

江汉大学校长王千弓同志致了开幕词。李欣、金启芳、李涌泉和姚启和等同志讲了话。中国写作协会副会长周姬昌、武汉大学党办主任张清明和四川省电子工业秘书学会代表邹厚荣向大会致了贺词。学会秘书长张金芳汇报了学会成立一年来的工作情况。

开幕式后，全体特邀代表和与会专家、学者合影留念。

论文交流拉开序幕

15 日下午，代表们对秘书学教学和专业建设方面，展开了热烈的讨论。

成都大学常崇宜老师就当前秘书专业建设中的一些问题谈了他的四点看法：

首先，他认为把秘书看成单纯的"秀才"与"笔杆子"是片面的，并提出应分清秘书与中文两专业之间的关系，尽快建立独立的秘书学系。其次，在秘书专业的培养目标方面提出了当前有笼统化和忽视办事能力培养的问题，他认为应当开始考虑分层次、分战线、分工种去确定专业的培养目标。第三，他认为秘书专业基础课应是语文、数学、外语，尤其认为数学和外语应摆到新的位置。最后，他谈到了解决专业师资的问题，认为应通过将青年教师送到实践中去体验工作再回来上课与请老秘书讲课这两种途径解决师资问题。

大连工学院陶菊怀老师作了题为《创办秘书专业的两个问题》的发言。她认为，培养目标问题应从社会主义经济、科技和社会发展对秘书工作的需要出发，从如何适应国家的要求着想。

她还谈到目前培养两年制大专的秘书人才是必要的，可以快出人才；但要尽快举办四年制的大学本科，这不仅会大大提高秘书的质量，而且也可以解决秘书学专业的师资问题。我们应当为实现为社会主义现代化建设培养质量更高的秘书人才而努力。

汕头大学林鸿荣同志有以下观点。

1. 创新业、育新人、注意共性,更要办出各校自身应有的特色

既然是应用文科,"用"是共性,"杂"家也是共性。汕头大学招生对象面向广东、港澳地区,办学方针是"立足粤东、面向全省、对外开放"。全国四个经济特区,广东三个,汕大在特区,加之广东的海南更是中央特允实行特殊政策的地方,汕大理所当然要办出一个"特"字。

2. 培育秘书人才必须注意通专兼备和文理渗透

(1)课程设置既要重视基础性又要重视专业性,既要突出文秘性又要注意综合性。

(2)教学方法的改革既应体现知识数量的丰富性与智能结构完善化的辩证统一,还要特别强调早期实践的穿插,以培养实干和应变能力。

上海大学文学院黄立新同志在大会上交流了他们的教学计划。他提出,秘书专业教学中应注重理论联系实际,重视实习环节。另外,他还提出从秘书专科生中择优选拔部分学生继续深造,办秘书本科的设想。还有其他院校代表也在会上作了发言。

★会议纪要范例

教育部文秘类专业教学指导委员会第四次会议
会议纪要
文教指委〔2008〕2 号

2008 年 3 月 21 日上午 8 点 30 分,"教育部文秘类专业教指委第四次会议"在浙江省湖州职业技术学院隆重举行。会议由教育部文秘类专业教学指导委员会主任委员、南通大学文学院院长孙汝建教授主持。东道主湖州职业技术学院院长胡世明致辞,向全体与会代表表示热烈欢迎,并介绍了该校的整体发展情况。副院长丁继安教授参加了开幕式。

3 月 21 日下午至 22 日,教指委根据会议安排,分专家组和特邀代表组分组对专业建设、课程体系、课程标准以及课题研究等专题进行讨论,由教指委副主任任鹰教授主持。教指委全体专家对由湖州职业技术学院牵头负责的《文秘专业主干课程国家标准开发》课程组前期所做的卓有成效的工作给予了高度肯定和赞扬。对《秘书理论与实务》、《文书与档案》、《办公自动化》、《文秘应用写作》等四门专业核心课程标准进行了认真、细致的讨论。由于课程《标准》是在前期足够翔实的调研基础上开发的,并经过国内课程标准研究专家学者的充分论证,因此,教指委一致认为四门课程《标准》具有客观性、先进性、职业性和可行性,为文秘专业其他课程标准的开发提供了有效的摹本和依据,并针对各门课程提出了相应的完善意见和建议,将在 2008 年 6 月底向全国推出(国家)文秘专业标准和课程体系,确定专

业核心课程,并逐渐推出核心课程标准,编写规划教材。

专家会上,孙汝建教授重点介绍了文秘类专业教指委的工作重点。其中2008年的工作重点,除了每年例行会议组织外,主要包括骨干师资培训、课程标准开发、课题研究立项、精品课程建设、实训基地建设、规划教材建设、秘书技能大赛(全国)以及国际学术交流等。会议决定教指委要加强组织内部建设,由开封大学李光教授、四川职业技术学院王金星教授、湖州职业技术学院杨群欢教授分别负责师资培训、实训基地建设、人才培养模式和专业课题研究等相关内容。会上认为,为加强文秘专业教学改革研究,将在全国范围内积极组织教育部文秘类专业教学指导委员会课题研究。会上决定《文秘专业标准和课程体系改革》作为2008年重点研究课题,由湖州职业技术学院杨群欢教授担任课题组长,李光教授、陈江平副教授、王箕裘副教授为副组长,全面深入调研和研究。其他课题将在近期向全国范围内实行申报、审批。

会议决定教育部文秘类专业教指委第五次会议将于2008年10月在福建泉州进行。

另外,本次会议期间,来自全国各地的30余位专家和代表参观了湖州职业技术学院浙江省重点建设专业——文秘专业实训基地,对该校文秘专业的成功改革给予了高度评价。大家就如何有效开展文秘专业建设、加强课程改革和实训基地建设开展了广泛交流。

本次教指委会议形成的各项决议,将在向教育部汇报后逐项落实。

教育部文秘类专业教学指导委员会第四次会议秘书处

2008 年 3 月 23 日

项目三　秘书的接待工作

◎ 学习目标

知识目标

- 熟悉接待工作的内容和种类。
- 掌握接待工作的一般程序。
- 了解预约接待、非预约接待基本要求。
- 熟悉接见、会谈、宴请活动礼宾安排。
- 熟悉握手、介绍、称呼、名片、电话迎宾、送客等常用相关礼仪。
- 了解国外常见习俗与禁忌。

能力目标

- 能够拟订接待工作计划。
- 能够正确安排礼宾次序。
- 能够指导安排会见、会谈和宴请。
- 熟悉国内外常见礼仪。

◎ 工作任务

- 任务一：秘书接待工作安排。
- 任务二：接待礼仪规范强化。

◎ 导入案例

"第四届世界华人论坛"浙江温州段活动接待方案

时　间		内　容	地　点	接待要求	主要负责部门
6月23日	10:35	参观考察正泰集团	正泰集团	市领导在正泰集团迎候并全程陪同	市府办
	11:45	赴雁荡山庄	雁荡山庄	招商引资资料收集、发放	市外侨办、市外经贸局雁荡山管理局
				住地安全保卫	市公安局
	12:50	自助中餐	雁荡山庄二楼灵峰宴会厅	中餐安排	市接待处
				餐饮卫生监督检查	市卫生局
	14:30	赴大龙湫、灵岩景区参观	雁荡山	门票、导游5名、停车位、景区环境整治、时间衔接	雁荡山管理局
				景区安全保卫	市公安局
	18:00	晚餐	雁荡山庄二楼灵峰宴会厅	晚餐安排	市接待处
				通知有关市领导赴宴	市府办
				餐饮卫生监督检查	市卫生局
				安排翻译1名	市外侨办
	19:30	赴灵峰景区参观	雁荡山	门票、导游5名、停车位、景区环境整治	雁荡山管理局
				景区安全保卫	市公安局
6月24日	7:00	自助早餐	雁荡山庄二楼灵峰宴会厅	餐饮卫生监督检查	市卫生局
	8:00	赴杭州		市领导送至高速公路雁荡入口处	市府办

注：1.市外侨办负责全程接待工作衔接和人员联络。
　　2.市交巡警大队安排警车开道，并安排警力保持道路畅通。

提示：也许我们每个人都曾经做过接待事务，但你可能没有参与过真正意义上的专业接待工作。从《"第四届世界华人论坛"浙江温州段活动接待方案》中，你对接待工作有何认识？

　　接待是秘书的一项重要工作，是沟通内部上下的"桥梁"，是联系外部的"窗口"。从某种意义上说，秘书的接待工作就是单位的门面、喉舌，是单位形象的缩影。通过本章的学习，要求学生能够掌握接待工作的内容、种类和要求；熟悉交往群体的礼仪要求；区分接待对象，确认接待规格；按照行动规范做好接待的准备工作；从容应付已预约和未预约的客人。

◎ 理论导读

接待工作基本程序

　　接待工作，看似简单，实则不然，它要求接待人员：口才上能伶牙俐齿，做到接待什么人说什么话，能随机应变，善打圆场，及时消除可能出现的窘况；在组织能力上，善于协调各种关系，调动各个部门，能够自如地应付各种局面；在人际交往上，要求沟通能力强，路子宽，熟人多，确保接待工作畅通无阻；在业务能力上，要求熟悉本单位的情况，明确自己的本职工作——最好是博学多才，如懂英语、熟悉电脑、能开车等。总之，接待工作对秘书的综合素质要求相当高，除了掌握接待工作的技巧外，还必须具备良好的个人素质，如精神状态、言谈举止、着装打扮等。接待工作的好坏，对本单位的形象起着至关重要的作用。

　　一、接待工作内容和种类

　　接待是指对来访者给予相应的服务的活动。它涉及面广，对象多而复杂。根据不同的对象、不同的来访目的，接待的内容各不相同。根据不同标准，分类方式也就不同，具体的有以下几种：

　　按照来宾的来访意图，可以将接待分为公务接待、会议接待、视察与检查接待、参观接待、经营活动接待、技术考察接待和其他接待。

　　按照接待的对象不同，可以把接待分为外宾接待和内宾接待。内宾接待又可分为对上级单位来人的接待、对平行单位来人的接待、对下属单位来人的接待、对新闻单位来人的接待和对本单位人员的接待。

　　按照来访者有无预约，可以把接待分为预约来访者接待和未预约来访者接待。

　　二、接待工作的一般程序

　　接待的内容不同，接待的程序也不尽相同，但一般的程序主要包括以下几个方面。

　　（一）发出邀请

　　邀请可分为口头邀请、电话邀请、书面邀请、登门邀请及邮信邀请等。邀请的方式很多，采用哪一种应根据亲疏关系和实际情况而定。如口头邀请是向被邀请者以谈话的方式发出邀请,这多在一些较为简单的活动场所应用;又如登门邀请是邀请者亲自到被邀请者寓所或单位发出的邀请,表示重视,等等。有时是这几种方式的综合运用,发出书面邀请后,又用电话催请,然后在登门邀请。无论哪一种邀请,语言要恳切,态度要真诚。若是对方主动提出或是来函来电通知来访的,则没有这个环节。

(二)接待前的准备工作

接待前的准备工作很重要。它是整个接待工作的基础,决定着接待工作的质量和效果。

1. 平时的准备工作

(1)思想心理的准备

①诚挚恳切的态度。无论来访者是有预约的还是没有预约的,是易于沟通的还是难以沟通的,性格是内向的还是外向的,脾气是平和的还是急躁的,都要让对方感到自己是受欢迎和受重视的。对客人的到来要有"感谢光临"的心态。当自己手头事情很多而接待的客人又难以应付时,要极力暗示自己:"不要着急,一件一件解决,一定能做好。"当客人情绪过于激动时,不要受其影响,若问题出在自己身上或是单位的问题,则向对方致以歉意;若问题出在客人身上,则不能针锋相对,更不能责骂或是侮辱对方,而要等对方冷静下来后,再把事实说清楚。

②团结合作的工作精神。接待工作是单位共同的事情,因此,在接待客人时,要有主动协助的精神,不能认为不是自己的客人就不予理睬或是态度淡漠。

(2)业务知识和能力的准备

作为领导的助手,代表单位门面的秘书人员,不仅要熟悉自己的本职工作,而且必须全面了解本单位的各方面情况;手边必须备有较完备的资料,具体包括单位内部职员的电话号码、本市其他公司或企业单位的电话号码、国外自动拨号的密码,当地宾馆、名胜古迹、游览路线、娱乐场所等的名称、地点、联系方式以及本市的政治、经济、文化等情况。

(3)物质和环境的准备

接待环境物件的摆放应该整齐、美观、清洁,光线充足,空气清新。前台、办公室、会客室设置要协调,物品齐备。如:前厅里应该为客人准备坐椅,会客室里要准备茶具(包括茶叶、饮料等,普通客人可以用一次性茶杯,重要客人以用正规茶具为佳)、烟灰缸、空调设备,还应有电话、复印机、传真机等(即使没有,也不要离会客室太远)。做到办公室里的文件、文具、电脑、电话等物品各归其位,摆设美观、整洁。常用的、不常用的及私人的用品应该放到合适、固定的地方,需要时能马上找到。

会客室要及时清理,勤换空气。客人走后,清洗烟灰缸、茶具,为下一批客人的到来做好准备。每天下班前整理好所有的办公用品,上班提前到达,清洁、整理、检查接待环境,做到有备不乱。

（三）接受任务后的接待准备工作

一般情况下，来宾来前会事先通知。接到通知后，秘书接待准备工作一般的程序如下。

1. 了解来宾的情况

秘书在接到通知时要了解来宾的基本情况，包括：来宾的来访意图、目的和要求，来宾的单位、人数、身份、性别、民族、年龄和健康状况，抵离的时间、乘坐的交通工具和车次航班等。并将上述情况向主管部门领导报告，同时通知有关部门人员。

2. 确定接待规格

由于来宾的身份和来访的目的不同，接待的规格也不尽相同。接待规格是从主陪人的角度而言的，即来什么客人由什么人陪同的规格问题。接待的规格分为高格接待、对等接待和低格接待三种。

（1）高格接待

高格接待是指主要陪同人员比主要来宾的职位或职称高的接待。它表明对被接待一方的重视和友好。主要有几种情况：

上级领导或上级领导机关派一般工作人员向下级领导口授意见，下级领导要出面作陪；兄弟单位领导或派人商谈重要事宜，本单位领导要出面接见，必要时还应陪同座谈；下级领导来访，领导应该出面作陪；接待公司的重要客户；等等。

（2）对等接待

对等接待是指主要陪同人员与主要来宾的职位或职称大体相当的接待。在接待工作中，这种接待最为常用。

（3）低格接待

低格接待是指主要陪同人员比主要来宾的职位或职称低的接待。这种接待多用于基层单位或业务性联系的接待。

采用哪一种规格接待，除了客人的身份影响因素外，还有其他因素的影响。如：对方的关系，当对方的来访事关重大或我方希望发展与对方的关系时，往往采用高格接待；突变情况，如领导临时有事，只能让他人代替，这样一来，接待规格就有可能降低；老客人的接待，客人曾经来过，那么接待最好按上次规格。

总之，无论采用哪一种接待规格，秘书拟定后，应由领导决定。一旦定下来，秘书应当把主要陪同人的情况和日常安排告知对方，征求意见，加以确认。

3. 制订接待工作计划

"凡事预则立"。接待来访者，制订接待计划很有必要，一是可以合理地安排各项接待工作，使之有条不紊地开展；二是可以使有关人员提前安排好自己的时间，保证接待工作顺利开展。接待工作的计划一般包括三个方面的内容：确定接待规格、拟订日程安排和开列接待经费。接待规格和来访意图决定了接待人员、日程安排和经费开支。涉及的具体内容有：来宾的单位、来访的目的、要求、人数、性别、身份、生活习惯、抵离的日期；工作日程的安排；负责这次接待的高级管理人员和专职陪同及接待人员的安排；来宾的住宿地点、标准、房间数量等；会见、会谈的时间、地点和参加的人员、人数，担任主谈判的人员，其他谈判人员、翻译、后勤服务人员名单，大的项目还要有律师和会议的名单；宴请的时间、地点、规格、人数、次数；参观游览或娱乐等活动的时间、地点、人数、次数及陪同人员；接待期间的交通工具的安排；接待期间的安全保卫工作，包括饮食卫生、人身、财产安全等；接待经费主要包括住宿费、餐饮费、劳务费（讲课、作报告等费用）、交通费、工作经费（如租借会议室、打印资料、通讯等费用）、考察参观娱乐费、纪念品费、其他费用等。

若来客的住宿费、交通费等一些费用是由来客自己承担的，就必须把所需费用数目与日程安排提前通知对方（用电话或信函等）。若由两个或两个以上单位联合接待的，则双方要明确经费的承担问题。接待计划制订好后，送交领导批准，一经批准，按照方案组织人力、物力、财力做好接待准备工作。同时，制订并填写表格，印发有关人员，使有关人员明确自己在此次接待工作中的任务和责任。总之，应提前安排好工作，确保接待工作圆满成功。

任务一　秘书接待工作安排

一、接待工作的实施

为了保证接待工作的顺利完成，秘书应在客人来前检查接待工作所需的文件、资料、场所、交通工具是否落实到位，同时要及时提醒或联系有关接待人员，做好充分准备。客人一到就要实施具体的接待工作内容。

1. 迎接来宾

核实班机、车、船抵达的具体时间，若要到机场、车站、码头接的，则根据来宾人数准备车辆提前到达。若双方是第一次见面的，要准备接站牌。若必要时，准备仪仗队或迎宾鲜花。当客人下飞机或车、船后，应立刻上前迎接，双方互作介绍。若是外宾，则我方人员（或翻译）将按照身份高低向来宾介绍，按来宾习惯致见面问候礼，行礼后献花。接下来把来宾送到宾馆，送上日程安排表，约好下一项活动的时间，就可离开，切不可在来宾的房间停留时间过长。

2. 会见、会谈的接待

会见，是一种礼貌性应酬，礼节性的会晤，时间较短，通常是半小时左右。会谈，又称谈判，内容比较正式，而且专题性较强，是指双方或多方就某些实质性问题交流情况、交换意见及达成协议等。

（1）在会见、会谈前，秘书要做好信息资料工作，应做到"知己知彼"，了解对方的背景，包括对方国家的政治、经济、地理、历史情况、对外政策、领导人情况以及对方可能提出的问题等。若是外宾，则要掌握外宾的礼仪特征和习俗禁忌，并把它变成书面文字呈送有关人员,还要提供外交资料作为参阅。凡能收集到的资料,应尽量收集齐全,提供给领导或其他人员作参考。就内部而言,要给领导提供本单位情况的资料,有时包括我国的法律和政策。如果不是第一次交往,则可把以前会见、会谈情况写成摘要供领导或与会人员参考。

(2)来宾抵达时,接待人员在大楼门口或大厅迎接,并引导来宾到会客室。若是重要来宾,则由主见人在门口迎接。

(3)会见、会谈时安排好座次。会见时,宾客在右,主人在左。座位安排通常为半圆形。会谈时,宾主则在长方形桌子两边相对而坐。

(4)会见、会谈时,要做好记录。认真细致地将双方的谈话原原本本、一字不漏地记录下来,以备查考。会上有争议的问题、未落实的问题等都要一一记下。无论是客人提出的问题,还是领导许诺的问题,会后应负责做好后续落实工作。

(5)会见、会谈结束时,有时要安排合影留念,应事先安排好合影图。安排合影留念时一般主人居正中,遵循"以右为尊"的原则,让主客双方间隔排列,如果人多要分成多行,则按"前高后低"进行排列。注意尽量不要让客人站在边上。

(6)会见、会谈结束后,在会客室门口与来宾握手告别,对重要来宾则送至大厅或大门口再握手告别。有领导一起送的时候,秘书应走在领导的后面。陪同人员送客视情况而定。

3. 宴请接待

要事先通知来宾宴请的时间、地点和与宴人员。如果要接送的则报前安排好交通工具。

宴请时要根据来宾的情况确定宴请环境、菜单和席次。若是外宾,则要考虑外宾饮食特点及宗教信仰方面的禁忌。例如,在我们的"山珍海味"中,有许多外宾是不能接受的,如保护的野生动物和家禽等。

在宴请时,接待人员应到门口迎接来宾,引导来宾进入宴会并入座。参加宴请的人员要讲究个人卫生,衣着大方得体,女士要化妆以示尊重。

4. 安排参观游览

组织安排来宾参观游览,有利于增进友谊和加深相互了解。在具体安排参观游览时,一定要根据来宾来访的目的、性质和来宾的意愿、兴趣,结合当地实际情况,有针对性地选择游览项目。在接待计划中事先安排好,包括参观游览的日期、路线与内容、交通工具等。参观游览前要预先通知接待的单位和人员做好准备。

5. 安排娱乐活动

娱乐活动包括观赏歌舞演出、戏剧、文艺演出、听音乐会等,预订座位以第7至第9排最好,观看时应有人陪同,要求陪同者衣着大方得体,女士要化妆。注意观看演出时不能迟到,也不能提前退场,把移动电话调到振动,不在场中打电话。

6. 新闻报道

对重要来宾的接待来访，应根据情况，确定新闻报道的内容，事先通知有关新闻部门和人员前来采访。

7. 送客

根据来宾来访通知单上有无需要代订返程票来决定是否预订。若是邀请来访的，则在回执单上有"是否预订返程票"一项。确认来宾返程具体时间、飞机（车、船）班次等，提前订好车辆，并通知有关人员。送客时，应提前出发，尤其是外宾，需提前 2～3 小时到达机场（或车站、码头），因为外宾安全检查需很长时间。只有等来宾乘坐交通工具启动后才可以走开。注意，无论谈判成功与否，送客的规格与迎接的规格要一样。

8. 接待工作后总结

来宾接待工作的记录，是重要的档案资料之一，一定要收集齐全，及时整理，按照档案管理规定的要求整理归档。另外，在送走来宾后，应结算接待经费，做好会议善后事情的处理，力求事事落实到位。写好接待工作小结，如有必要，可编印简报。

二、预约来访者的接待

按来访者事先有无预约可以把接待工作分为预约来访者接待（以下简称预约接待）和未预约来访者接待。日常有约的接待对象大都是零星来单位访问或洽谈工作的客商或朋友。接待时在保证礼貌待客的基础上参照上述接待工作程序，酌情简化。企业秘书的日常接待工作大多是一般性的来访接待。日常的一般性有约接待，无须制订接待计划（方案），秘书只需根据计划安排表，按顺序有礼貌地接待预约前来的客人，并按顺序安排客人与领导见面就行。秘书如何做好一般的预约接待工作呢？一般的工作程序是：

了解来访者情况→确定接待规格→制订接待计划→做好接待准备工作→接待计划的实施→接待工作总结

具体的做法如下：

1. 主动迎接和问候。当来访者来到时，要以站立姿态，面带微笑主动迎上去并问候。如："您好，欢迎您！"，"您好，希望我能帮助您！"

2. 了解情况。了解来访者约见的人员或部门。如果已到约定时间，则立即通知被访的部门或人员；如果比约定的时间早很多，则请来访者入座，倒茶送报或轻松和他们交流，使对方感到不受冷落。等到距预约时间 5～10 分钟通知被访者。

3. 发放宾客卡。按单位要求发放给来访者宾客卡，来访者离开前提醒并收回宾客卡。有的单位是来访者在来访单位来客登记簿上详写来访细节，如表 9-1 所示。

表 9-1 来访者登记表

日期	来访者姓名	来访者单位	到达时间	来访事由	被访者
2008-5-1	王××	××公司	8:30	商谈业务	销售部经理
2008-5-1	李××	××人事局	9:00	调查人事问题	人事部经理
2008-5-1	孙×× 李××	××公司	9:40	洽谈业务	生产部经理
2008-5-1					

4. 正确引导。引导来访者到被访的部门，或按单位要求安排专门工作人员接待。

5. 送客。当来访者离开时，应礼貌送客，如"请您走好"、"欢迎您再次光临"等，并为客人开门，帮客人取衣帽等物或是陪同客人到门口。若有必要，可帮助来访者预订车辆。

对于规模较大的接待，则参照上一节接待程序和接待方法。

三、非预约来访者的接待

未预约来访者的接待（以下简称无约接待）是指没有事先预定会见面谈，是临时来访的接待。

对于临时来访者，秘书要礼貌地询问客人的来意，再根据当时情况，凭借自己以往的接待经验，采取适当的接待应对办法。具体的做法如下。

1. 热情接待

面带微笑主动迎接问候来访者，了解未预约来访者的来访目的，仍要以礼貌、友好、欢迎的态度去接待。

2. 了解情况，尽心服务

了解来访者要访问的部门或人员，看看能否安排尽可能早的预约时间。若来访者要求当下见面的，则要设法联系有关部门或人员，看被访者能否接见来访者。若可以，则按照预约来访者的工作程序进行；若不可以，则向来访者说明情况，主动请对方留言或留下联系方式，保证尽快将留言递交给被访者，或是尽可能快地安排会见时间并通知对方。

3. 机敏应对

如果来访者要见领导，而领导不愿见，秘书则要找借口打发来访者，或是请示领导能否指定别人代替。若可以，则礼貌地请来访者与指定人员会见、会谈。如果来访者坚持要见领导，而领导实在不想见，则一方面要为领导挡驾，让来访者明白今天想会见是无论如何都不行的；另一方面让对方留下电话和会面时间、要求，表示将及时禀告领导，待领导决定后立即通知对方。

4. 耐心倾听

若来访者是怒气冲冲前来指责批评或是脾气急躁的,一方面要耐心倾听,礼貌接待,切不可以语相急,致使事态恶化;另一方面快速寻找解决方法,向对方表示尽力帮助解决问题,抱着善良、认真、真诚的态度对待他,使对方感到你是真心诚意为他着想的,等事态缓和下来后再想办法解决问题。

5. 确保来访者满意

在接待过程中始终要热情、周到,使来访者满意离开。送客时与有约接待相同。

任务二　接待礼仪规范强化

礼仪,是指人们在长期生活实践中形成的约定俗成的一种行为规范。它是社会文明的标志,也是人际交往的准则。就秘书来说,她(他)每天都要和各种各样的人打交道,礼仪就是她(他)与众人交往场合中的"通行证",更是其业务素质和自身修养的一种标志。掌握一套基本的礼仪规范有利于秘书顺利地开展接待工作,随时随地给人留下良好的印象。下面是一些有关礼仪的阅读材料,供参考。

一、握手礼仪

握手礼是人们在日常交往中最常用的礼节之一,是人们在相见、离别、祝贺或感谢时相互表示情谊、致意的一种礼节。一般双方先打招呼、后握手。

1. 握手的顺序

一般来说,男女之间,女士先伸出手后才握手;长辈与晚辈见面,长辈先伸出手(以示对对方的尊重)再相握;上下级之间,上级先伸出手,下级才能与上级相握;宾主之间,主人先伸出手,客人再相迎握手。

2. 握手的时间

握手讲究时间,握手时一般以 24 秒为宜,太长让人觉得有些不舒服,太短则显得没有诚意。但熟人在一起或满含感激之情时,握手时间可以长一点。

3. 握手的方式

握手时一定要用右手,五指齐用,在握住之后,如果是一般关系、一般场合,双方稍用力握一下就可放开。此时,两人的手掌最好处于垂直状态。同时,眼睛要注视对方,不能东张西望,还要微笑致意。握手要适度,不能握得太紧,过紧地握手或是只用手指部分漫不经心地接触对方,都是不礼貌的。一般来说,老朋友见面,可稍微用力一些;异性之间,轻轻握一下四指就行,千万注意,绝对不能紧紧抓住异性的手不放,否则会让人觉得你不怀好意。

4. 握手的避讳(注意)

(1)贸然伸手。在上级、长辈、女士、主人等未伸手时,自己先伸手是失礼的。

（2）长时间不放手。旁边的人很多，却只顾握住一个人的手，而忽视或冷落别人，或者影响对方与他人握手，是不礼貌的。

（3）交叉握手。当两个人正握手时，却跑上去与正握手的人相握，或者穿过他们与别人握手，是失礼的。

（4）该先伸手而没有伸手。在需要握手的场合，上级、长辈、女士等不主动伸出手去跟人握手，也是不礼貌的。

（5）出手时慢腾腾。当对方伸出手后，出手很慢，被视为失礼。

（6）握手后用手帕或纸巾擦手。刚刚与对方握好手，就用手帕或纸巾擦手，是失礼的。另外，女士可以戴手套握手，男士以脱去手套为原则，若不易或不便脱去，需要说明理由，请求谅解，但遇到地位高的人，仍应脱去手套。

二、介绍礼仪

介绍是社交礼仪的重要环节，是一切社交活动的开始，即不相识者建立交往的起点。介绍分为自我介绍和他人介绍两种。

1. 介绍的顺序

在介绍两个人相互认识时，一般应遵循的顺序是："先卑后尊"、"女士优先"。具体地说：把年少者介绍给年长者；把职位低的介绍给职位高的；把男士介绍给女士；把未婚的介绍给已婚的，若未婚的比已婚的大很多时，则把已婚的介绍给未婚的；先宾后主；如果双方的年龄、职位相当，又是同性，则可根据实际情况灵活介绍。集体介绍时，特别是在宴会上，如果你是主人，既可以按照他（她）们座位顺序进行介绍，又可以从贵宾开始。商业介绍习惯与一般社交惯例不是完全一样，商业介绍不分男女老幼，社会地位低的人总是被介绍给社会地位较高的人。

2. 介绍的方法

一般情况下，介绍人和被介绍人（除年迈者和身体原因外）都应站起来，以示礼貌和尊重，等介绍人介绍完毕，被介绍双方应微笑点头示意或握手致意，或者同时要寒暄一下。譬如说："王局长，很高兴能认识您"，"你好，李小姐"，"久仰久仰"。说出对方的名字是最亲切也是较有礼貌的反应。

在宴会、会议、谈判桌上，被介绍双方视情况可不必起立，微笑点头致意即可；如果双方相隔较远（2米以外），中间又有障碍物，可举右手微笑点头致意。

自我介绍时，应将自己的姓名、身份说清楚，等对方也作过自我介绍后才与之进行交谈。交谈之初，应多谈别人、少谈些自己，等彼此有了一定交流、沟通之后，再作详细介绍。自我介绍时要及时准确、清楚、谦虚地介绍自己，如自己是大学教授可以说自己是在大学任教的，销售经理可介绍是为某公司跑业务的。

3. 介绍人的礼节

（1）先向双方打招呼。介绍前，应先向双方打个招呼，如"请允许我介绍你们认识一下"，使双方有所准备，而不是唐突打招呼后再把双方的名字介绍一番。

(2)注意介绍的先后顺序。

(3)介绍要清楚准确。尤其是双方难记生僻或易发生混淆的姓名。如向某人介绍吴先生时,要补上一句"口天吴"。

(4)避免过分赞扬。因为不合时宜的吹捧易使被介绍人感觉尴尬、不自在。

(5)介绍停留时间得当。一般情况下,介绍完毕后,稍停片刻,引导双方交谈,双方能交谈后,可借故离开。

三、称呼的礼仪

称呼反映人们之间的关系,反映着一个人的修养,决定着社交成功与否,被认为是交谈前的"敲门砖"。称呼一般可分为:职务称、职业称、姓名称、一般称(不知对方职务或姓名时称)、代词称、亲属称等。一般称男子为"先生",称女子为"夫人"、"小姐"或"女士",已婚的称"夫人",未婚的称"小姐",不能十分确认的称"女士",在这些称呼前可以冠以姓名、职称、衔称等,如"怀特先生"、"爱丽丝小姐"、"市长先生"、"董事长先生"、"凯特夫人"等。对大使或政府部长以上的高级官员,在官衔之后往往加上"阁下"、职衔或"先生"。如"部长阁下"、"总统阁下"、"大使先生阁下"。对有高级官衔的妇女,也可称"阁下",如"撒切尔首相阁下"等。

在我国,很多时候,在称呼前冠以敬词或称谓前表以谦词,如"请问尊姓大名"、"你的高徒"、"李公"、"王老"、"贵公司"、"令郎今年大学毕业了吗"、"敬请台启"、"先祖"、"贤弟近来可好"、"尊夫人一向可好"、"鄙人意见仅供参考"、"鄙居简陋"、"家兄在外工作"、"舍妹刚好在家"、"贱内上班去了"、"愚兄之见,请多谅解"、"拙作不成气候,烦请指正"等。

四、互递名片的礼仪

在认识新朋友、自我介绍、一般聚会、联系业务等很多场合都需要互相交换名片。互递名片的过程,要注意基本的礼仪。

1. 名片一般由持有者自行设计,内容包括任职单位和部门、本人姓名、职务、单位地址和通信地址、邮政编码、联系电话、邮箱等。文字有横排和竖排两种。

2. 名片的递送,要讲究礼仪。通常是在自我介绍后或被别人介绍后出示的。递送名片时应起立,上身向对方前倾以敬礼状,表示尊敬。并用双手的拇指和食指轻轻地握住名片的前端,为了使对方容易看,名片的正面要朝向对方,递名片的同时要报上自己的姓名。

3. 名片是对方身份的象征,接收名片时,态度应像对待名片主人一样尊重,要用双手由名片的下方恭敬接过收到胸前,一只手接名片是十分失礼的行为。接过名片后不要急于收起。眼睛注视着名片,要看清楚对方的身份、姓名,也可轻轻读名片上的内容。

4. 接过的名片忌随手乱放或不加确认就收入包中,这是很失礼的。应该准备专门的名片夹或名片簿,用以存放收到的名片。在闲暇时间对名片进行分类、整理,方便查找和使用。

5. 与长者、女性、职位高者打招呼后,可先将自己的名片递给对方,并请对方多指教。需要明确的是,直接向长者、女性或职位高者要名片是不恰当的。

6. 在多人面前发名片时,应该注意除了很熟悉的人以外,每一位在场者都应收到,以免失礼。

7. 名片的索要。向他人索要名片时,不要直接向对方要,而是要含蓄地向对方仔细地询问姓名、单位、地址、电话等。如"××先生/小姐,今后想向你请教,怎样能找到你?"、"××先生/小姐,今后怎样和你取得联系?"若对方愿意,一定会送给你一张名片。

五、打电话礼仪

在现代社会,电话已经成为不可或缺的通信交往手段。电话是不见面的交往,打电话的好坏,直接影响交往的成败。打电话时说话要清晰,要注意声音"表情",音量要适中。

1. 接电话的礼仪

(1)电话铃声一响时,应尽快去接,最好不要让电话铃响超过五声。如果有特殊原因让电话铃响超过五声才接的,则拿起电话后一定要有礼貌地向对方道歉。接电话时要以温和的语调报出自己单位名称,如"您好,××公司××部","××公司××部,您好。"在报完单位名称后,要有礼貌地询问对方找哪一位以及对方的姓名。切不可生硬地问对方:"你是谁? 哪里的? 找谁?"这是没有礼貌的表现。

(2)听电话时要注意力集中,回答问题要有耐心和热情,不能用生硬、讨厌、冷淡的语调说话。当对方请求叫人时,要讲"请等一下",马上去叫。若对方要求接电话的人不在时,应该说声"对不起,他不在",并询问一下是否有话或有事转告。若有,则认真记下所转告的话并念一遍对方的姓名、单位、联系方式,最好把转告的内容复述一遍,然后挂电话,以免出错,并及时把受托之事办好。

(3)接到打错的电话时,应该说:"这是××公司,电话是×××××××,你是不是打错了?"而不应该说"您打错了",就"啪"一声挂上电话。

(4)电话交谈完毕,应尽量让对方先结束对话,若确需自己来结束对话的,如手边刚好有急事要处理或有客人正等着,则向对方解释、致歉。通话结束后应等对方放下话筒后,再轻轻地放下话筒,以示尊重。

2. 打电话的礼仪

(1)选择适当的时间。上班时间的电话,一般选择在上班十分钟后或距下班半小时前,力求避开临近上下班时间打电话,因为这个时候对方急于做上下班的准备工作,很可能会得不到满意的结果。公务电话应尽量在上班时间内打,如果的确有必要往家里打的,则避开吃饭和午休时间,且在早上八点之后、晚上十点以前打电话较好。

（2）通话时，首先通报自己的姓名、身份。必要时，应询问对方是否方便，若方便才可继续交谈；若不方便，可再约定一个时间。

（3）电话内容要简明扼要，通话时间不能太长。

（4）拨错电话时，要向对方说声对不起，以表歉意。如果有必要要核实一下，则可以这样说："对不起，我打的电话是××××××××，这不是××××单位吗?"

（5）电话打通后，若你要找的人不在，不能马上就"咔嚓"挂掉电话，这是不礼貌的。

（6）通话结束时应说声"再见"，然后轻轻地放下话筒。

六、迎送礼仪

接待是商业活动的一个重要组成部分，接待礼仪备受重视。接待礼仪的基本要求：热情周到，文明礼貌，平等待人，衣着得体、整洁，举止大方，女性还要化淡妆。

1. 迎宾礼仪

具体的做法如下：

（1）见到来宾光临，主动迎上前亲切问候，表示欢迎。尤其是遇到老、弱、病、残、幼客人，要特别主动帮忙，倍加关心。

（2）宾客乘坐的车辆到达时，要热情相迎。当车子停稳后，应一手拉门，一手挡在车门框上沿，以免客人的头部碰撞到车顶门框。下雨天时要撑伞迎接，以防客人被雨淋湿。

（3）帮助宾客提行李物品时，要主动热情，同时要尊重宾客的意愿。宾客的行李物品要轻拿轻放，对贵重和易碎物品，要倍加小心。

（4）接待团体宾客时，应连续向宾客点头致意和多次重复问候语。问候时注意力要集中，眼睛注视着宾客。若宾客先问候致意的，要及时还礼。

2. 送客礼仪

具体的做法如下：

（1）帮助宾客确认所携带的行李物品，帮助宾客小心提送到车上。安放好行李后，向宾客作一下交代，并施礼感谢光临和致告别语，如"祝您旅途愉快，欢迎下次再来"，"祝您一路平安，希望我们合作愉快"等。

（2）帮宾客关车门时，时间要恰到好处，不能太重，也不能太轻。太重会惊吓客人，太轻车门会关不上。另外，还要注意不要让宾客的衣服裙裤被车门夹住。

（3）车门关好后，不能马上转身就走，而应等宾客的车辆启动时，面带微笑，挥手告别，目送车子离开后才能离开。

七、交谈的礼仪

无论是在业务洽谈还是社交聚会的场合，一个人谈吐的风度礼仪是决定其个人乃至所代表的企业形象的重要因素。因此，要注意交谈时的表情、仪态、话题的选择等交谈的礼仪。

1. 谈吐的仪态。不论言者还是听者,交谈时双方必须保持精神饱满。表情要自然大方,应目光温和、正视对方,以示尊重。两人谈话时,不宜离对方太远,也不宜过近,一般而言只要近于60厘米,就会给对方带来压力。

2. 话题的选择。话题的选择反映了言谈者品位的高低。选择一个好的话题,使言谈双方有了共同语言,往往就预示着言谈成功了一大半。因此,首先要选择交谈者喜闻乐见的话题。如天气状况、风土人情、体育比赛、电影电视、旅游度假、烹饪小吃等。其次要回避众人忌讳的话题。如个人的私生活(包括一个人的年龄、婚姻、履历、收入、住址等其他方面的家庭情况)、令人不快的事件(疾病、死亡、丑闻、惨案等)以及某人生活习惯、宗教信仰、政治主张等均少谈或不谈为好。最后不宜谈论自己不甚熟悉的话题。

3. 谈话者语言表达应准确明了、语意完整、合乎语法,说话的声音要轻柔,语调要亲切,说话的语速不要过快。同时,要顾及听者的情绪与心理的变化,不可滔滔不绝地说个没完,或只与在场少数几个人交谈而冷落了其他客人。不雅的口头禅甚至粗话不要出口。交谈时可以适当地做些手势来加强语气,但手势的幅度不宜过大。

4. 在别人发言的时候,听者要适时做出积极的反应,以表明你在认真聆听,如点头、微笑或简单重复对方的谈话要点等。如果同时做出恰如其分的赞美,则会使交谈气氛变得更加轻松、友好。轻易打断对方的讲话或随意插话,这是对对方的不尊敬,会引起对方的不满,应尽量避免。当然,在交谈中一言不发也会令众人扫兴的。

5. 与人交谈过程中,应多用平视的目光注视对方,表明重视对方或对其发言颇感兴趣。不要左顾右盼、注视别处,或显示出心不在焉的样子。

6. 交际场合,既要自己讲话,又要给别人发言的机会。别人讲话时也可适当发表个人看法,但不要过多纠缠、高声辩论,更不能出言不逊、恶语伤人,应表现出绅士的风度。

八、接待用语礼仪

接待常用语一般有:"欢迎,欢迎","请您稍等一下","谢谢! 欢迎下次再来","实在对不起,让您久等了","感谢您的光临,请走好","对不起,您要找的人不在,有需要我帮忙的吗","没关系,我将尽力而为",等等。

九、接待用语注意事项

(1)多用祈使句,少用命令式的句子。如"对不起,请您等一下好吗?","对不起,请您先等一会儿,总经理正在开会,几分钟后能见您。"

(2)多用肯定句,少用否定句。如"对不起,现在总经理很忙,但是陈副经理刚好没有预约,您想不想与我们陈副经理谈一下?"

(3)委婉拒绝,而不能伤害对方的自尊心,态度要诚恳。如"实在很抱歉,我们主任正在主持一个重要的会议,不能接见客人。您能否改一个时间,再与他见面?若可以,我将尽快给您安排。"

(4)恰当使用负正法。如"如果可以的话,您能推迟到明天再谈吗? 可能让你今天白跑一趟,但是,明天总经理会有更充裕的时间同你们商讨具体的细节"和"虽然明天总经理有更充裕的时间跟您商讨具体的细节,但是,今天这一趟得让您白跑"相比,前一句比后一句更加能让人接受。

(5)耐心倾听,注意观察宾客的言情说话。由于对象不同,时间、场合不同,秘书要善于察言观色,使得自己的话能说到点子上。

◎ **技能训练**

训练一　接待工作案例分析

一、训练目标

通过训练,学生能够按照接待工作的要求正确地接待来访者。

二、训练方案与要求

(一)案例一

史密斯先生到你办公室要求拜见你的上司,可你的上司却完全忘了这个约会,此时他刚与俱乐部一位重要客人打完网球,正在与客人共进午餐。

作为秘书,你应该如何处理这种局面?

(二)案例二

假如你是新开泰物业有限公司的秘书小王,一周前公司来了实习兼试用的电话兼接待员小丽。今天早上你发现桌子上有一封她留给你的短信,内容是:

王秘书:

你好! 我因接待来访者和通过电话与外界联系时不得体曾受到多次责备。我的确很想得到这份工作,希望你给我一些建议和指导。我该如何做好来访者的接待和电话的接待? 不然,我就有被辞退的可能性。有时碰到来访者是不速之客,而上司又不想见他们,他们只好悻悻而去。而且更为糟糕的是,上司不想见,可客人一定要见,上司不高兴,客人不满意。又如接电话,由于听不清对方的声音,对方很生气。我怎样做才能应付这些困难的场面呢? 若你能给我一些指导或建议,我将会思考并从中学着去做,那么我就会有不被开除的希望和可能了。

小丽

2008 年 10 月 20 日

请对小丽提出的问题列出一个提纲——如何应付困难尴尬的场面。主要针对下面两个方面进行准备：

1. 如何接待未预约的来访者？

2. 如何接待电话？

（三）案例三

国人有国人的传统，外国人有外国人的习惯。在接待客人上，两者之间有很大的区别。我们来了客人，总要去车站、机场接一下，而且来的人是什么级别，接的人也大致相当。认识的翘首相望，不认识的便打一块牌子，写明会议或本单位的名称。然后或与客人在单位寒暄一阵，或直接送到事先预订好的宾馆、招待所。办好手续再帮客人拿行李，送进房间，我沏茶，你递烟，先聊上一小阵或一大阵，接下来是吃饭、工作、陪着游览。

在匈牙利、德国则不讲这一套。在匈牙利开会，他们先寄来一份通知，告诉你住宿与开会地点以及从机场到宾馆、宾馆到会场乘车的路线。另外，特别提醒你，从机场到宾馆如果乘出租车，路费大约是多少钱，以防司机"宰人"，这便是他们对你格外的关照了。会散之后便立即"拜拜"，你乘哪一趟飞机、火车，如何去机场、车站，则一概不问。（节选自：冯伯群．接待，不接也不送，北京档案，(1).）

问题与讨论：

(1)你是如何看待匈牙利和德国的接待的？

(2)假如有一个会议在中国召开，参加会议的人员除了中国外，还有其他六个国家的人员，他们分别来自德国、匈牙利、日本、俄罗斯、泰国、美国。针对匈牙利、德国的"接待，不接也不送"，中国有关部门或组织将如何接待来自德国和匈牙利的客人？

（四）讨论说明

1. 可以分组讨论；

2. 每组推荐一位中心发言人，归纳该组同学的发言；

3. 每组中心发言人在全班发言；

4. 老师作最后总结；

5. 讨论 30 分钟，班级发言 15 分钟，老师总结 5 分钟。

训练二　接待工作情景模拟训练

一、训练目标

通过训练，学生能够按照接待工作的要求，掌握合理挡驾和处理预约、未预约客户的技巧。

二、训练方案与要求

（一）场景一

2003年9月28日下午，秘书李华正在前台接电话，忽然看见两位客人直接去往办公室。李华赶紧叫住他们。客人有些不耐烦地说："我们上午刚来过，是找你们总经理的。上午的事没有办完。"李华说："对不起，请你们稍等一下。我马上跟总经理联系。"总经理在电话里说："我不想见他们，请你帮我挡一下。"演示李华怎样处理这件事。（请四位同学分别扮演李华、两位客人和总经理。其他同学评价和讨论，在四位同学情景模拟中记录下四人表现得好与不足的地方。尤其是李华的挡客礼仪是否恰到好处。假如是你，你会怎样处理和表达？另外，说出评分的理由。）

（二）场景二

秘书张艳正在公司前台接电话，电话是一个客户打来的，事情较为复杂。这个时候进来两位客人，一位已经预约，一位还未预约。他应该怎样处理才能使电话里的客户和来访客人都满意？请学生演示一下秘书张艳。（请四位同学分别演示打电话的客户、两位来访者和秘书张艳。其他同学对张艳的演示者进行评价并说明理由。）

（三）训练要求

1. 个人思考（10分钟）；
2. 小组讨论（10分钟）；
3. 班级同学演示（25分钟）；
4. 教师总结（5分钟）。

训练三　情景分析

一、训练目标

通过训练，学生能够按照接待工作的要求，掌握接待的基本礼仪。

二、训练方案与要求

接待场景内容：

秘书陈小姐看了一下今天接待来访预约单，其中9:30经理将有一位重要的客人杰克逊先生来访。经理在9:20以后有时间接见客人。按照历来惯例，她将在9:18左右到大门口迎接客人。陈小姐看了一下表，现在是8:50。忽然电话响起来，原来是前台打来的，说杰克逊先生已经到了。陈小姐马上乘电梯到大厅，一出电梯的门，就向杰克逊先生走过去，并同他握手，欢迎他的到来。然后陈小姐引着杰克逊先生走向电梯。她摁下电梯的按钮，门开了。她先请杰克逊先生进电梯，然后自己进去,并关好电梯的门。当电梯到办公室的楼层时,陈小姐摁住电梯,请杰克逊先生先出,然后自己走出。出电梯后,她把杰克逊先生带到自己的办公室,并请他坐下,说:"你好,杰克逊先生,请问你想喝点什么? 茶还是咖啡?"杰克逊先生说:"谢谢! 给我来一杯茶吧。"陈小姐倒了一杯茶放到杰克逊先生座位旁的桌子上,说:"请喝茶!"然后坐在杰克逊先生对面的沙发上,询问他旅途情况及日程安排。等到了9:20,她给经理打了个电话,告诉他杰克逊先生已经到了,能否现在带他过来? 经理说好的。陈小姐马上起身带杰克逊先生到经理的办公室……会谈结束后,经理送杰克逊,陈小姐陪同送至大门口。

注意:

1. 迎送宾客礼仪;

2. 乘电梯礼仪;

3. 如何接待预约的客人。

训练四　综合测试

一、训练目标

通过综合测试,进一步全面掌握接待的基本规范。

二、测试题

1. 假如你公司新来了一位接待员,上司要求你给她一份接待时所需的简要指南。那么,这份指南具体应包括哪些内容?

2. 为什么在客人被引进会客室或上司的办公室之前,要派秘书与客人交谈?

3. 你单位要求你开列一份新的接待中心所必需的设备用具的清单,并说明你选用这些设备用具的理由(包括你认为有用的参考资料和记录)。

4. 有甲、乙两家公司都是你公司的合作单位。一次甲公司的副总经理到你公司商谈业务,你公司的总经理为了表示友好和尊重,出面接待,全程陪同。两个月后,乙公司的副总经理也到你公司商谈业务,而你公司的总经理恰好有事,抽不出身来接待作陪。作为秘书,你该怎么做?

5. 甲、乙两家公司是合作伙伴,甲公司是小公司,是给乙公司提供生产原料产品的。乙公司是一家大公司,前几年由甲公司提供的原料生产的产品销路很好,甲公司的总经理过来时,都是由乙公司总经理亲自接待。今年开始这种产品销路不好,这时甲公司的总经理又过来。请问乙公司将以什么样的规格接待? 为什么?

6. 饭店经理秘书小张刚接到某旅行社打来的电话,说昨天晚上一批游客在这里用餐后出现较多腹泻或肚子不适。假如你是小张,你该怎么处理这个电话?

◎ **知识拓展**

链接资料一　涉外礼仪与少数民族礼仪

一、涉外礼仪

随着我国改革开放的不断深入，国际的往来也在不断增加。为了更好地进行国际交往，我们应遵循涉外礼仪行事，既要对国际交往的礼仪原则有基本的认识，又要对特定国家的习俗和礼仪有较详尽的了解。

（一）涉外礼仪的基本原则

1. 讲究礼节原则。在与外宾交往中注重礼貌礼节，包括：注重仪表，服饰整洁、搭配合理，言谈举止大方得体，态度热情，交往遵守时间，不失约、不超时，处处体现出关心和尊重别人。礼貌用语也是讲究礼节的表现形式，在国际交往中多使用"你好"、"请"、"谢谢"、"对不起"、"再见"这些礼貌语言。

2. 尊重习俗原则。不同国家的文化背景、社会制度、思维方式和理解问题的角度常常有较大差别，存在着许多不同的风俗习惯，所以在交往关系中要互相尊重，谨慎从事。尊重习俗是国际交往中很重要的一条礼仪原则。一些在中国人看来是正常的举止，在一些国家会被认为是无礼的。

3. 尊重隐私原则。在国际交往中尊重隐私是一条十分重要的礼仪原则。在交谈中应回避涉及个人隐私的一切话题，尤其不要谈论年龄、婚姻情况、个人经历、工作收入、家庭住址等问题。

4. 女士优先原则。"女士优先"是国际礼仪中重要的原则。女士优先原则的核心是要求男士在任何场合、任何情况下，都要在行动上从各个方面尊重妇女、照顾妇女、帮助妇女、保护妇女。

5. 平等交往原则。国际礼仪的平等交往原则，最要紧的是要保持人格平等。要做到：交往过程不亢不卑，不贪图对方的金钱和物质利益，一切事情严格按照外事接待程序和制度办理。对个别外宾的不合理要求，在保持礼貌的基础上予以回绝，并保持国格和人格的尊严。

（二）部分国家的习俗和礼仪

1. 俄罗斯

（1）宗教信仰：俄罗斯人主要信仰东正教。

（2）饮食习惯：俄罗斯人日常以面包为主食，鱼肉禽蛋为副食。在午餐和晚餐时一定要喝汤，而且要求汤汁浓。俄罗斯人喜欢烈性白酒，如"伏特加"，对我国的"二锅头"等白酒也很喜欢。

（3）习俗和礼节：俄罗斯人豪爽开朗，组织纪律性强，习惯统一行动。他们认为给客人面包和盐是最殷勤的表示。俄罗斯朋友之间行拥抱亲面颊礼。

(4)禁忌:与俄罗斯人交往不能说他们小气,初次结识忌问对方私事,不能与他们背后议论第三者,对妇女忌问年龄。与俄罗斯人交往,送鲜花要送单数。忌讳送钱给别人,因为在俄罗斯送钱意味着施舍与侮辱。

2.英国

(1)宗教信仰:绝大部分信奉基督教,只有北爱尔兰地区的一部分居民信奉天主教。

(2)饮食习惯:饮食没有特别的禁忌,只是口味喜清淡,不爱辣味。喜爱喝红茶,常饮葡萄酒和加冰威士忌、苏打水,一般不饮烈酒。

(3)习俗和礼节:英国人特别欣赏自己的绅士风度,很注意服饰打扮。年长的英国人喜欢别人称呼他们的世袭头衔或荣誉头衔,至少要用先生、夫人、阁下等称呼。安排时间讲究准确,而且照章办事。邀请英国人吃饭,必须提前通知,不可匆匆邀请。"女士优先"在英国比在其他国家都明显,在接待英国妇女时必须充分尊重她们。

(4)禁忌:与英国人交谈,不要谈论政治、宗教和有关皇室的小道消息。英国人除对数字"13"忌讳外,还忌讳"3",特别忌讳用打火机点第三支烟。切忌当英国人面耳语,不能拍打肩背。英国人还忌讳用人像作商标。

3.法国

(1)宗教信仰:大多数法国人信奉天主教,少数信奉基督教和伊斯兰教。

(2)饮食习惯:法国人饮食的口味喜欢鲜浓,肉类菜只做到三四分熟,至多七八分熟。喜欢生吃牡蛎,还爱吃蜗牛、青蛙腿。鹅肝是法国的名贵菜,家常菜是牛排、土豆。不喜欢吃无鳞的鱼。

(3)习俗和礼节:法国人热情浪漫,乐于助人。谈问题不转弯抹角。约会讲究准时,不准时会被认为无礼貌。公共场所讲究礼仪和形象。喜欢有文化价值和艺术水准的礼品,如香槟酒、白兰地、糖果、香水等,但不赠送或接受有明显广告标记的礼品。

(4)禁忌:法国人忌讳黄色的花,认为黄花象征不忠诚;忌讳黑桃图案,视之为不吉利;忌讳仙鹤图案,认为它是蠢汉和淫妇的象征;忌绿色,因为纳粹的军服是绿色;忌讳送香水给关系一般的女人,法国人认为送香水给女人是求爱的表示。

4.德国

(1)宗教信仰:居民中有一半信奉基督教,另一半中的绝大多数信奉天主教。

(2)饮食习惯:德国人早餐简单,午餐是正餐,晚餐一般是关掉电灯,在烛光下吃冷餐。爱吃水果和甜点。饮料喜欢啤酒,也爱喝葡萄酒。此外与德国人一起吃饭,除非事先声明,否则要实行 AA 制,各自付账。

(3)习俗和礼节:德国人好清洁,纪律性强,注重礼节的形式,约会讲准时。宴会上,一般男子要坐在妇女和职位高的人的左侧。女士离开和返回饭桌时,男子要站起以示礼貌。德国人不喜欢别人直呼其名,而要称头衔。德国慕尼黑啤酒节举世闻名,该节从 9 月最后一周到十月第一周持续半个月,热闹非凡,喝掉的啤酒可以汇聚成河。

(4)禁忌:德国人对颜色禁忌较多,茶色、黑色、红色、深蓝色都忌讳。忌吃核桃,到德国人家里拜访,忌向女主人送红玫瑰花,因为在德国,红玫瑰只能送给情人。

5. 意大利

(1)宗教信仰:意大利人绝大多数信奉天主教,首都罗马城内的梵蒂冈是世界罗马天主教的中心。

(2)饮食习惯:意大利人喜欢米饭和面食。面食的种类尤其繁多,不仅当主食,而且可以当菜肴。喜欢味浓、原汁原味的菜肴。由于意大利三面临海,意大利人喜欢吃海鲜,还爱吃生的牡蛎和蜗牛。葡萄酒是意大利人离不开的饮料。

(3)习俗和礼节:意大利人接人待物颇多艺术情调。见面礼是握手或用手示意。当与意大利人谈话时内容可以是家庭、工作、新闻和足球,但不要与他们谈论政治和美国的橄榄球。

(4)禁忌:意大利人忌菊花,因为菊花是他们扫墓时用的花。

6. 美国

(1)宗教信仰:在美国,大约有 30% 的人信仰基督教,20% 左右信仰天主教,其他人信仰东正教、犹太教或佛教等多种宗教。

(2)饮食习惯:美国人的饮食习惯有几个较明显的特点:忌油腻,喜清淡;喜欢咸中带甜的食品;讨厌奇形怪状的食品,如鳝鱼、鸡爪、海参、猪蹄之类;不喜欢脂肪含量高的肥肉和动物内脏。喜欢咖啡、冰水、冰啤酒、可乐等饮料。

(3)习俗和礼节:美国人乐于交际,不拘于正统礼节,一般说声"Hi"或"Hello"就算打招呼了。如果别人向他们行礼,他们也会相应作答。美国人的服饰比较随便,除了正式场合外,爱穿什么就穿什么。美国人很注重隐私,忌讳被问及私事。

(4)禁忌:美国人忌讳与穿睡衣的人见面,认为这是严重失礼。不提倡人际间交往送厚礼,否则要被误认为有别的企图。

7. 加拿大

(1)宗教信仰:加拿大人主要是欧洲移民的后裔,除魁北克省讲法语外,其他地区人讲英语,加拿大人大部分信仰天主教和基督教。

(2)饮食习惯:加拿大人喜食甜酸的、清淡的、不辣的食品,烹调中不用调料。爱吃炸烤的牛排、羊排、鸡排。注意营养,爱喝原味清汤,不吃肥肉和动物内脏。

(3)习俗和礼节:与加拿大人交往要注意必须的礼节和礼貌用语,同时不要过分谦虚,否则会被认为虚伪和无能。

(4)禁忌:加拿大人忌讳别人送白色的百合花,因为那是在葬礼上使用的花。

颜色上不喜欢黑色和紫色。宴席上习惯用双数安排座位。

8. 日本

(1)宗教信仰：大多数日本人信奉神道教和佛教，佛教是从中国传过去的。少数日本人信奉天主教和基督教。

(2)饮食习惯：日本人的日常饮食主要有三种：一是传统的日本料理，又称为"和食"，包括生鱼片、寿司和日本面条等。二是中国传过去的"中华料理"，即中餐，他们偏爱广东菜、北京菜和淮扬菜。三是欧洲传过去的"西洋料理"，即西餐。日本人喜欢喝酒，日本清酒、英国威士忌、法国白兰地、中国茅台酒都爱喝。

(3)习俗和礼节：日本人外出大多穿西服，传统的和服只在节庆和隆重的社交场合穿。日本人与人见面习惯行鞠躬礼，初次见面鞠躬九十度，但不一定握手。当日本人以酒待客时，由主人或侍者斟酒，让客人自己斟酒是失礼的。日本人的茶道已不是一般意义上的饮茶，而是作为款待尊贵宾客的最高礼仪。日本人喜爱仙鹤和龟，把它们当作长寿的象征。

(4)禁忌：日本人忌绿色、荷花图案，认为不祥。忌讳的数字是"4"和"9"，因为"4"发音与"死"相同，"9"发音与"苦"相同。日本人忌讳三人合影，认为中间人被夹着是不幸的预兆。日本人对饰有狐狸和獾图案的物品反感。

9. 马来西亚

(1)宗教信仰：大多信伊斯兰教，伊斯兰教是该国国教。信仰其他宗教的人数很少。

(2)饮食习惯：受伊斯兰教的影响，喜欢吃牛、羊肉，饮食口味清淡。马来西亚人爱食椰子和椰子油，烹调用椰子油，并用咖喱粉作调料。由于盛产水果，习惯于每餐都吃水果。

(3)习俗礼节：马来西亚人友好、好客，注重礼貌，尊老爱幼。礼节规范类似其他信奉伊斯兰教的国家或地区。

(4)禁忌：马来西亚人忌讳吃猪肉、狗肉，忌讳使用猪皮制品，忌用漆筷，忌讳谈及猪、狗的话题。他们认为左手不干净，所以不用左手传递东西。在公共场合，不论男女，衣着不得露出胳膊和大腿。忌讳黄色，不穿黄色衣服。忌讳的数字是"0"、"4"、"13"。马来西亚是禁酒的。

10. 新加坡

(1)宗教信仰：华裔新加坡人信佛教，印度裔新加坡人信印度教，马来西亚血统和巴基斯坦血统的新加坡人多数信奉伊斯兰教。此外，也有一些信天主教和基督教的。

(2)饮食习惯：主食是米饭、包子，不吃馒头。喜爱吃桃子、荔枝、梨等水果。偏爱中国的广东菜。

(3)习俗和礼节：新加坡人特别讲究礼节，为发展旅游，该国经常举办"礼貌运动"。华裔新加坡人通常的见面礼是轻轻鞠躬和握手;印度血统新加坡人仍保持着印度的礼节和习俗;马来西亚血统、巴基斯坦血统的新加坡人则按伊斯兰教礼节接人待物。

(4)禁忌:新加坡人忌讳紫色、黑色、白色、黄色。与新加坡人交谈,忌谈宗教与政治问题。不能向他们说"恭喜发财"。他们素将"发财"理解为"不义之财",说"恭喜发财"被认为是对别人的侮辱。

二、少数民族礼仪

我国是一个多民族国家,在制订接待计划和接待工作时,一定要尊重少数民族的礼仪和习俗。下面简单介绍部分少数民族礼仪、习俗情况,供接待少数民族来访者时参考。

(一)朝鲜族

1. 基本情况:居住在我国境内的朝鲜族,主要分布在东北三省,多聚居于吉林延边朝鲜族自治州,其次在辽宁和黑龙江。人口约为190万人。绝大多数朝鲜族人使用朝鲜语,信仰宗教的很少,只有少数人信仰佛教、基督教和天主教。

2. 饮食习惯:朝鲜族人主食以米饭为主,不吃稀饭。冷面、打糕、泡菜、烧烤和明太鱼都是朝鲜族人十分喜爱的食物,另外他们还有喜吃狗肉的习俗。口味上偏爱辣椒、胡椒、大蒜、生姜等辛辣菜肴。男性善饮酒,朝鲜族常用一种名叫"麻格里"的家酿米酒来招待客人,味似汉族的黄酒。

3. 习俗:尊老爱幼、礼貌待人是朝鲜族人的优良传统习惯。老人在家庭和社会上处处受到人们的尊敬,还有专门为老年人设立的节日,十分隆重、热闹,每年都要举行。在家庭内部,祖辈是最受敬重的,儿孙晚辈都以照顾体恤老人为荣。朝鲜族是一个能歌善舞的民族,尤其是在他们聚居的延边朝鲜族自治州,素有"歌舞之乡"的美称。每逢节假日和喜庆日,都可以看见朝鲜族群众载歌载舞、欢腾雀跃的活动场面。该民族的歌舞艺术具有悠久的历史传统和十分广泛的群众基础,无论男女老少,不仅都能唱会跳,而且还都十分酷爱传统体育活动。每逢年节,朝鲜族人民都要举行规模盛大的民族运动会,进行秋千、跳板、摔跤以及足球、排球比赛。长鼓舞是最具民族特色的舞蹈。荡秋千是他们非常喜爱的传统体育活动。

(二)满族

1. 基本情况:满族是一个历史悠久的民族。目前,满族人大部分聚居在东北三省。虽然由于长期与其他民族杂居使满族生活习俗有了较大的变化,但在一定程度上仍保留着自己的特有生活习惯。

2. 饮食习惯:满族由于生活环境的不同以及与汉族的频繁交流,饮食习惯一方面与汉族有些相似,如吃大米、小米、面食等;另一方面仍有自己的特点,如喜吃甜食,过节时吃饺子,农历除夕时要吃手扒肉等。它还保留了饽饽、汤子、萨其玛等有本民族特殊风味的食品。满族人忌吃狗肉,也不戴狗皮帽子。

3. 习俗:满族极重礼节,讲礼貌。平日相见都要行请安礼,若遇长辈,要请安后才能说话,以示尊敬。最隆重的礼节为抱见礼,即抱腰接面礼。一般亲友相见后,不分男女均行此礼,以表亲昵。

(三)蒙古族

1. 基本情况:主要生活在内蒙古自治区以及东北三省、甘肃、青海、新疆等省、自治区的蒙古族自治州、县。也有少量散居于河北、宁夏、北京、云南等地。人口为480多万人。蒙古族人大多信仰喇嘛教。

2. 饮食习惯:生活在牧区的蒙古族人主要吃牛羊肉(红食),饮牛、羊、马奶制成的奶茶和奶子酒(白食)。在招待客人时,以白食待客是最高的礼遇。生活在农业区的蒙古族人也常以面制的馍、面条、饺子等为主食。

3. 习俗:蒙古族人热情好客。到蒙古族人家里做客,他们会走出蒙古包迎客,客人应从左边进入,并席地而坐。主人待客的马奶酒,客人应一饮而尽,以示尊重。蒙古族的传统盛会与节日应数每年七八月间举行的"那达慕"大会,其内容包括射箭、赛马和摔跤比赛,还有现代的篮球、拔河等比赛。届时,当地牧民都身穿节日盛装,带着蒙古包和各种食物,从四面八方去参加,场面十分壮观。

(四)回族

1. 基本情况:在全国各少数民族中,回族人数之多仅次于壮族。它不仅人数多,而且分布也较广。比较集中的是宁夏回族自治区,形成了大分散、小集中并与汉族和其他兄弟民族杂居的特点。回族人信仰伊斯兰教。

2. 饮食习惯:回族人民最主要的饮食习惯就是不吃猪肉,也不吃马、驴、骡及各种野兽的肉,并忌食一切牲畜的血和自死之物。他们以包子、饺子、泡馍和油炸食品等面食为主食,喜食牛、羊、骆驼肉及鸡、鸭、鹅等家禽。爱饮茶。

3. 习俗:回族人信仰伊斯兰教,因此形成了他们所特有的生活习俗与生活方式。他们每年举行的开斋节、古尔邦节和圣纪节等节日也与伊斯兰教有关。回族人戴白帽,忌露顶,忌讳别人议论其民族生活习惯。

(五)维吾尔族

1. 基本情况:"维吾尔"系团结和联合之意。这个古老的民族主要聚居在我国新疆维吾尔自治区,其中大多数的维吾尔族人居住在天山以南的绿洲,湖南省的常德、桃源等地也有少量聚居。总人口大约为720多万人,主要信仰伊斯兰教。

2. 饮食习惯:维吾尔族的主食是馕、包子、面条和玉米粥等。喜食牛羊肉、鸡肉和蔬菜。在节日或喜庆的日子里,维吾尔人总是以独具风味的民族食品——抓饭来招待客人。抓饭是用羊肉、胡萝卜、葡萄干、水果、葱和大米做成的甜味饭,由于用手抓着吃,故被人称为抓饭,维吾尔语叫"帕罗"。维吾尔族有喝奶茶的习惯,也爱喝葡萄酒。

3. 习俗:在维吾尔族人家里做客时,主人会请客人坐在靠墙的一边,以示尊敬；同样，客人跪坐也是对主人的尊重。主人若请客人先动手用餐，客人应谦让，表示礼貌。吃抓饭前，要先剪短指甲，洗手并用毛巾把手擦干后方可进食，否则就是失礼。为尊重伊斯兰教的习惯，在接受维吾尔族人递交的物品时，应双手去接，切忌用单手，更不能用左手。维吾尔族素有歌舞民族之美誉。维吾尔族人民最喜爱也最惊心动魄的体育技艺叫"达瓦孜"，即高空走大绳，要求表演者具有娴熟的技巧和超人的胆量。

（六）哈萨克族

1. 基本情况：哈萨克族具有悠久的历史，主要分布在新疆维吾尔自治区，青海、甘肃两省也有一部分。哈萨克族牧民绝大多数过着游牧生活。他们信仰伊斯兰教，这对他们社会生活的方方面面都产生了较深影响。

2. 饮食习惯：哈萨克族有许多良好的卫生习惯值得推荐，诸如饭前洗手，喜欢冲洗、浇淋而不愿用脸盆、脚盆一类的器皿等。热情好客是哈萨克族的又一特点。对于所有来访者，他们都会以礼相待。在吃东西前，主人会提一把叫做"阿不都瓦壶"的长颈铜瓶请你洗手。对那些用手拿着吃的东西，客人不能用鼻子去闻。

3. 习俗：哈萨克人能骑善猎，能歌善舞，充满着乐观精神。每逢节日或喜庆日子，牧民们都要在草原举办"阿肯"（哈语，即民间歌手）演唱会，这是一种具有哈萨克族独特风格的活动。演唱会一般要进行好几天，会上还要举行"姑娘追"、叼羊、赛马等传统活动。

（七）藏族

1. 基本情况：历史悠久的藏族主要分布在西藏自治区以及与它邻接的四川、青海、甘肃和云南等省的部分地区。人口大约为 460 万人，大多数藏民信奉喇嘛教。

2. 饮食习惯：藏族的传统饮食是糌粑、酥油茶和青稞酒。西藏的牧民以牛羊肉为主食，餐具基本只是一把小刀、一只木碗。糌粑和肉食品，他们是用手抓着吃的。藏族人基本不吃水产品，也不吃狗、驴、骡之类的肉。

3. 习俗：藏族献"哈达"、唱酒歌的礼节广为人知。在迎接宾客时，将白色的哈达赠送给对方，表示敬意和祝贺。宾客接受时也要高举过头表示感谢和敬意。藏族的节日很多，藏历年是其中最隆重的传统节日，好似汉族的春节。过年期间，各地都表演藏戏，跳锅庄和弦子舞。还要举行角力、投掷、拔河、赛马和射箭等各种比赛活动。另外，雪顿节（也称藏戏节）、沐浴节也都是藏族传统节日，每年都吸引着数以万计的藏民前去参加。

（八）彝族

1. 基本情况：彝族是我国西南地区人口最多的一个少数民族，人口接近 660 万人。主要分布在四川、云南、贵州等省和广西壮族自治区，四川凉山彝族自治州是最大的彝族聚居区。

2. 饮食习惯：彝族人主食是大米，爱吃各种面食，如包子和油饼，也爱吃红辣椒，爱喝酒。彝族人自称"彝家"，十分好客。

3. 习俗："火把节"是彝族的传统节日。一般在农历六月二十四前后举行，节日里人们盛装庆祝，举行摔跤、赛马、斗牛、射箭等游乐活动。夜里点燃火把，挨家挨户走访，并奔驰于山乡田野，驱除"鬼邪"。人们排成长队，举着火把，边唱边跳，在村寨和田野里迂回，形成一条长长的火龙，火龙翻腾，时隐时现，十分壮观。

（九）白族

1. 基本情况：白族自称"白尼"、"白子"，汉话是白人的意思。1956 年正式定名为白族。主要聚居于云南大理白族自治州。白族地区的大理三塔、大理三月街以及蝴蝶泉的神奇景观等都是闻名遐迩的。

2. 饮食习惯：白族的饮食习惯与众不同，喜欢吃酸、冷、辣的食物。凡请客或过年过节时，有个规矩就是不分四季早晚，第一道菜一定要凉拌味菜。在过年过节时，白族人还喜欢吃生肉，称为吃生皮。有的地方还喜爱吃生螺蛳。此外，白族的饮茶习俗也很特别，他们爱喝色如琥珀、清香味醇的烤茶，每天早上和午间各饮一次。

3. 习俗：白族人民在生活中很重"六"的礼俗。在他们的观念里，数字"六"有尊重吉祥之意，因此，相互馈赠都以"六"为标准。传统节日有每年农历三月十五至二十的"大理三月街"（当地人叫"街子"），还有每年夏历正月十五的"青姑娘节"和夏历二月初八的"斗鸡节"。

（十）苗族

1. 基本情况：苗族属我国人口较多的一个少数民族，约为 740 万人。多数苗族人居住在贵州省境内，另外在湖南、云南、四川、广西、广东、湖北等地也都有一部分。大杂居、小聚居是苗族分布的特点。由于苗族分布较广，生活习俗、方言、服饰等方面相互存在差异。苗族人大多信仰原始宗教。

2. 饮食习惯：苗族人主食是大米，而且历来有吃酸食的习惯，家家都会制作酸鱼、酸菜及酸汤等酸性食品，酸食是他们待客的独特食品。苗族人不吃羊肉。

3. 习俗：苗族的服饰，尤其是妇女的银制饰品别具特色，银制的头饰、项圈、挂件大而精致。传统节日有爬山节、赶秋节、羊马节、吃新节、龙船节等。此外，苗族人喜爱歌舞，还有一些非常有趣的传统文体活动，如斗牛、爬坡杆、跳鼓和吹芦笙唢呐等。这些活动都极受苗族人民的喜爱。

（十一）壮族

1. 基本情况：壮族是我国少数民族中人口最多的一个民族，人口接近 1550 万人。其中大部分人口分布于广西壮族自治区，还有少部分分布于四川、贵州、广东和湖南省境内。

2. 饮食习惯：壮族人的饮食习惯与居住地的汉族人基本相同。

3. 习俗：壮族群众素来喜爱唱歌。农历三月初三是广西壮族自治区举行歌圩节的日子。"歌圩",在壮语中叫"窝墩"、"窝岩",意为到田间或岩洞外去唱歌,据说源于刘三姐的故事。节日这天,壮族青年男女盛装打扮,云集到山头旷野或竹林草坡,即兴对唱山歌。在对歌的同时,还有接抛绣球、碰彩蛋等有特色的活动。

(十二)傣族

1. 基本情况:主要生活在云南西双版纳傣族自治州以及德宏、耿马等自治县。约100多万人口。傣族人大多信仰佛教。

2. 饮食习惯:傣族人主食是大米饭或糯米饭,竹筒饭清香可口。傣族人不食羊肉和大蒜。饮食口味偏酸。

3. 习俗:傣族人居住的竹楼分两层,上层是他们居住,下层饲养家畜。住在水边的傣族人更勤于梳洗,爱清洁。走进傣家是不准吹口哨或剪指甲的,这是傣族人忌讳的行为。傣族人善舞,孔雀舞生动优美、民族风情浓郁。傣族的泼水节更是闻名全国。

(十三)土家族

1. 基本情况:主要分布在湖南省汀西土家族苗族自治州和湖北省西南部恩施山区一些地方。土家族虽然历史悠久,但由于受汉族的影响较早、较深,因此他们的风俗习惯等与汉族已大体相同,只是在一些较为偏僻的地方还留着本民族原有的习俗。

2. 饮食习惯:基本与当地汉族人相似。

3. 习俗:按土家族习俗,全家在吃团圆饭时,一定要有坨坨肉和合菜,以示他们没有忘本,并以此纪念他们的祖先。有的地方的土家族过年时还有一种有趣的习俗,就是给大公鸡献花,如湖南、广西相邻的土家山寨,春节正是映山红盛开之时,姑娘们都要采摘许多映山红美化居室,并要把最好看的一枝插在鸡窝上,送给每日司晨的大公鸡。

(十四)瑶族

1. 基本情况:瑶族人分散居住在广西、湖南、云南、广东、贵州等省(区)150多个县的深山密林中。该民族虽已有两千多年的历史,但至今仍保留着本民族所特有的生活习俗。

2. 饮食习惯:瑶族款待贵宾常用鸟酢,即用鸟肉做成的食品。它是广西大瑶山地区瑶族的一种独具的风味佳肴,也是他们待客的山珍美味。

3. 习俗:瑶族人民十分诚恳、朴实。他们素以拿别人之物为耻,路不拾遗的良好行为在瑶族非常普遍。达努节,也叫做祖娘节或盘古王节,历来都是瑶族人民一年中最大的传统节日,节期为每年农历五月二十六至二十九,最后一天最为隆重。节日盛装、鸡鸭牛羊和优质米酒是家家户户必备的。村寨里要摆歌台,设铜鼓或对歌跳舞,或走村串寨访亲问友,热闹异常。"达努"是瑶族话,意为不要忘记民族的历史。

(资料来源:杨群欢.秘书理论与实务.北京:中国财经出版社,2005.)

模块五　秘书的信息调研与沟通协调工作

项目一　秘书的信息调研工作

◎ **学习目标**

知识目标

- 了解信息的含义、特点。
- 熟悉信息工作的要求与程序。
- 掌握信息保密工作要点。
- 熟悉调查研究的类型、特点、作用。
- 熟悉归纳法、演绎法、统计法、综合法、比较法的基本内涵。
- 掌握调研的准备工作、了解情况、分析研究、综合提炼等基本程序。

能力目标

- 能够进行信息的开发。
- 能够进行信息的利用。
- 熟悉利用信息反馈工作。
- 能够分析调查问题确定调查方法。
- 能够设计调查问卷。
- 能够进行实地调查并撰写调查报告。

◎ **工作任务**

- 任务一：信息收集与整理。
- 任务二：调查研究与分析。

◎ 导入案例

《文秘专业主干课程国家标准》开发前期工作汇报
（湖州职业技术学院课程开发课题组）

2007年6月15至17日，教育部文秘类专业教学指导委员会在江苏省苏州市举行了第三次全体专家委员会议。会议决定开发《文秘专业主干课程国家标准》，为我国高职高专文秘类专业的教材编写、课程资源的开发、课程教学以及评价等各方面提出实施性原则、方法和策略，为新时期秘书职业发展背景下，加快文秘专业课程改革，完善人才培养方案打下基础。并决定由湖州职业技术学院牵头主持开发《文秘专业主干课程国家标准》。经过半年的研究与实践，取得初步成效，前期工作汇报如下。

一、建立了课程标准开发课题组

2007年6月，教育部高职高专文秘类专业教学指导委员会会议后，《标准》开发的承担学校下发了《关于做好教育部高职高专文秘类专业教指委〈文秘专业主干课程国家标准〉》开发工作的通知，成立了由湖州职业技术学院副院长丁继安教授为组长；高职教育研究所所长吴建设教授，人文分院丁国强教授，教指委委员杨群欢教授、沈健教授等为主要成员和人文分院全体文秘专业教师共同参与的课程标准开发课题组。并制订了课程标准开发行动方案。

二、课程标准开发的研究思路与技术路径

以《关于进一步加强高等职业教育教学质量的若干意见》教育部2006年16号文件为指导，在广泛进行企业、社区、机关行政秘书岗位职业工作、岗位能力、素质、课程开设的优先程度调查的基础上，分析各项数据，确定文秘专业的培养目标、职业岗位的能力、知识、素质标准；确定课程体系和核心课程；制定核心课程标准的框架；以能力本位课程理论和调查内容分析为依据，开发课程标准。

1. 秘书职业岗位调查设计

依据国家秘书高级职业资格标准、劳动部开发的八项核心技能和秘书的工作类型，设计秘书职业工作类型、能力素质要求、课程开设的优先程度、典型案例访谈调查等调查与访谈表。采用问卷、访谈、案例收集等方法开展研究。

2. 调查分析

运用SPSS统计分析软件，对秘书职业岗位工作类型和主要工作内容、职业能力、职业素质和课程开设的优先程度等调查数据进行统计分析。在此基础上进行不同单位秘书职业岗位工作案例调查分析、职业技能与核心技能的相关性分析、秘书职业技能与素质的相关性分析，为建立课程体系、课程标准的教学内容、项目设计、能力素质要求等提供一手资料。

3. 课程体系与课程门类开发

根据上述分析建立课程体系,确定3~5门专业核心课程。

4. 制定课程标准框架

根据加拿大《DACUM职业教育的课程开发、学习及评估方法》,参考国家中小学课程标准、上海市中职课程标准,结合调查分析内容,制定课程标准开发框架。

5. 课程标准的编写

确定3~5门首批核心课程,制定课程标准编写样式,确定编写人员,并组织编写。由华东师范大学职业与成人教育研究所专家进行初审。

三、课程标准开发项目的进展情况

1. 完成调查工作

为了使课程标准开发具有通用性、指导性、职业性、应用性、实践性、权威性、前瞻性等特点,2007年7月课题组设计了秘书工作、岗位能力、岗位素质3个方面、12个二级指标、80余个三级指标以及21门常设课程开设的优先程度的全面调研表。利用暑期组织文秘专业学生对以浙江省为主的企业、社区、行政机关、事业单位及社会团体等1112家单位进行了文秘专业相关数据指标的调研,调查单位涵盖了制造业、商贸业、服务业、外资企业、乡镇行政部门、街道社区等,几乎包括现在社会的各行各业。文秘专业教师对200余家企业、社区、行政单位进行问卷、访谈调查,收集秘书工作案例近千个,并进行分类。同时,由于高职高专毕业生就业的特点,调研单位70%为各类企业,而企业中80%以上是民营企业。同时,杨群欢教授等组织对全国高职高专文秘专业教师、文秘教学专家、职业培训师和中国高教学会秘书专业委员会专家进行了书面调研,调研对象分布于我国东北、西北、华中、华东、华南、西南地区的秘书专业规模或教学影响较大的高职高专院校以及少量开设秘书专业的本科院校。

2. 分析调查结果

运用SPSS统计分析软件,分析了背景材料、调查单位及行业分布、秘书岗位主要工作、秘书职业岗位能力、秘书职业岗位素质、课程开设的优先程度等问卷调查数据;针对访谈和收集的秘书案例,结合调查分析数据,进行了不同单位秘书职业岗位工作的重要程度、秘书职业岗位与能力要求的相关性、秘书职业技能与核心技能的相关性、秘书职业技能与素质的相关性分析等,形成了一套较为完整的资料。

3. 组织专题研讨

先后组织课题组召开调查指标设计、调查情况交流、秘书岗位能力分析、课程标准设计等专题研讨会,对研究工作进行及时的交流与总结,对关键问题进行反复讨论,取得了较为统一的意见。

4. 达成几点共识

第一，从秘书职业、秘书工作要求和我国目前文秘专业学生的毕业分配去向等多项调研结果来看，高职文秘专业学生的毕业就业岗位应定位在大中型企业、小型企业、社区乡镇。

第二，依据不同单位秘书职业岗位工作调查分析、秘书职业技能与核心技能的相关性分析、秘书职业技能与素质的相关性分析等，确定工作类型与工作任务以及相关能力、素质与课程的关系。确定将文秘专业课程结构分为专业核心课程（专业实训课程）、专业方向课程、公共基础课程、综合实训课程和选修课程等五大模块。

第三，确定文秘专业核心课程为《秘书理论与实务》、《应用写作》、《文书与档案实务》、《办公自动化》、《企业日常事务管理》、《秘书礼仪》、《语言与交际》、《文字速记》等实训课。首批开发《秘书理论与实务》、《应用写作》、《文书与档案实务》、《办公自动化》课程标准。

第四，确定了课程标准的编写框架。课程标准以培养职业能力为主线，以工作任务设计课程项目，将能力、知识、素质整合在课程标准之中，提出完成项目任务的训练方法。职业工作任务具体按照分级处理。如：第一级简单、直接的技能；第二级通用技能；第三级组合技能；第四级综合技能。同时，提出其他相关教学建议。首批课程标准编写人员已经确定，初稿将于 2007 年 11 月底完成，并由华东师范大学职业与成人教育研究所石伟平、徐国庆等专家初审。

四、下一步工作打算

课程标准由教育部文秘类专业教学指导委员会组织专家审定，形成规范性样本，并指导全国高职高专文秘专业其他课程标准的开发。

提示：由浙江省湖州职业技术学院牵头调研并开发《文秘专业主干课程国家标准》，2008 年 3 月已经完成《秘书理论与实务》等相关课程标准的（草案）制定。我们不难发现，形成文秘专业课程标准是一项非常艰巨的工作。其中，大量的信息采集，专家访谈、企事业单位领导和一线秘书工作者的问卷调查是主要工作。

政府机关、企事业单位的正常运行离不开信息工作和调查研究的支持，特别是随着现代经营管理理念和模式越来越广泛的运用，信息和调研工作成为决定经营管理成败的一个关键性因素。秘书人员作为领导的"耳目"、参谋和助手，在一个单位的信息和调研工作中扮演着重要的角色，秘书人员在这两个方面职能的发挥状况，关系着领导决策管理活动的效率。因此，信息和调研工作在秘书辅助领导活动的过程中有着举足轻重的地位。

秘书是领导的参谋与助手，搞好信息调研工作是领导科学决策的有效保证。通过本章学习，要求学生熟悉信息和调研工作的概况，能够掌握和运用基本的工作方法，形成一定信息和调研工作能力。

◎ 理论导读

任务一　信息收集与整理

一、信息的涵义、特点和意义

（一）信息的涵义

信息是指对事物的特征和变化的客观描述，是事物的运动状态经过一定的方式传递后的再现。它广泛地存在于自然界和人类社会。信息数量浩如烟海，按性质可以区分为自然信息、生物信息和社会信息三大类型；信息的形态多种多样，一般可以区分为文字形态、声像形态和记忆形态三种类型。但就某一特定的社会活动而言，所面对的必定是所有信息中的一部分，即所谓的信息，必须是对特定社会活动有利用价值的。

（二）信息的特点

我们正处在一个信息社会，要充分利用信息，就必须了解信息的特点。信息有以下十大特点。

1. 可量度

信息可采用某种度量单位进行度量，并进行信息编码。如现代计算机使用的二进制。

2. 可识别

信息可采取直观识别、比较识别和间接识别等多种方式来把握。

3. 可转换

信息可以从一种形态转换为另一种形态。如自然信息既可转换为语言、文字和图像等形态，又可转换为电磁波信号或计算机代码。

4. 可存储

信息可以存储。大脑就是一个天然信息存储器。人类发明的文字、摄影、录音、录像以及计算机存储器等都可以进行信息存储。

5. 可处理

人脑就是最佳的信息处理器。人脑的思维功能可以进行决策、设计、研究、写作、改进、发明、创造等多种信息处理活动。计算机也具有信息处理功能。

6. 可传递

信息的传递是与物质和能量的传递同时进行的。语言、表情、动作、报刊、书籍、广播、电视、电话等是人类常用的信息传递方式。

7. 可再生

信息经过处理后，能以其他形式等方式再生成信息。输入计算机的各种数据文字等信息,可用显示、打印、绘图等方式再生成信息。

8. 可压缩

信息可以进行压缩,可以用不同的信息量来描述同一事物。人们常常用尽可能少的信息量描述一件事物的主要特征。

9. 可利用

信息具有一定的实效性和可利用性。

10. 可共享

信息具有扩散性,因此可共享。

（三）信息的意义

秘书部门是信息集散中心,是领导决策的参谋。因此对于秘书工作而言,信息具有十分重要的意义。

1. 信息是秘书人员辅助领导决策的依据

领导决策的全过程可以大致分为决策准备、决策形成、决策落实和检验三个阶段。秘书的辅助决策贯穿于领导决策的全过程:在准备阶段,通过搜集并提供信息,辅助领导认识、判断和验证问题;在形成阶段,分析研究信息,提供决策的意见和建议;在落实和检验阶段,搜集决策实施过程的反馈信息,帮助领导了解决策的施行情况。信息是辅助决策的一个根本性要素,离开信息的支持,决策毫无科学可言。

2. 信息是秘书人员处理日常事务的依据

秘书部门作为综合性机构,每天会面对众多的事务性工作,诸如文书处理、答复咨询等。秘书人员在处理这些事务的时候,首先要了解客观情况和办事原则,然后选择合适的方法进行处理。因此,掌握必要的信息是秘书人员处理事务的前提。

3. 信息是秘书人员起草文书的基础

秘书人员承担着一个单位大量的文书起草工作。文书是实际工作的客观反映。文书的起草必须以客观事实为依据,反映现实情况,解决现实问题。秘书人员在起草之前,首先要充分地收集和掌握相关信息材料,这样,文件的起草才有可能做到言之有物、言之如实、言之有方。如果信息掌握得不充分,那么最终文书的实用价值就很难得到保障,甚至会误导实践活动。

4. 信息是秘书人员协助管理、协调关系的依据

秘书部门还担负着单位内部一定程度的行政管理责任,经常处理各部门之间以及单位与单位之间的一些协调性问题。这些工作同样离不开信息的支持。秘书人员只有了解到真实的情况,才能采取合理的措施;如果片面主观地处理问题,反而容易激化矛盾,不利于问题的解决。

信息对于秘书工作来讲有着十分重要的意义。因此,信息工作是秘书的一项重要职能。所谓信息工作,就是对信息的收集、加工、处理、传递、存储活动的过程。

二、信息工作的基本要求

信息工作具有很强的原则性,遵照以下几个方面的要求是做好信息工作所不可或缺的。

(一)及时

信息工作讲求时效。信息的价值与提供利用的时间是两个互为关联的要素。两者之间的关系是:信息提供得越及时,利用价值就越大;信息提供得越滞后,利用价值就越小。因此,秘书人员在信息工作中应该快速反应、快速搜集、快速处理、快速传递,减少中间环节阻碍。

(二)准确

信息工作讲求真实准确。秘书人员应该注意信息资料的真实性,在众多信息面前能够区分其真伪,保留真实信息,排除虚假情报。另外,在处理信息的时候,能够保存和反映事实的本来面貌,客观地揭示事物的本质规律,不添加主观的成分,更不允许随意臆断和猜测,即使是面对信息中最细微的要素,诸如信息资料的时间、地点、数字、引语、出处等,也应保持其真实性和准确性。真实准确是信息工作的生命。

(三)充足

信息工作讲求充足全面。充足,并不是说数量越多越好,而是追求全面,也就是说,一定数量的信息只要能把事物完整真实地揭示出来,就做到了充足。为此,秘书人员要从多个角度、多个层面来收集信息,通过信息之间的相互补充、相互印证,结合成有机整体。

(四)适用

信息工作讲求适用对路。信息工作要从实际需要出发。每一次的信息工作都应该有明确的目的,保证所进行的信息工作是为反映某一实际情况、解决某一实际问题而进行的信息工作,而不是毫无方向、没有实际意义的信息工作。

三、信息工作的程序

(一)信息的收集

信息的收集是指因实际利用的需要而获取信息材料的行为过程,这是信息工作的首要环节。秘书人员可以通过多种方式来获取信息材料,主要的方式如下:

1. 检索工具。通过由完整的检索工具建立起来的检索途径,查找信息资料。如图书馆中图书和档案馆中档案的查寻。

2. 摘记剪贴。将书籍、报刊上有价值的信息,用摘记的方法将要点记下,分类存放,或把有关文章剪下来,粘贴在信息册上。

3. 记录。秘书人员将领导或有关人员在会议及其他场合中的发言、指示、建议、意见等记录下来,并加以整理分析,提炼有价值的信息。

4. 交流。秘书人员在信息市场或在社交场合,通过洽谈、聊天等方式,搜集各种信息,或通过信息网点交流各自搜集的信息,或通过交换内部信息报等扩大信息量。

5.调查。运用各种调查手段,深入现场或信息源获取信息资料。

6.网络搜寻。利用互联网络信息搜寻工具,诸如百度、谷歌等信息搜寻工具,通过输入关键词语快速查找信息,或者通过已知"路径"搜索信息。

7.购买。向有关机构购买信息。

收集信息需要注意以下几个方面的情况:

(1)剪贴资料时,剪下来的资料既可以贴在没有价值的旧杂志上,也可以贴在16K的复印纸上再装订。剪报时还要注意将旁边没有关联的文字信息剪去,以方便阅读。

(2)粘贴信息时,注意标明信息的题目、作者、报刊名称、日期、页码等。

(3)信息中重要的内容要用红笔划上重点线,以引起使用人员的注意。

(4)一些需要提示的内容,要在旁边加几行说明文字;当遇到一些新名词和英文缩写时,要注释。

(5)在购买信息的过程中,要本着经济办事的原则,在保证质量的前提下尽量少花钱,避免过度开支。

(6)尽量采用计算机来做信息收集工作,如信息的摘记粘贴可以用计算机完成。

(二)信息的筛选

信息的筛选是对收集来的大量繁杂的原始信息通过鉴别和选择的方式,剔除无用失真的信息,提取有效真实的信息。筛选工作对于提高信息层次、质量、效益等起着关键的作用。对原始信息的选留一般分为两种:一是实用选留,这是根据当前的需要选留信息;二是入藏选留,这是作为日常的信息工作而进行的一般意义的选留。前者要求信息有深度,并适合当前需要;后者要求信息有广度,并具有长期利用价值。做好信息的实用选留工作,要掌握筛选的标准:

1.注意选择对现实工作有指导意义的、与当前工作密切相关的信息。

2.注意选择带有倾向性、动向性或突发性的重要信息。

3.注意选择与本单位经营管理活动相关的新情况、新问题、新经验、新见解等信息。

4.注意判定信息的真伪、价值大小,把握信息的"新鲜度"。

(三)信息的加工和综合处理

筛选之后的信息常常要经过初步加工形成初级信息。加工的方法主要有:文字加工,即用文字概括信息中实质性的内容,提高其利用价值;信息提要,即将大量信息提炼出若干条信息的要点,供深度加工或速报领导;信息分类,即按不同的内容、性质和作用,对信息进行分类,使其系统化、条理化,便于检索。

信息的综合处理是从总体上对信息进行系统分析、判断和归纳整理，提出较系统、深刻的意见和建议，形成切合决策需要、有深度的高层次信息。

信息的综合处理要求：

1. 要有广度。是指综合出的信息材料面要宽，情况和问题要全面。这就要丰富、翔实的信息材料，在这基础上分析综合才能具有一定的覆盖面。

2. 要有深度。是指综合出的信息材料要有情况、有分析、有对策。具体要求是：要恰如其分；要有必要的事实数据；要有分析和建议。这样才能供领导层作决策时参考。

（四）信息的传递

在一般情况下，信息在单位内部按组织关系进行传递。如果能够建立健全信息传递系统，信息传递的效率和服务的效果将会大大提高。

不同的信息具有不同的流向，基本的信息流向三种：单向传递，即信息由发出者向需要者传递，满足接受者利用需要；相向传递，即信息传递的双方互相传递信息；反馈传递，即信息使用情况由接受使用者向发出者进行传递。信息的传递方法则可以分为口头传递、文书传递和电讯传递三种类型。

秘书人员传递信息要注意传递的时效和传递的适度。前者是指把握好信息使用时间，传递要不早不晚，恰到火候；后者是指根据实际需求，提供适量的信息，既不能过多，也不能过少，而且还要注意对信息的浓缩概括。

（五）信息的存储

信息的存储是指把有利用价值的信息保存和积累起来，建立信息库，以备日后查找利用。信息的存储可以分为以下几个步骤：

1. 信息的登记。有总括登记和个别登记两种形式。总括登记反映库存信息的全貌，一般只登记册数、种类及总额等；个别登记反映每一份信息的具体情况，需要详细记录。

2. 信息的编码。编码应该能够显示信息资料的组织方式和相互关系，一般由字符（字母或数字）组成基本数码，再由基本数码结合成基本数据。编码有许多种方式，常用的是分组码，即按后继数字大小进行单独编码，从左向右，左边数码为大类，右边数码为左边数码的属类。如：

1000　　　某地区市场信息资料

1100　　　某地区市场纺织品信息资料

1110　　　某地区市场化纤织品信息资料

1111　　　某地区市场纯涤纶织品销售信息资料

1112　　　某地区市场混纺织品销售信息资料

3. 信息的排列。信息的存放必须经过有序的排列。排列的方法主要有三种：登记号排列，即按信息登记的先后顺序排列；来源排列，即按信息来源的单位依次排列；内容排列，即按信息的内容分类排列。

4. 信息的检索。是指从信息库或信息资料档案整体中找出所需要的信息资料，有手工检索和电子计算机检索两种。

5. 信息存储。应注意以下几点：

（1）收集来的信息都要保存。信息有近期价值、远期价值和潜在价值，不能因为暂时不用或已经用过而丢弃。

（2）信息的分类要合理，便于查找。

（3）信息的保存力求安全。一方面，注意信息物质形态的安全，避免破损，做好防蛀、防火、防潮；另一方面，妥善管理，严防泄露。

（4）尽量使用电脑存储信息资料。

任务二 调查研究与分析

一、调查研究的涵义、特点和作用

（一）调查研究的涵义

调查研究是调查和研究这两个活动的有机结合体。调查，是指运用各种方法、手段和工具收集信息材料的行为过程；研究，是指在信息收集的基础上描述和解释情况、提出解决问题的方法和措施、预测事物未来发展状况的行为过程。调查是基础，研究是目的。

秘书人员的调查研究是为了满足领导决策和管理的需要，有组织、有目的地开展以获取信息材料，并对其进行分析而获得理性认识的行为过程。随着管理科学化的不断深入以及由此而带来的秘书部门在单位内部行政管理职能的不断加强，秘书人员的调查研究任务势必会不断增加。

（二）调查研究的特点

由秘书部门或秘书人员开展的调查研究具有以下几个特点。

1. 切合领导工作需要

秘书人员的调查研究主要是为领导的决策和管理活动服务的，应该以领导对于调查研究的需要作为工作的出发点。领导的调研需求是动态的，在不同时期，需求的内容会发生变化。领导的需求又是多样的，既有"显性"的、已经向秘书人员提出的需求，又有"隐性"的、潜在还没有发出的需求，秘书人员要保持与领导之间经常的沟通，了解领导的信息需求状况，有针对性地开展调查研究活动。

2. 突击性

秘书部门的调查研究活动经常不能以计划的方式进行安排，往往带突击性的特点。秘书部门是一个综合性事务的处理部门，工作性质决定了秘书部门必然要面对大量临时性、突发性的事务，这就需要秘书人员有快速反应和解决问题的能力。

3.与有关单位和部门建立定点联系

秘书部门应该与单位内部各部门之间以及与有业务交往的单位之间建立稳固的联系,使它们成为秘书部门开展调查研究工作的联系点。定点联系非常有必要,这种制度化的联系方式能够规定定点单位的责任以及规范定点单位的行为,从而保证秘书人员获得客观、充足的信息材料,甚至可以组织这些定点单位参与调查研究。

(三)调查研究的作用

秘书人员的调查研究活动具有以下几方面作用。

1.收集原始信息,支持领导决策管理

由于精力、时间等方面的限制,使得领导在很多情况下不可能过多地承担调查研究工作,特别是具体的信息收集工作,因而必然要交给秘书人员去完成。领导则在秘书人员调查、综合的基础上,再选择重点或典型进行深入研究或复审,作为决策管理工作的依据。

2.取得反馈信息,作为修订或重新决策的依据

决策在执行过程中需要依靠调查研究来检验决策的正确程度和执行效果。秘书人员深入实践过程之中,了解决策的执行情况,并将有关信息及时向领导反馈,便于领导及时修订决策或重新决策。

3.解决常规问题,处理突发事件的必要手段

行政机关、企事业单位在解决日常工作、管理、经营等问题,尤其是处理一些突发事件时,离不开调查研究。如:撰写计划、总结、报告,人事任免,意外事故处理等,需要进行一些临时性的调查研究。

4.提高秘书人员自身素质的重要途径

调查研究活动往往要调动秘书人员各方面的能力素养。经常参加调查研究活动可以促使秘书人员不断提高自身素质。能够顺利开展调研工作的秘书人员至少要具备以下几方面能力:一是公关能力,善于与人进行沟通交流;二是观察能力,能准确找到领导的调研需求点,能捕捉与调研课题有关的、真实的、有价值的信息;三是分析能力,能够从原始信息中获得对于事物本质的认识;四是表达能力,能够准确向被调查者表达意向和问题,能够向领导准确表达调研的结果。

二、调查研究的内容、方法和程序

(一)调查研究的内容

秘书人员的调查研究内容主要包括以下几方面。

1.围绕领导各个时期的中心工作开展调查研究

领导在不同时期的工作重点和主要问题都会不一样,这必然会产生对于调查研究的不同需求,它可以表现为对调查研究需求方向的不同、内容的不同、层次的

不同、方法的不同等。秘书人员应该以领导的需求为中心开展调研,保证调研工作与领导需求之间的一致性,真正发挥调研的作用。

2. 为贯彻执行政策或决定而进行调研

政策或决定制定出来之后,其正确性最终还是要通过实践的检验。秘书人员对政策决定的实践情况进行调研,了解其正确程度和合理程度,将调研结果向领导反馈,以便领导有效地控制和调整决策。另外,执行机构是否全面地执行了政策和决定,也需要通过调研活动来掌握情况,并通过调研活动纠正执行过程中出现的不合理做法。

3. 为起草文件而进行调研

起草文件的目的是为了解决实际工作中出现的问题,文件中涉及的指导思想、方法、程序、措施等都必须揭示问题的本质,符合解决问题的实际需求,离开了调研工作,这一切都无从谈起。可以说,调研活动是起草文件之前的必要准备。

4. 为解决突发性事件和倾向性问题进行调研

秘书人员经常要处理一些突发性的事件,如劳动纠纷、生产事故等,这些事件往往具有很强的独特性,只有通过调研,对事件的全貌有一个完整的掌握,才能够采用合理的方法将问题处理好。倾向性的问题其先前的影响表露得不明显,因此不容易察觉,通过调研,秘书人员能够判断其未来的发展趋势,不良的,及时消除它;有益的,努力培养它。

5. 对一些容易被遗漏的问题进行调研

容易被遗漏的问题主要是指处于几个部门临界点的问题以及几个部门都管但都只管一部分的问题。对于这些处于"不管"或"半管"状态的问题,秘书部门有必要通过调研掌握情况,汇报领导请求解决。

(二)调查研究的方法

秘书人员的调研方法主要包括以下几种。

1. 调查的类型和方法

(1)调查的类型

根据调研的内容、性质、目的、要求的不同,调查可以分为不同类型,主要有:

①普遍调查,简称普查。是指对总体对象中每一个具体的单位无例外地进行调查。它适用于重大的基本情况调查,如全国人口调查等。

②典型调查。是指从总体或不同类型的对象中选择个别有代表性的单位进行调查。其调查结果用来推断、推广到总体或同类对象。如 20 世纪 30 年代费孝通农村社区典型调查,其调查对象是两种不同类型的典型,一类是未受近代工业影响的内地农村典型,另一类是深受近代工业影响的沿江农村典型,以此为对象研究"现代工商业发展过程中农村社区所发生的变化"。

③个案调查。是指对个别的对象进行调查。此类调查针对性很强,主要用于

社会的反常个体或新生事物,侧重于调查其存在状况和社会背景。如民工个案(生存状况)、组织个案(运行效率)等。

④重点调查。是指对调查对象总体中部分起主要作用的单位进行调查,其结果推及其他一般单位。如调查我国彩电生产情况,可以把"中国彩电之王"——长虹集团作为重点调查对象。

⑤抽样调查。是指从总体中抽取部分样本进行调查,以其结果推断整体。如对着花名册随机取号调查。

(2)调查的方法

调查的方法有很多,常用的有:

①文献法。通过查阅书面资料获得信息。查阅文献一般遵循先近后远、先大后小、先具体后抽象、先简单后复杂、先正面后反面的顺序,可以采用作记录、复印、翻拍等方法。

②观察法。通过调查者直接观察而进行的调查。此方法侧重于调查对象的外观、形态或变化特征及过程。

③访问法。通过与调查对象进行交流讨论而获得较深层次信息的方法。访问法既可以表现为个别访谈,又可以表现为开座谈会的形式。

④问卷法。将需要了解的问题设计成书面问卷的形式,由被调查者书面作答。既可以表现为开放式问卷,即采用填空、问答的形式,答题者自由回答不受限制;又可以是封闭式答卷,即采用选择、是非题的形式,只能有限选择。

2. 研究的方法

(1)归纳法。就是将多件同类个别事物归在一起,从中概括出共同属性或特征用以加深认识的研究方法。归纳法建立在直接经验的反复基础上,有一定的可靠性,但其中某一方面具有反例的可能,会产生"以偏概全"的差错。

(2)综合法。就是将众多零散事物组合串联成为一个整体的研究方法。采用综合法的目的是把个体统一为整体,把片面概括为全面,以达到对事物整体本质的认识。

(3)统计法。就是运用统计数据来描绘事物状况和变化,以得到规律性认识的研究方法。统计法是一种定量研究的方法,通过定量分析可以使问题的陈述变得清晰、简洁,使问题的分析变得准确、深刻。

(4)比较法。就是把两个以上的事物放在一起进行比较,从而更深刻地认识各自特征的研究方法。这是一种初级的、最基本的逻辑思维方法,可以区分不同的事物,找出他们的共同点和相异点,但由于比较往往只涉及某一方面或某几方面,不能全面地认识事物,无法解释事物产生的原因。

(5)演绎法。就是从一般理论或普遍法则出发,依据这一理论推导出一些具体的结论,然后将它们应用于具体的现象和事物的研究方法。最常用的演绎法是演

绎三段论,即由大前提、小前提推导出结论。其基本形式是:

所有 M 都是 P

所有 S 都是 M

所以,所有 S 都是 P

（三）调查研究的程序

调查研究的过程是了解问题、分析问题和解决问题的过程,有很强的逻辑性和条理性。这一过程形成了调查研究应该遵循的基本程序,即准备工作、了解情况、分析研究和综合提炼。

1. 准备工作

首先,调研目的的准备。在开始调研之前,应该对本次调研的动机、意图和任务有充分的、正确的理解。因此,调研之前要吃透调研目的,搞清楚调查什么、研究什么。

其次,调研对象的准备。确定调研任务后,对所要去的地区、所要接触的人进行了解,熟悉他们的情况,以便在调研过程中因地制宜地采用不同的方式方法,以取得较好的调研效果。对地区,主要是了解与调研内容有关的地区基本情况;对人员,主要了解人员的基本情况、个性和对情况的熟悉程度等。

再次,知识的准备。调研活动专业性强,在调研之前,调研人员必须尽可能多地掌握所要调研问题的相关知识。知识准备一般从三方面来做:一是学习与调研主题有关的上级规定、制度等文件;二是查阅有关研究成果和报刊资料;三是掌握相关的自然科学和社会科学知识。

最后,组织的准备。一般的调研活动涉及人员比较多,既有调研者,又有被调研者,因此,必须做好准备工作,以便顺利地落实调研任务。

2. 了解情况

准备工作完成后,就进入到调查阶段。了解情况是调研工作的基础,在这个阶段,调研人员应该多接触有关人员,采用多种调查手段,尽可能多地掌握第一手材料。掌握的材料越多,对下一个阶段的分析研究越有利。

3. 分析研究

分析研究建立在对材料的收集积累基础上,这是一个艰巨的工作过程,要求采用科学、合理、先进的方法,对已经掌握的调查材料进行科学、缜密的分析研究。这一阶段的工作包括调查报告提纲的准备和调查报告的写作。

4. 综合提炼

经过分析研究,对问题有了一个清楚的认识,这时就需要通过综合提炼,对存在的问题找出解决的方法。这也是整个调研活动的目的所在。提出意见和建议要注意:一要切合实际;二要有充分的依据;三要突出重点。

◎ 技能训练

训练一　信息的收集和整理

一、训练目标

通过训练,使学生能够按照信息工作的要求快速科学地收集整理信息。

二、训练方案与要求

请在学校图书馆或地方图书馆查找已经登记的秘书类书籍信息。要求:

1. 通过索引卡片查找;

2. 以作业的形式记录查找的结果(书名、出版社、作者、图书编号等);详细地记录查找的全过程,并标注索引卡片中的诸要素。

请通过互联网查找以下信息:

1. 国际秘书节是哪一天?

2. 我国秘书职业资格鉴定工作的有关信息。要求:

(1)以作业的形式记录查找的全过程和查找的结果(其中对秘书职业资格鉴定工作的信息只记录标题即可);尽量尝试多种方式,如变换主题词、变换搜索工具。

(2)采集关于秘书职业资格鉴定工作的有关信息,编写一份专题报告,内容包括:劳动和社会保障关于鉴定工作制度的主要内容、工作的安排和鉴定工作的执行情况等。

训练二　实践操作训练——调研设计

一、训练目标

通过训练,使学生能够按照调研工作的基本要求进行调研设计分析策划。

二、训练方案与要求

(一)基本要求

(1)根据本则案例分析调研报告的结构、素材筛选整理以及内容组织等特点。

(2)此则调研报告所揭示的调研课题是什么? 采用什么调研方法? 结论如何?

(3)根据此则调研报告整理一个摘要,要求说明摘编过程中遵循的原则。

(二)分析材料:调研报告

辽宁 99 家支柱产业重点企业调查报告

2002 年是我国"入世"一周年。根据辽宁省企业调查队对全省 99 家大中型工业重点企业的跟踪监测调查显示,"入世"第一年,辽宁省重点企业从总体上看亮点频现,分行业看各具特色,从发展看亟须提高企业竞争力。

一、总体看,重点企业亮点频现

1. 重点企业继续拉动全省工业经济稳步发展

近几年,我省老工业基地在改造和调整中,注意利用高新技术改造传统产业,以拓宽产业领域,使我省石化、冶金、机械等行业的重点企业保持较高水平的发展势头。截至 2002 年末,我省 99 家重点企业实现工业总产值 1621.2 亿元,比上年增长 5.5%,此次调查的 99 家重点企业,虽然户数仅占全省规模以上工业的 1.7%,但利税总额却占全省规模以上工业的 51.3%,比上年增长了 11.5%,成为拉动全省工业经济尤其是效益经济稳步发展的主要力量。

2. 大型骨干企业支撑利润天空

2002 年末,我省 99 家重点企业实现产品销售收入 2250 亿元,比上年增长了 7.6%。其中,有 7 家龙头企业实现产品销售收入超百亿元,依次为鞍山钢铁集团公司、本溪钢铁(集团)有限责任公司、抚顺石化分公司、辽河油田分公司、大连石化分公司、大连西太平洋石油化工有限公司、金杯汽车股份有限公司。剩下的 92 家企业中有 3 家超 50 亿元,超 5 亿元的企业有 56 家。99 家重点企业盈亏相抵后的利润总额为 77.7 亿元,占全省规模以上工业利润总额的 50%,比 2001 年增长 18.9%。其中,利润排在前 5 名的企业依次是辽河油田分公司、鞍山钢铁集团、本溪钢铁(集团)有限责任公司、沈阳化工集团、大连西太平洋石油化工有限公司,这几家企业的利润总额占这 99 家重点企业的 90.8%(占全省工业的 45.4%)。

3. 出口快速增长成为拉动我省经济增长的强劲动力

受国家鼓励出口政策、国际环境好于预期、国内价格水平等因素的影响,99 家重点企业实现了出口销售总额的快速增长,成为拉动我省经济增长的一个强劲动力。截至 2002 年底,我省 99 家重点企业实现出口销售总额 208.7 亿元,比上年增长 34.2%;出口销售率为 9.3%,比上年同比增长 1.9 个百分点,创近年来历史新高。出口增长最快的企业主要是机电和高科技企业。

4. 新产品销售收入增势迅猛,企业技术创新能力增强

截至 2002 年末,我省 99 家重点企业实现新产品销售收入 360 亿元,增幅高达 40%。新产品销售收入的迅猛增长,主要来自于企业技术创新能力的增强。2002 年,我省 99 家重点企业共投入研究开发费用 34.9 亿元,比上年增长了 50%。研究开发费用占营业收入比率为 1.5%,比上年提高了 0.4 个百分点。其中,研究开发

费用投入超亿元的企业有 12 家。有近八成的企业建立了技术中心,其中,国家级技术中心 26 家,省级技术中心 29 家,其他级别认定的技术中心 25 家。从企业获取新产品的途径来看,主要是自主开发以及与院校科研机构联合开发,其比例分别占 80.1% 和 70%。

5. 减员增效,劳动生产率创新高

截至 2002 年底,我省 99 家重点企业从业人员比上年减少了 5.8 万人,减员幅度为 7.6%,高于全省规模以上工业减员幅度 3.5 个百分点。其中,86 家国有及国有控股企业减员 6.3 万人,减员幅度为 8.4%。

减员后,企业的劳动生产率得到了极大提高。2002 年,99 家重点企业人均实现营业收入 32.7 万元,比上年增长了 4.3 万元,高于全省规模以上工业 13.1 万元,创近年来的最高值。

二、分行业看,重点企业各具特色

1. 机械重点企业主要经济指标金钱飘红

2002 年,调查的 46 家机械重点企业主要经济指标普遍好于上年。企业的资产总计为 1114.1 亿元,比上年增长了 11.8%。利税总额为 34.3 亿元,比上年增长了 34.6%,增幅高于 99 家重点企业 23.1 个百分点。企业本年对外投资和投资收益分别比上年增长 31.1% 和 37.4%。企业净资产收益率比上年增长了 1.5 个百分点,高于 99 家重点企业 2.6 个百分点。出口销售率为 11.1%,比上年增长 1.7 个百分点,高于 99 家重点企业 1.8 个百分点。

在机械重点企业中,汽车制造业重点企业成为全省经济发展的新亮点。被调查的 9 家汽车企业其年末资产(515 亿元)比上年净增了 83.2 亿元,增长了 19%;企业的资本保值增值率达 125.5%;净资产收益率同比增长了 3.4 个百分点;出口销售总额(31.1 亿元)比上年净增 12.2 亿元,增幅高达 64.8%;本年对外投资同比增长了 16.5%;研究开发费用同比增长 49.3%;企业实现利润由上年亏损 2.6 亿元变为盈利 4348 万元。

2. 冶金重点企业规模壮大,发展能力增强

2002 年,13 家冶金重点企业的资产总计(1503 亿元)比上年增长了 7.5%;户均资产(115.6 亿元)比上年净增了 3.5 亿元,在调查的重点企业中户均资产规模最大,增长最高。企业在资产规模壮大的同时,发展能力也逐渐增强,企业资本保值增值率高达 134.1%。

2002 年,冶金重点企业主营业务收入、新产品销售收入和实现利润分别比上年增长了 18.5%、140.6% 和 57.7%;企业的本年对外投资增幅高达 36.4%。与此同时,企业强化内部管理,使企业的存货和应收账款分别比上年下降了 6.9% 和 10%,由此加快了企业流动资产的周转速度,提高了企业资金的使用率。

3. 电子业重点企业健康蓬勃发展，前景广阔

2002 年，电子行业重点企业成为我省继汽车生产企业外的又一经济发展新亮点。由于该行业发展政策和国内外市场环境较好，故成为"入世"后受益比较明显的部门，企业主要经济指标大幅上扬。调查的 10 家电子企业出口销售总额为 58 亿元，比上年增长了 69.4%，增幅高出 99 家重点企业 35.3 个百分点；企业出口销售率高达 53.1%，比上年增长了 12.7 个百分点；企业的新产品销售收入、主营业务收入和利润总额分别比上年增长 142.6%、29% 和 22.4%；企业研究开发费用占营业收入比率为 9.6%，比上年增长了 6.6 个百分点，高于 99 家重点企业 8.1 个百分点。

4. 石化重点企业仍是出口主力，但企业效益有所下滑

"入世"的冲击效应在这些企业中已开始显现。虽然 2002 年石化重点企业的出口销售总额几乎占到被调查的 99 家重点企业的一半，但因受世界经济不景气、国际油价大幅度波动、市场供大于求等因素影响，企业效益有所下滑。

2002 年，被调查的 30 家石化重点企业的出口销售总额达 73.8 亿元，比上年增长了 15.1%，净增了 9.7 亿元，占我省 99 家重点企业的 47.4%。但企业实现利润（42 亿元）却比上年下降了 3.4%；企业主营业务收入和新产品销售收入均比上年下降了 2.3% 和 35.2%；企业存货比上年增加了 17.4 亿元，增幅达 18.1%，高出我省 99 家重点企业 10.9 个百分点。

三、从发展看，重点企业亟须提高竞争力

1. 企业整体盈利水平低

从我省 99 家重点企业的盈利情况看，利润主要集中在几家盈利大户，整体盈利水平还有待提高。

受国内外价格波动和原材料价格上涨等因素影响，部分企业生产成本上升，导致利润空间缩小，甚至亏损。2002 年，我省 99 家重点企业中有 43 家发生亏损（新增 4 家），亏损面为 43.4%（比上年上升 4 个百分点），高于全省规模以上工业 11 个百分点。

从行业看，亏损主要集中在石化生产企业。30 家石化生产企业中有 17 家亏损（新增 3 家，亏损面达 56.7%），亏损 14.3 亿元，占调查的 99 家重点企业亏损总额的 65.9%。

2. 企业管理成本过高

2002 年，我省 99 家重点企业共发生营业、管理、财务三项费用（254.6 亿元），比上年增长了 14.5%，新增 32.3 亿元，远大于主营业务收入 7.6% 的增长幅度。其中，石化和冶金业的重点企业三项费用分别比上年增长 10.5% 和 38.2%。99 家重点企业共发生利息净支出 51.4 亿元，新增 4.5 亿元，比上年增长 9.6%。

3. 总资产使用率低,获利、偿债能力差

2002 年,我省 99 家重点企业的总资产使用率为 54.1%,同上年基本一致。其中,石化重点企业比上年下降了 5 个百分点;冶金和机械重点企业仅为 42.3% 和 41.1%。

企业偿还短期债务的能力还比较弱。2002 年,99 家重点企业的流动比率和速动比率仅为 91.7% 和 61.1%,分别比上年下降了 3 和 2.3 个百分点,同国际上公认的 200% 和 100% 的标准相比差距很大,与国内较好的比率水平(150% 和 90% 左右)相比也存在较大差距。

4. 企业技术改造步伐渐缓

调查显示,有 38.4% 的企业认为设备及技术落后是影响企业生产经营的主要因素。2002 年,我省 99 家重点企业的固定资产投资完成额为 1662.3 亿元,比上年下降了 15%。其中,尤以石化重点企业下降幅度最大(下降了 44.9%。其中,基本建设下降了 55.8%,更新改造下降了 34.8%)。

此次调查中,我们对 2003 年重点企业的生产经营状况作了预测问卷调查,结果显示,有 67.6% 的企业认为生产经营状况要好于去年;有 26.3% 的企业认为与去年持平;只有 6% 的企业认为不如去年。据此并结合上述判断,2003 年,我省重点行业及重点企业将继续保持稳定增长态势。其中,尤以冶金业重点企业更为看好。

(国家统计局企调总队)

◎ 知识拓展

链接资料一　高级秘书的信息工作

10 月 18 日,TMY 酒店管理公司将召开公司下属饭店经验交流会,这是许总经理上任以来第一次把公司下属的十多家饭店的主要人员召集在一起,共同探讨,交流经验。这对于就任不久的总经理秘书王琳来说,无疑是一次未曾经历过的考验。首先,这次会议涉及人员范围广。这次会议,许总决定把受托管的 15 家饭店以及公司自营的 TMY 酒店的总经理和财务总监全部召集在一起,加上公司总部的各部门负责人,交流会的与会人员在 40 人以上。这是王琳第一次与公司这么多高层接触,难免有些紧张。其次,这是一次开先例的会议,公司以前没有这样的会议组织经验可以借鉴。许总鉴于王琳上任后的不错表现,已经任命王琳为这次会议的全权组织者,王琳只能摸着石头过河。再次,这也是王琳当秘书以来第一次作为会议的首席负责人组织会议。最后,这次会议本身就是一次大胆的尝试,王琳对于各饭店的总经理们能否予以合作没有把握。

但是,王琳认为世界上没有解决不了的问题,越是困难,她的斗志就越能被激发。她总是把每一次困难当作考验和提升自己的机会。因此,在会议前的十几天,她就开始了筹备工作。她认为会议成功的关键是信息的准备工作，只有找到广泛的信息，为许总的思路和决策提供有力的支持，才能保证会议的成功；而且，通过自己在这次会议中的资料准备，正好可以对酒店管理作一个系统了解。

其实，王琳平时就很注意信息的搜集工作。她每天的工作之一就是阅读、整理《中国旅游报》、《人民日报》、《经济日报》、《市场报》以及《中外酒店》、《旅游学刊》、《旅游市场调研》等报刊。这些报刊包含了大量的信息，通过每天的阅读，王琳能够及时了解中央对旅游业的政策、法规，能够了解国内外旅游市场的变动以及专家学者对旅游市场的看法。对有用的资料，王琳准备了一个精美的笔记本，随时把这些信息记在上面，同时，把自己对于这些信息的思考也一一列示出来。这一方面便于阅读、查找；另一方面，为领导起到了很好的信息过滤作用。

王琳平时搜集信息的另一个来源就是网络资源。只要轻轻点击，网络世界的任何信息都会展现在面前。这为王琳带来了很多便利，节约了不少时间。

事情总是一分为二的。广阔的信息渠道为王琳提供了丰富的信息资源，不过信息太多太杂，常常不能直接使用，还必须自己加工处理。王琳把所有的信息先进行分类，比如员工管理方面、客户方面、市场方面、竞争对手方面、政策方面等。在各大类下再分小类。比如客户方面的，公司的客户实际就是各托管饭店，王琳就按照星级档次对它们再作分类。不管哪种分类方法，王琳总是采用有利于自己的分类方法，便于自己归纳总结，便于搜索利用。其实，很多搜集来的信息，虚假成分占不少，尤其是网上资源。为了避免被误导，王琳总是尽可能从不同渠道搜集类似的信息，通过比较来取舍。另外，尽可能从官方或权威机构获取信息。虽然这些措施不能完全保证信息的真实性，但至少可靠性提高了不少。

记得那天许总让她说说"9·11"事件对国际国内旅游市场的影响。她心想，这可是很大的题目，而且这事情发生也不久，有没有影响，有多大影响，可不能随便乱说。不过这事情也容易解决。她到网上一搜索，就有许多关于"9·11"事件的报道、评述，看得王琳眼花缭乱。然后王琳缩小范围，键入"旅游"关键词，关于"9·11"对旅游的影响就出来了。最后王琳的总结归纳是："通过这次事件，有足够的数据可以证明旅游是个极度敏感的行业。'9·11'事件以来，美国的入境出境旅游以及国内旅游大幅下降，而且以美国为主要客源国的加拿大等国，旅游业收益也大幅下降。我国政府及时提出'旅游安全岛'的策略给各国旅游者注入一剂强心针，我国入境旅游降幅不大，国内旅游势头旺盛。正因为如此，各国饭店集团看到了我国这个巨大的潜在市场，纷纷开始登陆中国市场。可以预见，中国未来的饭店市场竞争将更加激烈。国内酒店管理公司面临的是更为强大的国外饭店管理集团的围攻。"许总对王琳的这个归纳很满意，同时不无忧虑地说："王琳，你现在明白我为什么要开一次经验交流会了吧？我是为目前的酒店管理现状担忧啊！对手实力很强，很有知名度，有许多管理经验和技术，我们必须早点结束行业内的自我封闭和过度竞争,通过合作结成战略联盟,从而来壮大自己。"

　　为了使会议主题和议程更加具有针对性,她请示许总,想在各下属饭店进行一次问卷调查,以便能更全面地把握各饭店的具体情况。许总同意后,王琳亲自编制了两份问卷,用传真发给各饭店。两天后,王琳收到了各饭店的回复件。现在王琳的工作就是集中进行问卷统计分析以下信息:各饭店的成本收益的平均情况、差异程度、各成本收益间的相互关系、饭店之间的差异以及原因等。王琳在综合分析后给许总提交了一份分析报告。许总看后说:"这是很有说服力的数据分析,正印证了我将要对各饭店采取的措施。"

　　经过多方面的工作,王琳为会议准备的材料已经相当充分了。

　　　　　　　　　　(齐善鸿《第一次做高级秘书》,中国经济出版社 2003 年版)

链接资料二　"调查研究计划"和"调查问卷"范本

范本一　秘书专业 2008—2009 学年对历届毕业生调查研究计划

　　本次调查研究由秘书专业统一组织,教研室主任总负责。具体安排如下。

　　一、调查研究实践目的

　　(一)对秘书专业 2002—2007 年 5 届毕业生做问卷式追踪调查,为秘书专业教学工作提供反馈信息。

　　(二)认识社会,学习与人的工作交往,学会处理交际事务。初步尝试社会调查的方式。

　　二、调研步骤

　　(一)本专业学生负责发放和回收调查问卷、采访问询、搜集有关资料。

　　(二)活动自 2008 年 1 月至 12 月止。

　　(三)教研室提供有关文字资料,包括:

　　1. 对各位毕业生的问候函;

　　2. 对毕业生的问卷调查表;

　　2. 学校给毕业生供职单位的函;

　　4. 各届毕业生的部分联系方法;

　　5. 介绍母校的材料。

　　(四)为每位学生指定调查对象,并要求在一周内与调查对象取得联系,发放问卷,问卷由毕业生填写。

　　(五)2008 年 9 月 15 日统一为学生作调查答疑。

　　(六)2008 年 12 月 8 日学生交回调查结果,包括:

　　1. 回收毕业生问卷调查表;

　　2. 毕业生单位的回函;

3. 毕业生供职单位的介绍材料;

4. 学生在问询调查中对调查对象的书面印象报告。

以上4项调查结果,自下而上,逐一排好。各班班长列表登记检查后上交教研室主任。

三、调查实践要求

(一)这是一次对以往5年的秘书专业毕业生的调查,其成果将对秘书专业的发展完善具有极其重要的意义,望学生视为己任。

(二)五届毕业生,既是校友,又是学生的师长。学校的今天曾有他们的贡献,请敬重善待每一位调查对象。

(三)请拿出我们的顽强和执著,关注他们的每一分耕耘,写入报告。

(四)注意收集任何信息,珍重只言片纸,尽量带回调查对象的名片。

(五)书面报告的标题统一为《对××届秘书专业毕业生(毕业生姓名)的调查报告汇报》,结构分四部分:

1. 调查对象的基本情况;

2. 调查对象工作、生活和接受继续教育的情况;

3. 调查对象的反应;

4. 归纳和总结。

(六)本次实践将以调查结果、书面汇报和完成时间等评定成绩。成绩优秀者将给予奖励。

范本二　××大学秘书专业(教研室)对历届毕业生情况的追踪调查问卷

1. 届别:(以毕业年号为准):_____　姓名:_____　性别:_____

2. 现工作单位_____

3. 现任职务职称_____

4. 现单位是否是最初就业单位:(　　)

　　A. 是　　　　　B. 否

5. 工作后是否又接受继续教育:(　　)

　　A. 是　　　　　B. 否

6. 你所接受的继续教育的内容是:(　　)

　　A. 专升本　　　B. 第二专业　　　C. 考取职业证书　　D. 其他

7. 你接受继续教育的形式是:(　　)

　　A. 自学　　　　B. 业余　　　　C. 脱产　　　　　D. 辞职

8. 你现在是否有驾驶执照:(　　)

　　A. 是　　　　　B. 否

9. 你对自己目前的职业:(　　)

　　A. 满意　　　　　B. 一般　　　　　C. 不满意

10. 你认为自己做目前的工作：(　　)

　　A. 胜任　　　　　B. 一般　　　　　C. 比较吃力　　　　D. 不行

11. 你认为在校时的专业学习对后来的工作：(　　)

　　A. 很重要　　　　B. 有必要　　　　C. 一般　　　　　D. 用处不大

12. 在上学时教学形式对你最有益的是：(　　)

　　A. 课堂讲授　　　B. 做练习　　　　C. 实习实践　　　D. 用处不大

13. 如果有继续学习的机会，你选择：(　　)

　　A. 学　　　　　　B. 不学　　　　　C. 可以考虑

14. 你选择继续学习是因为：(　　)

　　A. 希望不断提高　B. 晋升需要　　　C. 领导要求

15. 你选择继续学习的内容是：(　　)

　　A. 读学历　　　　B. 考证书　　　　C. 实用技能　　　D. 其他

16. 你在单位的人际关系：(　　)

　　A. 好　　　　　　B. 一般　　　　　C. 有自己的范围　D. 不好

17. 你认为对秘书最重要的职业要求是：(　　)

　　A. 容人　　　　　B. 廉洁　　　　　C. 忠诚　　　　　D. 其他

18. 对建立秘书的职业等级证书制，你的态度是：(　　)

　　A. 关心　　　　　B. 两可　　　　　C. 不在意　　　D. 已有其他证书

19. 外语、计算机技术、驾驶技术对秘书重要性：(　　)

　　A. 是　　　　　　B. 对有的秘书如此　C. 不是

20. 对于秘书，"办文"、"办事"两项能力最重要：(　　)

　　A. 是　　　　　　B. 前者更重要　　C. 后者更重要　　D. 其他

21. 你做的是否是秘书工作：(　　)

　　A. 是　　　　　　B. 曾经做过　　　C. 一直未做

22. 使你离开秘书职业的原因是：(　　)

　　A. 领导决定　　　B. 谋职困难　　　C. 不利于个人发展　D. 其他

23. 你认为现在单位领导对你的工作：(　　)

　　A. 满意　　　　　B. 一般　　　　　C. 不满意　　　　D. 不知道

24. 你的生活：(　　)

　　A. 单身　　　　　B. 结婚

项目二　秘书的沟通协调工作

◎ 学习目标

知识目标

- 熟悉沟通方式、沟通方向、沟通渠道等分类。
- 了解有效沟通的原则与影响沟通的障碍因素。
- 领会沟通的基本技巧。
- 熟悉关系协调的基本方法。
- 了解秘书与领导关系、群众关系的协调的基本艺术。

能力目标

- 能够选择、运用有效的沟通方法。
- 学会避免沟通的障碍。
- 能够妥善处理横向和纵向沟通。
- 学会处理危机沟通。
- 能够运用恰当方法处理上下关系的协调。
- 能够养成主动交流。
- 学会换位思考。

◎ 工作任务

- 任务一：秘书沟通工作。
- 任务二：秘书协调工作。

◎ 导入案例

阎秘书的协调艺术

　　飞燕实业总公司张总经理与王副经理，因为工作上的分歧，产生了误解，最近一段时间，隔阂越来越大，矛盾也在加剧。总经理办公室阎秘书想方设法在其间协调，但收效甚微，分歧和矛盾依然存在，双方都认为是对方故意跟自己过不去。

　　机会终于来了。一天，总经理病了，住进了医院，阎秘书到医院看望，把带来的礼品放到床头，然后对总经理说："我是代表王副总经理来的。总经理病了，王总听说后，很关心，叫我同他一起来看望您，但在来医院的路上被销售部经理叫去了，说有急事，非要他去处理不可。"张总听后很感动。过了一段时间，王副总经理病了，住进了同一家医院，阎秘书到医院看望，又买了礼品放到床头，然后对王总说："我是受张总委托来的,张总原定下班后与我一起来医院看望您,临时业务部经理有急事,硬把他给拉走了。张总要我转达他对您的问候,并祝您早日恢复健康,说公司离不开您!"躺在病床上的王总听后,感动得热泪盈眶,心想自己过去是错怪张总了。今后一定要配合张总积极工作。

经过阎秘书从中协调,缩短了两位经理之间的距离,驱散了笼罩在他们心头的乌云。王总出院后,主动与张总打招呼,张总也热情问候,两人和好如初。

思考:这个案例给你有什么启迪?

(摘自学友网 http://www.xueyou.biz/html/301/2/2261/2.htm

提示:在现代文秘工作中,沟通与协调已成为秘书人员能否顺利、高效地展开具体工作的关键因素。一个秘书人员工作效率的高低在很大程度上取决于其沟通与协调能力的强弱。可以说,沟通和协调已越来越明显地贯穿在秘书工作的各个环节中。

◎ **理论导读**

任务一　秘书沟通工作

一、沟通的概念和种类

沟通是一种信息传递和交换的过程,不仅包括公务信息的传递和交流,也包含着个人情感、思想和观点的交流。

有的时候,一个信息虽然被传递出去,但没有被对方所接收和理解,因此这是一次无效沟通。例如,当经理向秘书布置一项任务时,秘书却由于家庭矛盾而心事重重、注意力分散,表面上秘书看似在听从安排,其实根本没有注意听经理在讲什么,这就意味着有效沟通没有发生。

一次有效的沟通是组织作出正确决策的必要前提;是协调好组织内各种关系,使组织成为一个整体的凝聚剂;是领导职能得以履行的基本途径;是改善组织内人际关系的重要条件;也是组织与外部环境建立联系的桥梁。

秘书沟通工作的任务,就是要在公务活动中,有意识地运用各种方法和技巧,促进人与人、人与组织之间的有效沟通,以达到提高公务活动效率的目的。

沟通贯穿于秘书工作的各个环节,可以按沟通的方式、方向、渠道、是否存在反馈等对沟通进行分类。

(一)按沟通方式分类

1. 口头沟通:是通过口头表达的方式进行信息传递的沟通。例如,交谈、讨论、会议、演讲、走访联系等。

2. 书面沟通：是通过书面形式，以文字为媒介进行信息传递的沟通。包括文件、信件、便条、简报、书面汇报、备忘录等。

3. 非语言沟通：是通过口头语言和书面语言之外的非语言符号进行信息传递的沟通形式。如语调、手势、表情、肢体动作、信号等。

4. 电子沟通：是通过运用各种电子设备进行信息传递的沟通。如计算网络、闭路电视、复印机、传真机等。这些设备与语言和纸张的结合，有利于提高沟通的效率。

（二）按组织内信息沟通的方向分类

1. 上行沟通：是指下级向上级传递信息，是由下而上的沟通方式。如下级向上级反映情况、提出建议、汇报工作等。上行沟通是领导了解基层情况和员工思想状态的有效渠道。只有上行沟通的渠道顺畅了，领导者才能准确掌握基层工作的真实情况，体察员工的困难和需求，明确工作中问题的症结之所在，才能想出有针对性的对策，从而不断改善各项工作。

2. 下行沟通：是指上级将信息传达给下级，是由上而下的沟通方式。通常的表现是上级向下级发布命令、指示、规章、政策、规定等。下行沟通顺畅可以帮助下级明确工作任务、目标、程序以及具体要求，便于下级主动开展工作。

3. 平行沟通：是指组织中处于同一层面的人员或职能部门间的信息传递和交流的沟通方式。平行沟通的顺畅能为组织内职能部门或员工之间构建一个信息交流的平台，有利于加强联系，促进协作与团结，减少矛盾和摩擦，改善人际关系。

4. 斜向沟通：是指没有直接隶属关系的单位和人员之间的信息沟通方式。斜向沟通有利于加速组织与外部的信息交流，为组织创造良好的外部环境。

（三）按信息沟通的渠道分类

1. 正式沟通：是指通过单位明文规定的渠道进行信息传递和交流。如通过专门的会议传达、正式文件通知等。正式沟通的优点是沟通效果好，有较强的约束力；缺点是刻板，缺乏灵活性，传播速度慢。

2. 非正式沟通：是指在正式沟通渠道之外进行的信息传递和交流。如领导以个人身份与职工沟通思想，职工之间私下交换意见，背后议论别人，小道消息的传播等。非正式沟通的优点是沟通方便、内容广泛、传播速度快；缺点是随意性强，信息扭曲和失真可能性大，容易传播流言而混淆视听。

（四）按信息沟通是否存在反馈分类

1. 单向沟通：是指没有反馈信息传递的沟通方式，发送者单方面向接受者传递信息。如一些简单又比较急需办理的事情，往往直接交代下属办理，而不征求下属的意见。单向沟通缺乏民主，易使接受方产生抵触情绪。

2. 双向沟通：是指有反馈信息传递的沟通方式，发送者与接受者之间进行信息的双向交流。双向沟通有助于增强彼此了解，加深感情并建立良好的人际关系。

二、有效沟通的原则

（一）可信赖性原则

沟通者要给人以可信赖的感觉，从彼此信任的气氛中开始，沟通者和接受者之间的信任有助于沟通的顺利进行，以便尽快达到沟通的目的。

（二）一致性原则

沟通计划的实施，必须与本组织的发展目标相一致，必须使沟通达到更好地为组织发展服务、促进组织发展目标实现的目的。

（三）内容针对性原则

沟通的内容要考虑到对接受者的意义和价值，一般人都对能给自己带来价值的信息感兴趣。

（四）明确性原则

沟通要以简明的语言进行，所用词汇对沟通者和接受者都代表同一含义。复杂的内容要采用列出标题或分类的方法，使其明确简单。

（五）持续性原则

沟通是一个没终点的过程，为达到有效的目的，有时需要重复，但在重复中要不断补充新的内容。这一过程应该持续地坚持下去，直到取得预期的沟通效果。

（六）渠道恰当性原则

大多数的沟通都会涉及各种各样的沟通对象，所以沟通者需要通过大量不同的渠道来实现目标。例如，你可以与同事谈话进行沟通，与其他部门通过会议进行沟通，给上司写一封建议信进行沟通，通过 E-mail 与朋友进行沟通，或者筹备一次对外公关活动与外界沟通等。一些重要的商务沟通要求所有这些方式或更多的沟通渠道相互协作，以达到有效沟通的目的。

三、影响沟通的障碍因素

（一）信息发送方面的障碍

1. 表达能力

有效沟通的一个最基本条件是，信息的发送者要有较强的口头表达能力、书面表达能力、逻辑推理能力。如果发送者不能清晰地发出自己所要表达的信息，就势必造成信息在发送前就存在着不完整性。很难想象，一份逻辑混乱、语言不通的书面报告，能够让人了解所要表达的真实想法；一个含混不清、语无伦次的发言，能够让人明白发言者的意图。

由此可知，如果一次沟通的信息发送者不能准确组织语言和文字，就不能准确地把要表达的内容传递出去，这样在沟通的第一环节就出现了问题。

2. 知识经验

任何人都无法传递自己不知道的东西。由于人们的个性及知识经验具有很大的差异性，如果信息的发送在某些问题上所掌握的知识或所拥有的经验有限，就有可能影响所传递的信息质量。如果信息发送者与信息接受者之间有共同的经历和经验,这样就比较容易实现有效沟通的目标。相反,如果发送者与接受者的知识水平和经验水平差距很大时,在发送者看来很简单的事情,接受者却由于知识和经验太少而难于理解。

3. 发送者信誉

沟通中人们经常会发现,在沟通方式、沟通内容及沟通对象相同的情况下,不同的信息发送者可能会收到不同的效果,这说明人们对信息发送者的信任程度会影响沟通的效果。如果信息的发送者是一个被他人信任、尊重的人,信息的沟通会顺畅得多。相反,如果信息的发送者是一个没有威信、人品差、不被人信任的人,接受者必然对发送者的话持怀疑的态度,沟通的效果就会大打折扣。

(二)信息传递渠道的障碍

1. 传递环节多的干扰

信息在传递的过程中,所经过的环节越多,信息的损耗就越大,容易使得信息失真、曲解,丢失的可能性也相应增大。据研究,信息从最高层逐级传到基层时,信息传递的环节必然增加,对信息的有效传递会造成障碍。

2. 沟通的方式选择不当

沟通所使用的方式,也会对沟通的效果产生影响。如对一些重要事情的传递,采用"口头沟通"的方式,接受者会认为这不是很重要的事,因为人们习惯地认为,只用发文件等书面形式沟通的事情,才可能是重要事情。

3. 外界环境的干扰

环境的干扰也会对沟通过程中信息的传递造成阻碍。如讨论场所的噪音、音响或通信信号的突然中断、第三者的干扰等,都会影响信息的传递效果。

(三)信息接受者的障碍

1. 理解能力

理解能力是与信息发送者表达能力相对应的,发送者发送的信息无论怎样完整、清楚,接受者受自身理解能力的限制而不能够正确理解,则必然无法进行有效的沟通。

2. 信息量太大

过量的信息会使接受者无所适从,不知哪些是最重要的。过多无用的垃圾信息,必然分散接受者的精力,导致一些重要的信息被忽略。

3. 认识上的障碍

由于个人之间的认知水平、看问题的角度不同,对同一件事容易作出不同的理解和评价。另外,在平时生活中常见的一词多义,也会造成认识上的障碍。同样,接受者与自己喜欢的人沟通会很顺利,而与自己不喜欢的人沟通则会很困难。

四、沟通的基本方法与技巧

（一）提高表达的能力

提高表达能力，即提高"说"和"写"的能力。

提高"说"的能力，首先必须明确我们想要表达的是什么，而且要使表达的信息引起听众的兴趣，秘书人员锻炼"说"的能力，可以多参加演讲，学习和借鉴表达能力强的同志的交谈技巧，甚至于将书上看来的笑话，用自己重新组织的语言讲给同事听，也是一种"说"的锻炼。

提高"写"的能力，就必须多实践，多写东西，练习使用最简洁的语言，表达明白自己的思想。只有通过长期的书写训练，才能不断地提高书面语言的表达能力。

在沟通中，要真正做到正确运用语言和文字，必须做到以下几点：

1. 多使用陈述语句，避免情绪化的评论和对方情感上不愿意接受的语言文字。

2. 语言文字的使用力求准确，不使用容易产生歧义的词汇以及含混不清、模棱两可的语言。

3. 不要使用华而不实的辞藻来堆砌文章。

4. 与非专业人士交谈，避免使用专业术语，语言应平实、通俗易懂。

5. 多使用短句，少使用长句。

6. 语言的逻辑和条理要清楚，人称指代要明确。

（二）积极倾听

认真倾听对方讲话，正确地理解讲话内容，是沟通的重要环节。很多无效沟通就是因为不注意倾听所造成的。提高倾听能力的技巧包括：

1. 选择有利的倾听环境，安静、平和的环境能使传递者处于身心放松状态。

2. 少说多听，注意保持沉默和冷静，注意力集中。

3. 用动作语言表现出你对谈话的兴趣，如注视对方的眼睛、点头赞许、恰当的表情等。

4. 保持平和的心态，抱着学习和交流的态度，不要产生与对方争论的念头。

5. 不打断对方正进行的发言，避免做出干扰对方的行动、声音、手势等。

6. 不主观臆测对方的观点，不在对方结束发言前过早作出判断和结论。

7. 在必要时，对含混或有歧义的表达，可以通过提问来加以澄清。

8. 从对方的角度出发，进行"换位思考"，有助于正确理解对方所要表达的思想。

（三）有效的提问

在沟通过程中，选择适当时机，进行恰如其分的提问，有助于沟通者与接受者之间深入地交换思想，提高沟通的有效性。

1. 提问的目的既可以是为了证实自己的理解正确与否，又可以是为了对不清楚的问题的询问、提出建议、征求意见,还可以是为了控制谈话方向、制止别人滔滔不绝的谈话。

2. 要以理解的态度,认真诚恳而准确地提出一些双方都能接受的问题。

3. 提问的时机,既不要过早又不要太迟,就当前的事情提问,还要注意别打断对方正在进行的发言。

4. 提问的方式要考虑当时的环境和交谈对象的不同,有时可以单刀直入,有时可以迂回曲折,有时可以层层推进,有时可以声东击西。总之,不管以什么方式,目的都是促进沟通。

5. 注意提问时的话语速度、吐字的清晰程度。

6. 提出要求时要简洁、重点突出。使对方在最短的时间内了解你的意图,不要兜圈子,避免引起对方的反感。

(四)注意非语言沟通

根据有关研究,在面对面的沟通中,有 65% 的信息是通过非语言形式传递的。如果能够准确把握并有意识地运用语调、手势、表情、肢体动作、信号等非语言信息进行沟通,必然会起到减少信息损耗、提高沟通效率的作用。

下面简单介绍一些非语言信息的含义。

1. 手的动作的含义

(1)一般来说,如果是手向上抬的动作,且手掌心向上,往往是支持和不带威胁的表示;手向下压、掌心朝下的动作,往往是压制、带强制性的表示;男性挽袖露出手腕,是显示力量或是表示要投入艰巨的工作,有时是表示威胁对方;女性露出手腕,则是想吸引异性的注意或是表示好感。

(2)拇指向上竖起,表示赞许;如果双手插在上衣或裤子口袋里再伸出拇指,则有高傲之嫌;十指交叉,看似自信,实则很可能是焦虑;双手交叉抱于抬起的脑后,表示高傲、有优越感、有信心;柔和的手势表示友好、商量;强硬的手势表示必须听他的。

2. 眼睛和面部表情的含义

(1)与人交谈不看对方的眼睛,会让对方认为你对他的讲话不感兴趣;目光接触时间不足全部谈话时间的 $1/3$,则表示不诚实或企图说谎。

(2)人正常眨眼一般是每分钟 5~8 次,如果一秒内连续眨眼几次,是神情活跃、对交谈话题感兴趣的表示;时间超过一秒钟的闭眼,则表示厌恶、不感兴趣,或轻视的意思。

(3)亲昵的视线交流可以使双方神经放松,沟通顺畅;长时间的紧紧盯视,则表示不友好,容易引起敌意。

3. 身体姿态的含义

(1)坐着或站着时挺直腰板,给人威严之感,保持正式场合的庄严气氛;双臂交叉于胸前,是封闭和防卫的肢体语言;双手叉腰的基本意义在于尽量扩展个人势力范围;双手抱肩、双手抱膝都是缩小个人势力圈的动作。

(2)在椅子上坐立不安,如坐针毡,不是急于离开,就是担心被他们揭穿;总是舔嘴唇,或是有事无事就用手或手帕擦嘴,实际上是在掩饰说谎;用手指敲东西、咬指甲、好几次整理领带,或其他重复多次而毫无目的的动作,显示紧张的心态和心里的不安。

(五)运用反馈手段

很多情况下,沟通之所以不能顺利进行,就是因为缺乏反馈而产生不必要的曲解、误解造成的。没有反馈,发送者无法知道接受者接收了多少正确的信息。

发送者可以通过直接或间接的发问来确认接受者是否完全了解信息,以便及时调整陈述方式。例如,发送者可以问:"我刚才谈了我的一些想法,你的看法呢?""你能为我提供更多关于这件事的情况吗?"等。

反馈不一定完全是语言形式的表述,你也可以从对方的动作、表情等方面看出。有时,这种无意识的反馈更加可靠。例如,你正在做大会发言,而听众们窃窃私语,注意力不集中,说明你的发言没有引起听众的兴趣,你需要转换话题以引起听众的注意。

(六)把握好沟通的时机

沟通的时间、地点、方式都会对沟通的效果产生重要影响。

在时间方面,如果接受者正处于情绪低落或手头有紧要工作需要完成,此时一般信息不会引起他的注意,与他沟通效果会很差。例如上司因为家中有人得病住进了医院,秘书此时向他汇报工作,他可能会表示知道了,但实际上他记住了多少就很难说了。

沟通的场所不同,沟通的效果也会有很大的不同。例如上司对下属工作中的失误进行批评,如果选择在上司的办公室私下交谈,即使语言较为严厉,下属一般也能接受。如果上司当着大家的面批评他,就会损伤下属的自尊心,甚至可能当众顶撞,沟通的效果会很差。

信息的沟通还要注意选择合适的方式,有的事情适合于以公开的方式通过正式渠道传递,有的则适合于以秘密的方式进行非正式沟通,有的事情适合在办公场所沟通,有的事情适合于在家庭中沟通。

任务二　秘书协调工作

爱因斯坦说:统一、联系、和谐、协调是自然界的普遍性质。协调工作已成为秘书工作中的一个重要部分。文秘人员利用协调艺术可以使社会组织与相关公众达成协调,并通过具体的协调行为使双方进入协调状态。以下介绍秘书在协调工作中的基本理论知识和基础训练方法。

一、协调的概念

协调,字面意思是指事物间配合得适当。在哲学上,协调用这一范畴来概括和表达事物相互适应和有序的关系状态。同时,这一范畴还揭示和反映系统稳定状态中的协调机制。秘书协调是指秘书人员在职责范围内,或根据领导授权,调整和改善部门之间、工作之间、人与人之间的关系,使之以整齐步伐,达成共同使命。

秘书部门进行协调有着特殊的职能基础。作为综合部门,工作涉及面关系到组织运转的方方面面,有着广阔的发挥协调作用的天地和调动各方面的积极因素进行协调的潜力;作为信息枢纽,秘书部门具有预测和发现失调现象并依据信息渠道准确分析失调原因,寻求并选择协调途径的能力;作为领导的办公机构,对组织目标、整体利益、工作计划、领导意图等能比较全面地了解,因而能比较准确地把握协调方法和有关方针政策,把握协调分寸;作为领导人的近身助手,在领导信任和授权以及领导机关的权威性作用下,在具体的协调事务中,能发挥较大的影响力。

二、协调的范围与方法

(一)对上关系的协调

对上关系协调是指组织对其上级领导人和领导部门的协调。这个过程往往通进正确贯彻上级的政策、指示,全面领会领导意图,局部利益与整体利益保持高度的一致性,不折不扣地完成上级下达的工作计划和工作布置,并及时地汇报执行情况等组织行动来实现。秘书要在上级与本单位之间做好沟通工作,既要促进本单位正确、及时地贯彻落实领导的意图,又要促进上级及时、全面地了解本单位的实际情况,从而促进本单位与上级保持一致,协调运转。

对上关系协调的方法主要有以下一些。

1. 及时发现问题

发现问题是解决问题的关键。秘书人员是领导的贴身助手和参谋,在本部门和上级的关系中处于重要位置,一旦发生某些不够协调的现象,应能敏锐地从文书往来和领导的言谈举止中及时发现问题。发现问题后,要及时向领导汇报,并积极采取相应的协调措施。

2. 解决问题的方法

和上级领导部门的关系,与其他的关系相比具有一定的特殊性,解决方法也应与之相适应,没有公式化的程序,而要根据具体情况、问题的性质和大小采取相应的办法。大体上说,可采取以下几种方法。

(1)自查:就是检查本部门自身是否全面领会了上级领导的意图;是否贯彻了上级部门的政策精神;是否局部利益服从整体利益;是否在各个方面与上级领导保持了一致;是否完成了上级部署的各项工作;是否符合标准等。

(2)整改:一般而言,如果本部门的工作符合上级部门的要求,得到领导的肯定、认同,就不会产生不和谐的现象。但如果在自查中发现有与上级要求不一致的地方,那就应该加以整顿、改进,以纠正偏差。

(3)积极请示:在贯彻执行上级的工作要求时,会遇到各种不同的情况,这些上级在布置工作时未必都能考虑得尽善尽美。遇到这种情况,下级部门不宜擅自决定,而应多请示,请领导对难以解决的问题予以定夺,以便做好工作。

(4)主动汇报:将本部门的工作安排和进展情况、所遇到的问题等主动向上级部门汇报。这一方面能使上级全面了解本部门的实际情况,便于作出正确的判断和适当的决策;另一方面也体现了下级对上级领导部门的充分尊重。

在协调工作中应注意:

(1)维护领导成员的威信和形象。秘书人员维护领导成员的威信,主要是从工作的角度出发,即使秘书本人因此受些误解和委屈,也要泰然处之。在工作中,只能为领导补台,不能拆台。秘书人员一定要尊敬领导,积极配合领导工作。当领导有某些疏漏和不足时,要积极采取补救措施,消除影响,同时要注意维护领导的自尊心。每个人都有其自尊的一面,领导者也不例外,秘书人员给领导提意见和建议时一定要注意场合。

(2)维护领导层内部的团结。维护本单位领导层的团结,事关本单位内部的稳定和有效运转,这是每个秘书人员义不容辞的责任。秘书人员作为领导的参谋和助手,经常活动于各领导成员之间,并在领导层和下属机构之间起着沟通信息、处理信息的作用,因此掌握的情况比较多,也比较深入。反映情况、转达意见时要讲究方式方法,不利于团结的话、闲话、气话不要说。当发现领导之间有误会时,应寻找适当的机会帮助澄清问题,化解矛盾。切不可挑拨是非,将问题复杂化。秘书请示汇报工作,应严格按照领导成员职责分工进行,有分管领导就找分管领导,不越级请示。涉及全局的问题,要请主要领导人裁定,并通报其他领导成员。

(二)对下关系协调

对下关系协调是指上级机关在工作过程中,应充分考虑下级的实际情况,倾听下级的意见和要求,科学地制定决策,并有效地将组织决策意图贯彻到下级各执行单位,使之自觉地协调运转,积极为实现组织目标而努力工作。

就秘书工作而言,在对下级关系协调过程中,主要采取:

(1)在领导形成决策之前,深入基层调查研究,征求各方面的意见和建议,使决策建立在全面了解情况、充分代表群众的根本利益的基础上。

(2)在决策者执行中,如果发现决策方案的疏漏和偏差或者是发现执行单位的实际困难,应及时传递给领导,使领导者作出及时的和必要的调整。当下级单位对领导决策意图尚未全面充分理解时,秘书有责任向其宣传领导意图,提高其执行决策的主动性和积极性。

（3）在决策执行告一段落的考核评估和总结表彰工作中,秘书部门一方面要给下级单位的自我检查和总结给予必要的帮助;另一方面要协助领导以工作计划为依据,制定切实可行、具体明确的考核标准和评估办法。在对下关系的协调事务中,秘书既要参与决策全过程中的协调工作,又要在自身的工作事务中,全面深入地观察、分析和解决问题,避免失调现象。

对下关系协调的常用方法如下。

（1）面商协调法:对不涉及多方,或者虽然涉及多方但不适宜或者不必要以会议方式协调的问题,可以用面商的形式。面商方式比较灵活,既可以是代表组织意见的正式谈话,又可以是个人之间的谈心和交流。总之,应根据不同需要灵活处理。

（2）磋商式协调法:协调者以平等的身份、商量的态度、探讨的口气发表自己的意见,征求对方的看法,共同寻求解决问题的最佳办法,达到协调的目的。在重大问题未决策前,上下级之间、平行级之间、部门之间,为了达成某种协议,可以采用磋商式协调。

（3）建议式协调法:协调者以平等的身份、建议的态度、谦虚的语言,将自己的意见转告给对方,提请对方选择采用,以达到协调的目的。而不是要求对方去做什么,更不是指示别人做什么和怎么做。平行关系、无隶属关系的单位之间及上级机关某部门与下级单位之间,往往采用建议式协调。这种协调不具有强制性和约束力,但具有一定的影响力,有助于解决问题。

秘书对下关系协调时应注意:

（1）严守本分、不擅权越位。这是因为秘书部门不是独立的,只是领导机关的辅助机构,处理、协调问题的时候,只能依据领导的决定、决议和批示的精神办事,而不能代替领导拍板。秘书人员虽然辅助领导研究各种问题,但只有发言权,而无表决权。秘书部门提出解决问题的预案,只有经过领导的研究决定后,决议才能生效。

（2）秘书在工作中往往会碰到一些桀骜不驯的下属,他们足智多谋,有能力、有魄力,同时锋芒毕露,雄心勃勃,处处透着慑人之威。这些下属常常提出与上级相反的意见,而往往又能显示出他的意见是高明的。这使得许多管理者不知如何对待他们。对待这种人,我们绝不能学习嫉贤妒能的“武大郎”,而应该放手使用,充分信任,为他们提供施展才华的机会和条件,采纳他们的意见,赋予他们解决问题的权力。而对那些能力比自己强的人,如果能尊重他们、态度谦虚点,反而能令人其心服,同时也可以吸引更多的人才。

（三）上下双方关系协调

上下关系协调是指对本部门的上级与本部门的下级进行协调。目标是理顺上下关系,使得上下思想、行动保持一致。进行这项协调工作的秘书处于中间环节,作用大、责任重。

1. 对政策变化后的协调步骤

有时已经形成的决策和上下知晓的动议,突然因情况有变需要撤销,准备形成新的处理方案,这就要求秘书对上下双方进行工作关系的协调。这个时候,一要使上下对新情况认识一致;二要对撤销原动议上下认同;三要对处理问题的新方案反复讨论,上下均表示满意。上下级机关的秘书部门在沟通、联络、交换意见、草拟方案等方面,能起到不可低估的作用。通过协调可避免下级对上级产生"政策多变"的误会,避免上级对下级产生"不尊重领导"的看法。

2. 上下关系协调工作的一般程序

纵向协调工作没有固定的程序,但一般来说其工作全过程可以分解为若干步骤,循因求果,步步推进。

(1)找准问题。这是协调工作的开始,强调一要找,即秘书人员要主动深入实际、深入群众,通过调查,发现需要协调解决的矛盾;二要准,即找准那些必须通过协调才能解决的问题,然后报请领导同意,请他直接出面协调,或受领导之托行使协调之责任。

(2)拟订方案。通过对协调课题的分析论证,提出切实可行的协调工作方案,包括协调的时间、地点、参与人员、拟采用的协调工作方法、所要达到的目的,并尽可能设计出几套方案,陈述其利弊,请领导同志定夺。正确的工作方案可避免走弯路,但工作方案很难做到尽善尽美,只能在协调工作实施过程中不断修正。

(3)实施协调。实施协调工作方案,既要有原则性,又要有灵活性,瞄准协调目标,随机应变。但对协调过程中出现的新情况、新问题要及时向领导反映汇报,以便得到领导的支持。

3. 实施协调中采用的主要方法

(1)文字协调法:这是经常采用的协调形式,如通过拟订工作计划、活动部署、定立制度、集体审查修改文稿等形式统一认识,协调行动,使组织内部上下各相关方面的工作协调运转;用征求文稿意见、会签文件、会议备忘录、会谈协商纪要等形式,协调组织与外部各方面的关系。这种形式具有规范性、稳定性,是较长时间内保持协调关系的依据。

(2)信息沟通法:现实生活中的很多矛盾,是由于不了解情况,凭主观臆测,加上偏听偏信造成的。医治此症的良药,就是沟通信息。将有关部门、单位的人员召集起来,如实介绍情况,就能解除误会,消除隔阂。心情舒畅,事情也就好办了。

(3)政策对照法:对同一项工作,有的部门认为该办,有的部门认为不该办、不能办,往往众说纷纭,各持己见。在这种情况下,就要对照党和国家的方针、政策、法规,用政策统一思想,达成共识。

(四)秘书与领导关系的协调

领导是秘书公务服务的主要对象,正确有效地协调与领导的关系,使两者工作和谐、心理默契、相互信任,这对秘书发挥其职能作用有着关键性的影响。

秘书与领导关系协调的步骤主要有以下三步。

1. 检查自身

秘书要协调与领导的关系,首先要从检查自身做起。在政治意识上、思想品德上、业务素质上,都要严格要求自己、不断寻找差距。特别是在为领导和领导部门服务方面,应不断地对照有关要求,看是否做到尽职尽责,是否能准确理解、把握领导的失误,在工作中是否贯彻好领导意图,是否圆满完成了领导交办的各项工作等。

2. 提高业务素质

秘书必须不断加强服务意识、服从意识、参谋意识、全局意识;必须摆正自己的位置,处理好对领导的依从性和独立性的关系,不断提高业务素质,提高观察感知能力、分析综合能力、语言文字运用能力、组织社交能力。只有素质提高了,才能不断改进工作,更好地为领导服务、当好助手和参谋,使自己的工作有所进步并得到领导的肯定与认可。

3. 主动交流

秘书人员应该尊重领导、体谅领导,与领导进行多方面的交流,以便加强沟通,逐步建立起领导与秘书新型的和谐关系,即工作上的领导与被领导、辅助与受辅助关系,政治上、人格上的平等关系,生活上、道义上的友爱关系。

秘书在与领导关系的协调中,应充分注意:

(1)总结领导活动规律,正确领会领导意图,在辅助领导工作的职能位置上,积极主动、及时周全地为领导服务。

(2)要不折不扣地完成领导交办的事务,做到忠诚可靠,不假借领导的权威谋私,也不向领导献媚讨好。

(3)维护领导的威信,不背后议论,若发现领导工作中的失误和疏漏,坦诚地当面提出自己的建议和看法,做领导的净友。

(4)设身处地地体谅领导。受到批评要虚心,受到误解不埋怨,找适当的机会向领导解释。

与领导关系的协调,对秘书人员来说是一个颇有难度的问题。秘书人员应认识到,搞好与领导关系的协调,对组织运转和发展有着至关重要的影响。秘书人员的职能地位为协调工作提供了良好的条件和较多的机会。秘书人员应努力工作,使领导产生信任感。在与领导建立深厚的同事感情和友谊的同时,还要能够运用灵活的协调方法和艺术。

(五)秘书与群众关系协调

协调好群众与单位的关系,使群众对单位有一种向心力、凝聚力和归属感,这就是群众关系协调的努力方向和目标。

群众是组织的基石。做好群众工作是秘书工作的重要内容。除了用组织会议、制发文件统一群众的思想和行动外,还应该做以下工作:一是深入调查研究,发现不和谐的因素和失调的趋势,努力协调各方并及时向领导汇报,尽快解决;二是在草拟决策方案、法规制度时,要全面考虑,避免出现疏漏,以免在群众中造成矛盾和纠纷;三是当群众中发现某种利益冲突时,一方面要协助领导,帮助群众,让群众理解根本利益的一致性,另一方面要及时向领导汇报,建议领导采取必要的措施;四是当一项改革措施出现,群众中的认识出现差异时,秘书人员更要加强宣传工作,避免因认识上的差异造成群众中的矛盾和纠纷;五是对群众中存在的一些一时难以解决的矛盾,一方面要缓解矛盾,另一方面要请示领导,创造条件逐步解决。

常用的方法:

(1)理论灌输方法:协调工作不能以势压人,而要以理服人,晓之以理,动之以情。要用大道理管小道理,通过宣传马列主义、毛泽东思想、邓小平理论,用真理来统一思想和行动。

(2)权威利用方法:这是当有关各方固执己见、互不让步,进而可能影响领导决定事项的贯彻落实时,不得已采取的方法。通过富有权威的领导同志出面干预,或者由领导积极表态,进而达到统一思想和步调的强制性办法。

(3)感情激励法:协调的方法有很多,以攻心之法为上。最能感动人心的,莫过于一片人间真情和一颗赤诚之心,晓之以理,动之以情。人是有感情的,往往因为一番肺腑之言和困境中的一次鼎力相助,就能够起到联络感情、化解矛盾的作用。人与人之间如此,部门之间、单位之间也是如此。

(六)秘书对领导成员之间的关系协调

领导之间在感情上有距离,在工作上有分歧是正常现象。因此,秘书参与协调领导成员之间的关系,以缓和领导之间的矛盾,是其一项主要的职能。

领导之间的关系存在不和谐,大抵由两种情况引起:一是看问题的观点和角度不同;二是彼此之间的信息传递不佳,有误会。由于秘书贴近领导,可以利用许多方便条件把协调领导之间关系的工作做得及时、灵活而全面。其方法有:

(1)如果领导之间的矛盾和分歧是原则问题,对于秘书来说,只要坚持原则,旗帜鲜明地站在正确的一方就行了;

(2)如果领导之间的矛盾是工作中的分歧,或者有的隐藏着"我说了算"的意气之争,秘书人员对这种非原则性问题,就要善于"和稀泥",避免事态扩大,尽量缓和矛盾,促进矛盾化解,增强团结,而不是搬弄是非、挑拨离间,扩大分歧。

三、协调艺术

无论是哪方面的协调都要讲究协调艺术。常用的协调艺术有以下三种。

1. 捕捉有利的协调时机

在协调工作中,时机把握得好,可事半功倍;时机把握得不好,则寸步难行。当协调对象精神愉快、工作间歇、心情平静时,容易接收别人的意见和建议。当矛盾显现、条件成熟、是非分明时,上级政策、方针明确时,协调易于取得成功。各相关方面意识到协调需要时,感到共同利益、共同目标的实现必须协调时,协调能够很快取得成效。这就需要秘书人员敏锐地捕捉信息。要有观察问题、发现问题的能力。要善于发现偶然线索,抓住有利时机和条件,并加以利用,进行协调。

2. 协调活动中的换位思考

在实际工作中,由于各自所处的位置不同,看问题的角度也不一样,可能产生很大的分歧。在这种情况下,协调人员不要简单地重申和强调自己的看法和意见,而要理解对方,使自己和有关人员都平静下来。应该尝试着将自己置于对方的位置,以对方的处境、情感及观点来考虑和解释共同的问题,以期求大同存小异。

3. 服从大局

秘书人员必须有全局观念。全局或者大局,是指事物的整体,一件事物发展的总过程,构成事物的各个部分、各个方面和事物发展过程的各个阶段。局部服从大局,就是指协调处理全局与局部关系时,必须照顾全局。对一个行业中各个单位而言,全行业是大局,任何时候都必须做到部门、单位利益服从全局利益和本地区的整体利益;职能部门的利益服从全单位的利益。同时在此基础上,应当尽可能地满足局部、部分的正当权益及合理要求。秘书人员在协调中如果不讲大局,就失去了协调的依据和方向。在实际工作中,许多部门、单位往往容易站在自身的立场上,维护本部门、本单位的利益。因此,秘书在代表领导做协调沟通的工作时,要积极引导部门在工作目标、思想观念和实际步骤上达成共识,把本部门的利益、目标与全局的利益、目标结合起来,各部门之间互相协调和适应,不搞自我封闭,摒弃"只管自家门前雪,哪管他人瓦上霜"的自私狭隘心理,为全局工作作出贡献。同时,身处协调岗位的秘书,应该设身处地地为部门考虑,作适当的利益平衡,方能稳定大局。

◎ 技能训练

训练一 案例分析——如何进行有效的沟通

一、训练目标

根据技能要求作针对性训练,熟悉沟通工作的基本要求,掌握开展沟通工作的基本方法和技巧。

二、训练方案与要求

案例一：如何进行有效的沟通

李明在一家食品加工厂的包装车间里当管理人员，马丽是车间里贴标签的工人。马丽刚犯了一个严重错误，包装流水线上的产品换了，却没有换上相应的标签，李明找马丽谈话。

李明："你怎么可能让这种事发生？我早就跟你说过了，而且要你特别当心。"

马丽："当时我以为换流水线上的产品，我会从打包工那里得到这个信息，可他什么也没对我说。"

李明："这不是我当时的意见，我说'打包者'，指的是打包机，当产品换线时，他们红灯就亮了。"

马丽："我想我大概误解了你的意思。不管怎么说，那天你跟我说这件事时，我为母亲急得要命，她正在医院里动手术，我真没想到，贴标签会惹下那么大的麻烦。"

请分析：

1. 李明传达给马丽的信息不清是因为什么原因引起的？

2. 李明传递信息时怎么做才能保证信息准确到位？

3. 马丽在接受信息时，应注意什么？

案例二：怎样与不愿意与你共事的人合作

一、案例回放

"五一"国际劳动节快到了，安装公司办公室主任交给参加工作不久的秘书小陈出黑板报的任务。但是由于小陈既不会画画又不会写美术字，为此公司从另一办公室选调了一位美术功底较好的小杨负责版面工作，小陈专门负责组稿、改稿工作。小杨是美术科班出身，画画、写美术字驾轻就熟，在小陈面前有点骄傲，根本不把她放在眼里。眼看着"五一"劳动节快到了，小陈的组稿和改稿工作基本完成了，可是小杨还慢悠悠地未见动静，弄得小陈不知如何是好。

二、分析讨论方式

1. 分析分组讨论；

2. 每组推荐一个中心发言人，归纳出同学的发言；

3. 各组中心发言人在全班发言；

4. 老师作最后总结。

三、请选出正确的答案，并说出理由

1. 将小杨不愿合作的事直接告诉办公室主任，并向主任表明责任不在自己，由主任处理。

2. 和小杨摊牌,告诉他:"你到底愿不愿意干,不干我找别人去。"

3. 凭自己的关系,另外请一个人来帮忙,不去求小杨,如期把黑板报搞好。

4. 抱着与人为善的态度,采取委婉的劝说方式,启发他与自己合作。

训练二　情景模拟——领导关系协调

一、训练目标

根据技能要求作针对性训练,学会如何协调领导与其他单位领导间的关系。

二、训练方案与要求

角色扮演分工及模拟:甲同学饰唐主任(秘书);乙同学饰李主任;丙同学饰陈厂长;丁同学饰小刘。

[画外音]

红星供销社和长虹酒厂本来是两家长期以来合作得比较好的企业,但是,有一次为了销售长虹酒厂生产的"长虹香槟酒",两个单位的领导之间产生了矛盾。

第一场景:红星供销社业务员小刘追上了外出办事的供销社办公室唐主任:"唐主任,快去劝劝李主任,他和长虹酒厂陈厂长吵起来了!"

[在幕布缓缓拉开的同时,画外音响起]

李主任是红星供销社社主任,陈厂长是长虹酒厂厂长,两家企业虽然关系一直很好,但也曾经发生过一次小小的摩擦:上次,因酒厂失约,给供销社经营造成了一定亏损,李主任很是不满。昨天,陈厂长来供销社推销香槟酒,李主任不冷不热地说:"唉哟,陈大厂长,还记得起我们这个小小供销社呀?你找的是哪一家医生,怕是吃错了药吧!"陈厂长自然知道这句话的含义,但想到目前产品积压,资金紧张,又不得不忍气吞声地向对方求情。结果双方仍然是不欢而散。今天,陈厂长再次登门,在门市部找到了李主任。

[这时幕布已经拉开]

第二场景:李主任指着货架上的"长虹香槟酒"没好气地冲着陈厂长说:"你看看,这就是你们厂生产的酒,我们这里还有上百瓶存货!嫁不出去的女儿就往我们这里送,我们是收破烂的吗!"陈厂长一时性起:"你话说得这么难听干啥呀!这笔生意我们给出了那么多优惠条件,你还说三道四,难道今后不打交道了吗?"

陈厂长和李主任争得面红耳赤的时候,办公室唐主任和业务员小刘来到了门市部,这时围观的人越来越多,唐主任知道,如果再这样下去,两位领导人都下不了台,对双方企业形象都没有好处。

［画外音又响起］

刚才陈厂长所说的优惠条件是指:长虹酒厂以出厂价给红星供销社5000瓶香槟酒,先付款五分之一,其余货款五个月以后一次付清。供销社管业务的戴副主任和业务员小刘详细算了一笔账,觉得这生意可做。除税金外,这笔资金供销社还可以借用三个月。再说,眼看着春天快要来临,香槟酒容易推销。这是刚才小刘在路上告诉唐主任的。

第三场景:这时候,只看见唐主任落落大方地走进人群。他首先向长虹酒厂陈厂长点点头,以示对客人的尊重,同时,分别递给李主任和陈厂长一支"红塔山"香烟,又给他们分别点上火。这些都是在悄无声息中进行的,然而,"此时无声胜有声"。嗜烟如命的李主任见了"红塔山",即使气冲牛斗,也会安静下来。然后,唐主任凑近李主任耳语了几句,小刘便随李主任离开了门市部。这时,唐主任又转过身来说:"陈厂长,怠慢了,对不起! 走,去办公室坐一会儿。"

［幕布落下］

3. 裁评单

在以下的评分范围内,评定唐主任扮演者的演示情况,并填写你会怎样处理和表达,以此来解释你的评分理由。

对客人的礼节;

对外协调是否采取强制手段;

是否体现平等互利、共同发展的原则;

缓和、化解矛盾;

漏掉的要点。

注意:角色扮演题一定要演示。由全班同学在旁观察,然后评判打分,并讨论理由。

◎ **知识拓展**

链接资料一　摩托罗拉(Motorola)公司的有效沟通

摩托罗拉(Motorola)公司于1992年在天津经济开发区破土兴建了寻呼机、电池和基站等5个生产厂,成为摩托罗拉在其本土之外最大的生产基地,投资额比原来最初的增加了9倍,员工从不到100人增加到8000多人,年产值达28.8亿美元,是一个在华投资成功的企业。

在摩托罗拉公司,每一个高级管理层都被要求与普通操作工形成介乎于同事与兄弟姐妹之间的关系——在人格上千方百计地保持平等。"对人保持不变的尊重"是公司的个性。最能体现其个性是它的"Open Door"。"我们所有管理者办公室的门都是绝对敞开的,任何职工在任何时候都可以直接推门进来,与任何级别的上司平等交流。每个季度第一个月的1日和2日。中层干部都要同自己的手下和自己的主管进行一次关于职业发展的对话,回答'你在过去三个月里受到尊重了吗?'之类的6个问题。这种对话是一对一的、随时随地的"。摩托罗拉的管理者在每位下层的被管理者们还预备出了以下几种"Open Door"式表达意见和发泄的途径:

1. 我建议。书面形式提出对公司各方面的意见和建议,全面参与公司管理。

2. 畅所欲言。这是一种保密的双向沟通渠道,如果员工要对真实的问题进行评论和投诉,应诉人必须在3天内对隐去姓名的投诉信给予答复,整理完毕后由第三者按投诉人要求的方式反馈给本人,全过程必须在9天内完成。

3. 总经理座谈会。每周四召开座谈会,大部分问题可以当场答复,7日内对有关问题的处理结果予以反馈。

4. 每日简报。方便快捷地了解公司和部门的重要事情和通知。

5. 员工大会。由经理直接传达公司的重要信息,有问必答。

6. 教育日。每年重温公司文化、历史、理念和有关规定。

7. 墙报。

8. 热线电话。当你遇到问题时可以向这个电话反映,昼夜均有人值守。

9. 职工委员会。职工委员会是员工与管理层直接沟通的另一个桥梁,委员会主任由员工关系部经理兼任。

10. 589信箱。当员工的意见尝试以上渠道后仍无法得到充分、及时和公正的解决时,可以直接写信给天津市589信箱,此信箱钥匙由中国区人力资源总监亲自掌握。

分析与对策:

首先,摩托罗拉公司注重管理层与普通员工的和谐关系构建,沟通方式人性化,让员工体验集团公司大家庭的温暖。

其次,摩托罗拉公司注重沟通工作的制度化、日常化,让员工充分体现主人翁的感觉。

从以上可以看出,摩托罗拉公司的上级和下级沟通的方式各种各样,采取这些方式取得了惊人的效果。为此,他们总结出:"抱怨是一件积压已久的事,如果每星期、每天都有与老板对话的机会,人潜在的不满和抱怨还没有来得及充分积蓄已被扼杀在摇篮里了。"

(资料来源:左小德.如何进行有效沟通.企业管理,2002(2):45~47.)

链接资料二　当秘书处在矛盾焦点上时

王县长收到一封"县粮食局下属的种子公司卖给当地农民杂交水稻稻种是假冒伪劣品种"的控告信。眼看着播种期已到,控告人要求县长"为民做主"。县政府组成由县政府办公室王主任、粮食局办公室李主任、种子公司女技术人员小张的三人调查组。王主任办事雷厉风行,30多岁;李主任经验丰富,年龄最大;小张朝气蓬勃,只有20多岁。在王主任的率领下,他们接到命令当天就赶到事发地点。第二天上午便分头深入农户了解情况,中午返回驻地汇总情况。没想到一开始王主任和小张就发生了激烈的争论。

原来,王主任找到写信的农民,并察看了稻种和该农民试育的种子,出芽率仅为20%左右。回到驻地,他见小张正哼着流行歌曲,便劈头盖脸地责备起来:"你们种子公司为了小集团的私利,昧着良心,竟然干出坑害农民的事情来……"年轻气盛的小张还未等他说完便竖起脖子跟他吵起来,说完小张便冲出了住处。

这时,经验丰富的李主任回来了,见王主任一声不吭地吸香烟,觉得气氛有些不对头。

如果你是李主任,该怎么办呢?

分析与对策:

首先,李主任应向王主任汇报,但李主任发现王主任情绪不佳,便询问发生了什么事情。

当王主任大致说完与小张争执的经过后,李主任首先表示歉意:"对不起,我来晚了些,否则不会发生这种事情。"

李主任将自己调查走访的结果向王主任作了详细的汇报:"我到下面调查,发现农民手中有两种稻种,问题就出在这上面。"

接着,李主任就介绍了他了解到的几户农民所买的两类稻种的时间、价格以及种子的成色、颗粒均各不相同。最后,他说:"看来是一真一假,有人冒种子公司之名行骗。"

李主任在叙述他处事的经过时,实际是阐述秘书要养成严谨细致、深入求实的作风。在不动声色之中对王主任必有启发。这是一个经验丰富的秘书应该具备的品质。

这时的李主任绝不能因为自己年纪大,在没弄清情况时便随意下结论,倚老卖老随便批评人。县政府办公室与粮食局办公室虽然没有直接的隶属关系,但仍然有上下级关系,何况王主任是受县长委派,在这三人小组中,他是临时负责人,他责任心强,是非观念清楚,但方法欠妥,属于工作经验问题。再说,稻种事件是发生在本系统,如不及时查清,会影响本系统下属企业的形象,所以李主任应担负起协调责任。生气的王主任见年龄比他大的李主任向自己道歉,情绪也逐渐平静。

李主任还应该与小张谈心,一方面鼓励她工作的热情,另一方面还应批评她的焦躁和不成熟的缺点,同时说服小张向王主任道歉。

当三人统一认识后,还应该进行深入的调查。如果是不法商贩利用个别农民贪图便宜,销售假稻种,造成了严重的危害,则应让县里迅速采取措施,挽回损失。如果牵涉法律问题应该迅速让公安部门介入。

链接资料三　秘书应该有"过滤术"

有一天,党委书记把工会秘书小张叫到办公室,问道:"听办公室的同志说,就差你们工会的学习计划没有报上来。刚才打电话找你的工会主席也找不到,上次常委扩大会议工会主席也没有出席,你们工会这样拖拖拉拉的作风要改一改。"小张心想,工会主席最近因为儿子出差,小孙子患病住院,没有参加上次会议,也没有及时报学习计划。小张在书记面前不便解释,只好回去向工会主席汇报:"党委书记批评我们工作拖拉,还说上次没有参加会议,计划也没交。"工会主席听了以后心中十分不快:"我小孙子住院一个多星期了,我也向党委办公室老李同志请了假,怎么党委书记迄今还不知道?他太官僚了!"

分析与对策:

本案例提出了一个问题:秘书应该怎样"上传下达"?有些人认为秘书的工作只不过是"学学舌,跑跑腿",秘书的这种"学舌",就是向下传达领导的指示,向上汇报下级情况。无论是"上传"还是"下达",都要忠实、准确、客观、全面。但是不是原封不动地传达就叫忠实了呢?答案是否定的。秘书小张就因为不加过滤地传达领导的批评,结果使工会主席对党委书记的批评产生抵触情绪,一定程度上影响了领导意图的贯彻执行。

秘书在工作中如果遇到领导批评下级,在传达时就要加以过滤。党委书记在不了解实情的情况下批评工会主席,根据上面介绍的情况看来:这种批评显然是失当了。但是秘书在这时候不能够把党委书记的原话一五一十地向工会主席传达,而应该换一种方式。例如,可以这么说:"书记问你上次怎么没有出席会议,显然他不知道你已经向党委办公室请了假,你有机会可以向他说明一下。至于书记催交的工作计划,听说就差我们了,这几天我会抓紧时间把计划定下来。"这样的工作方法才真正是秘书应该做的,它既传达了书记的意见,又不至于加深误解、激化矛盾,这就是所谓的"过滤术"。

当然,秘书要忠实地传达指示,准确地汇报情况,不能随意地加进自己的意见,任意地发挥、解释甚至曲解领导的意见。但是有时候需要"掐头去尾"或者变换方式的"过滤";原封不动地"上传下达",反而会造成不良效果。例如以下情况值得秘书特别注意。

1. 传达领导对下级的批评

很多时候领导批评下级是恰如其分的,但有时候也会由于种种原因而造成批评失当。这时候,秘书就应该做一点调查研究,了解情况,然后淡化领导批评时的情绪化色彩。如果将领导带有浓重感情色彩的批评甚至有明显失当的批评照样传达,势必会给贯彻领导意图带来困难。

2. 传达领导对另一领导的评论

领导有时候会在秘书面前议论另一位领导,遇到这种情况,秘书不要随声附和,更不要"坚决地站在领导一边"。对这类评论,在被评论者面前,最好三缄其口,避而不谈。如果确需将领导的意见转达给另一位领导时,必须进行适当的"过滤",有选择性地传达,不必也不能过细地陈述具体意见,更不能添油加醋、大加渲染。

3. 向领导汇报下属的意见

下属的意见,特别是对领导的批评性和对工作建议性的意见,只要是善意的,都要及时地向领导反映,让领导掌握情况,适时调整工作对策,改变工作作风。但有时候群众可能由于不了解领导或者由于见解不同而对领导产生误解,这时同样需要"过滤"。如果没有选择地汇报,对于某些心胸狭隘的领导,这种汇报无异于"打小报告",其结果可能会造成领导与下属之间的矛盾。

需要秘书加以过滤的情况有很多,关键在于灵活掌握、小心翼翼,不要当只是"学学舌"的传声筒。

模块六　秘书职业资格认证与职业生涯设计

项目一　秘书职业资格认证

◎ **学习目标**

知识目标

● 熟悉我国秘书职业资格鉴定的基本内容和要求。
● 了解国内外秘书职业化总体情况。

能力目标

● 能够熟练掌握国家秘书职业资格考试方法。
● 通过秘书国家职业资格四级及以上鉴定。

◎ **工作任务**

● 任务一:秘书职业化认识。
● 任务二:我国秘书国家职业资格认证。

◎ **导入案例**

董事会秘书火爆职场

1 个职位 68 人抢

在对 zhaopin.com 5—6 月网上求职数据的分析后得出,秘书与办公室管理类的职位出人意料地以 1 个职位空缺 68 人次直接网上申请再次成为 6 月的竞争焦点,而在 5 月,一个秘书类职位更是有 78 人次直接网上申请。而秘书的重新红火和国际企业的不断入驻、对秘书职业要求日益上升有密切关系。

截至 2008 年 5 月底,上海已累计批准外商投资项目 33953 个,《财富》全球 500

强企业已有 281 家进驻上海。以前端茶递水、接收文件、代订午餐的传统职能,已满足不了企业对秘书的要求,新型的秘书正逐渐成为参与管理的"黄金职业"。

按国际秘书联合会的定义,"秘书"是上司的特殊助手,他们掌握办公室工作的技巧,能在上司没有过问的情况下表现自己的责任感,以实际行动显示主动性和判断力,并在所给予的权力范围内作出决定。

从在沪外企的反馈看,随着市场环境下企业竞争的加强,现代化办公手段的不断更新,企业需求的秘书已远不是传统文秘概念,有些企业更是将秘书分为 JUNIOR 和 SENIOR 级别,并在招聘广告中明确注明。

和一般秘书相比,高级秘书除英语流利、熟练使用计算机和拟写各种文件等"硬件"外,还要具备良好的沟通、组织、协调能力以及一定的决策能力和解决问题的能力。

董秘攀上"高管人才"位置

同时,记者还了解到,由于单位改制,秘书又有了新"分支"——董事会秘书。根据规定,上市公司的董事会秘书必须经证券交易所的专业培训和资格考核,取得合格证书后,由公司董事会聘任,并报交易所备案并公告。

业内人士透露,董事会秘书是介于董事会和总经理之间的高级管理人员,在上市公司,董事会秘书还是解答股民问题的唯一发言人。

这样的"秘书"要能文能理,不仅笔头要好,而且还要兼备相当的理科分析和逻辑推理能力,汇总各种数据后能做出有眼光的财务分析报表。

但类似"秘书"的数量全国不过几千人,受过培训且有较高专业素养的董秘仍是各家上市公司寻觅的高级管理人才。

可见,在无纸和网络办公的大趋势下,更多的高级秘书脱离基础办公工作,逐步成为高级的管理工作者,在企业中的地位举足轻重,各家企业对秘书的招聘要求也是水涨船高。大学本科以上学历,新闻、经济、金融专业,英语六级,文字功底深厚,有良好协调能力,具有相关职位知识或工作背景成了"六大件"。

入行先拾"敲门砖"

考试内容:文书写作、公关礼仪、档案管理、办公室自动化、办公室工作、法律与经济管理概论、外语(英、日、俄等),分初、中、高三级普通秘书及涉外秘书。

特点:是国内从事秘书职业的资格准入证明。

权威性:全国秘书资格认证是含金量较高的秘书资格认证。

前期情况:文秘专业的学生准备 3 至 4 个月就行。考试内容在文秘工作中都有涉及,只要认真准备,通过较容易。

适用对象:共分初级、中级和高级三个级别,初级适用于高职、高专的学生;中级适用于本科学历的学生;高级适用于本科以上学历的学生。

(摘自 2004 年 7 月 29 日《新闻晨报》)

提示：秘书作为一种社会职业，能够为人们的就业提供一种机会。那么，想要从事秘书职业的人们应具备什么样的职业能力和任职资格呢？这就需要有一整套与秘书工作社会化发展相适应的规范统一的秘书职业能力鉴定标准和评价体系，为用人单位挑选合格秘书人才提供客观标准。通过本章学习，着重了解国内外秘书职业化总体情况，熟悉我国秘书职业资格鉴定的基本内容和要求，从而为学生顺利通过秘书国家职业资格鉴定打好基础。

◎ 理论导读

任务一 秘书职业化认识

职业准入——当代秘书职业发展的必然趋势

秘书工作的职业化，是指在组织制度上建立秘书的分级分类体系，明确各类秘书的职责范围。通过专业教育手段培养从业人员，以规范的考核评定秘书的就业资格和工作水平，实现秘书工作的专业化管理。秘书工作的职业化是现代社会职业分工的一个结果，又是现实秘书工作向深度发展的必然趋势。目前大多数发达国家秘书工作的职业化程度都很高，并具备一些共同的特点：一是秘书工作职责明确，职业定位清楚，在社会上被看做是一项不可缺少的职业。二是这些国家人们普遍认为从事秘书工作的人员必须是具备相应的秘书职业技能的专业人员。美、英、日等国还在全国范围内举行各种名目和级别的秘书职业技能考试，考试合格者可以获得证明其具备相应秘书水平的证书，作为雇主选聘秘书时重要的参考依据。三是秘书教育职业化。与社会发展需要相适应，具有各种层次的秘书教育和培训，学习内容注重实际应用。通过种种职业化措施，在这些国家中秘书工作质量和效率都得到了可靠的保证。从而既在最大程度上满足了雇主的需要，又使秘书成为一门专业化程度很高的职业。

我国国家劳动和社会保障部 1997 年颁发并试行《国家职业技能标准（秘书）》和《国家职业技能鉴定规范（秘书）》，之后又于 1999 年试行修订的《国家职业标准（秘书）》，2003 年再次修订并颁发《秘书国家职业标准》。6 年中三颁标准，三改名称，显示了国家有关部门对秘书职业标准的重视，也反映出秘书职业标准不断成熟与完善的过程。新《标准》的制定遵循了有关技术规程的要求，既保证了《标准》体例的规范化，又体现了以职业活动为导向、以职业技能为核心的特点，同时也使其具有根据科技发展进行调整的灵活性和实用性，符合培训、鉴定和就业工作的需要。这项工作的开展，适应了秘书工作社会化发展的需要，适应了社会主义市场经济发展对不同类型、不同层次秘书职业技能要求的变化，将推动秘书专业教育的改革与发展,标志着我国秘书职业的专业化、规范化管理进入了一个新时期。改革开放以前,我国的秘书工作主要存在于各级党政机关、企事业单位,秘书人员主要从本单位干部职工中选拔和任命。改革开放以后,随着社会主义市场经济体制的确立,乡镇企业、三资企业、私营企业、各类公司、技术贸易中心、中介机构等新的社会生产部门不断产生。这些新的社会机构需要大量的管理人才与秘书人才,这大大拓宽了秘书工作的领域,打破了过去秘书工作主要存在于国家行政部门、企事业单位的单一格局,大大加快了秘书工作社会化的进程。秘书虽不属于某一行业,但又为任何一个行业所必需。

秘书工作的社会化,打破了过去秘书人员从单位内部选拔产生的传统模式,用人单位开始面向社会广泛招聘秘书,使得成千上万的人走上了各行各业的秘书岗位,从事秘书职业,为各级、各类、各行、各业的领导、经理、主管们提供有效的管理辅助服务,同时也为自身的生存谋得了新的空间。这足以证明:第一,社会需要秘书职业;第二,秘书作为一种社会职业,它能够为人们的就业提供一种机会。那么,想要从事秘书职业的人们应具备什么样的职业能力和任职资格呢?这就需要有一整套与秘书工作社会化发展相适应的、规范统一的秘书职业能力鉴定标准和评价体系,为用人单位挑选合格秘书人才提供客观标准。

资本主义国家秘书工作的社会化进程比我们要早,职业技能标准的界定,人员的选拔考核、管理工作也比我们起步要早,社会化、专业化程度更比我们要高。比如,美国从 1951 年开始就实行专业秘书证书制度,帮助用人单位挑选合格的秘书。美国全国秘书协会(1981 年 4 月改为"国际职业秘书协会")每年 5 月的第一个星期五、六两天,在 750 个考试中心举办"特许职业秘书考试",考生要考 6 门课,即企业行为科学、企业法、经济与管理、会计学、秘书技能、办公室工作程序。另外,美国劳工部对秘书实行不同形式的职位分类(美国的秘书职业大类共包括 41 个职业种类,分 14 个工资等级),并用职位说明书的形式把相应的工作内容确定下来。日本自 1979 年开始实行一种简称 C·B·S 的考试,对秘书进行标准化的知识、技能、日语和英语的审查。经过 5 月和 7 月两次考试,合格者可取得 C·B·S 资格。经日本文部省承认的秘书实务技能检测协会负责实行的秘书技能测验分三级、二级、一级三种资格,在就职中通用。

我国由于长期以来商业经济不发达,秘书工作社会化进程相当缓慢,秘书一直没有成为一种独立的社会职业,秘书人员主要由领导从单位干部、工人中选拔和从高校毕业生"指令性"分配。选拔的秘书经验丰富,但缺乏系统的专业知识;从学校毕业的秘书有理论知识,但缺乏实际工作经验。这无疑影响了我国秘书职业素质的提高,乃至影响了整个秘书工作质量的提高。秘书工作的社会化,使得秘书职业成为一种可供选择的社会职业。用人单位面向社会公开招聘秘书,改变了传统的秘书任用方式,同时也把秘书岗位职业能力要求提上了议事日程。因此,制定我国秘书职业技能标准,开展秘书职业技能鉴定工作,建立科学规范的秘书职业管理体系就显得非常重要了。

同时,秘书职业技能鉴定工作的开展有利于促进秘书专业教育的改革与发展。我国秘书专业教育兴起于20世纪80年代初期,20多年来为社会培养了一大批适应市场经济发展需要的秘书人才,显示了秘书专业教育的强大优势。随着市场经济的深入发展、信息高速公路的开通、知识经济时代的到来,人们的工作方式、思维方式,社会组织的结构正在发生着深刻的变革。人们已经越来越深刻地认识到,一个国家国力的强弱取决于劳动者素质的高低,取决于各类人才的质量和数量。当社会的进步和发展呈现出对秘书需求由追求数量到注重质量的变化时,国家劳动部顺应社会发展的需要,制定并颁发实施《国家职业技能标准(秘书)》和《国家职业技能鉴定规范(秘书)》,这为促进秘书专业教育的改革与发展提供了极好的机遇,适应了我国社会主义市场经济发展的需要,有利于秘书构建复合型知识结构,提高整体素质。同时,也对秘书专业教育提出了新的挑战,即要求秘书专业教育由过去偏重于理论知识教育、以培养行政秘书为主,向注重理论与实际结合、重视能力与素质教育转变。

目前,在我国要真正实施秘书国家职业资格认证制度还是相当困难的。我国已引进了"剑桥办公管理国际证书"(原名剑桥秘书)、"LCCIEB(伦敦工商会考试局)秘书证书"等国外秘书资格认证项目,这表明秘书职业资格的认证已经逐步与国际接轨。

任务二　我国秘书国家职业资格认证

一、秘书的职业描述

秘书职业主要是指从事办公室程序性工作、协助领导处理行政事务,并为领导决策及其实施提供服务的人员。秘书职业是一种具有综合性和辅助性特点的职业,包含了从企业基础文书、专职文秘到高级行政助理等一个完整的行政辅助人员体系。它要求从业人员具备较强的文字和语言沟通能力、综合协调与合作能力、逻辑思维和分析能力等。秘书职业是劳动和社会保障部实行就业准入制度的职业之一。

二、秘书职业等级

按国家标准划分为四个等级,即国家职业资格五级、国家职业资格四级、国家职业资格三级、国家职业资格二级。

三、国家职业资格报考条件

1. 国家职业资格五级秘书(具备以下条件之一者)

(1)经五级秘书正规培训达规定标准学时数,并取得结业证书。

(2)在本职业连续工作 2 年以上。

2. 国家职业资格四级秘书(具备以下条件之一者)

(1)取得初级秘书职业资格证书,连续从事本职业工作 2 年以上,经四级秘书正规培训达规定标准学时数,并取得结业证书。

(2)取得五级秘书职业资格证书,连续从事本职业工作 3 年以上。

(3)连续从事本职业工作 4 年以上。

(4)取得经劳动和社会保障部门审核认定、以四级秘书技能为培养目标的中等以上职业学校本职业(专业)毕业证书。

3. 国家职业资格三级秘书(具备以下条件之一者)

(1)取得四级秘书职业资格证书,连续从事本职业工作 4 年以上,并经三级秘书正规培训达规定标准学时数,并取得结业证书。

(2)取得四级秘书职业资格证书,连续从事本职业工作 5 年以上。

(3)取得大学本科毕业证书,并连续从事本职业工作 2 年以上。

4. 国家职业资格二级秘书(具备以下条件之一者)

(1)取得三级秘书职业资格证书,连续从事本职业工作 4 年以上,并经二级秘书正规培训达规定标准学时数,并取得结业证书。

(2)取得三级秘书职业资格证书,连续从事本职业工作 6 年以上。

(3)取得大学本科毕业证书,并连续从事本职业工作 4 年以上。

四、秘书证书颁发

鉴定合格者按照有关规定统一核发《中华人民共和国职业资格证书》,并实行统一编号登记管理和网上注册。

◎ 技能训练

请参照秘书国家职业资格技能鉴定模拟试卷综合测试。推荐下载网站试题库:http://jpkc.hzvtc.net/ms/

◎ 知识拓展

链接资料一 秘书国家职业标准
(人力资源和社会保障部职业技能鉴定中心)

1. 职业概况

1.1 职业名称

秘书。

1.2 职业定义

从事办公室程序性工作、协助上司处理政务及日常事务并为决策及实施提供服务的人员。

1.3 职业等级

本职业共设四个等级,分别为:五级秘书(国家职业资格五级,原初级)、四级秘书(国家职业资格四级,原中级)、三级秘书(国家职业资格三级,原高级)、二级秘书(国家职业资格二级)。

1.4 职业环境

室内,常温。

1.5 职业能力特征

具备文字与评议沟通能力、综合协调与合作能力、逻辑思维与分析能力等。

1.6 基本文化程度

高中毕业(或同等学力)。

1.7 培训要求

1.7.1 培训期限

全日制职业学校教育,根据其培养目标和教学计划确定。晋级培训期限:五级秘书不少于220标准学时;四级秘书不少于200标准学时;三级秘书不少于180标准学时;二级秘书不少于150学时。

1.7.2 培训教师

应具有本职业2年以上培训经验。培训五级秘书、四级秘书的教师应具有三级秘书及以上职业资格证书或相关专业中级及以上专业技术职务任职资格;培训三级秘书的教师应具有二级秘书职业资格证书或相关专业中级及以上专业技术职务任职资格;培训二级秘书的教师应具有二级秘书资格证书3年以上或相关专业高级专业技术职务任职资格。

1.7.3 培训场地

在标准教室内。

1.7.4 培训设备

电视机、VCD机、录音机、录像机、投影仪。

1.8 鉴定要求

1.8.1 适用对象

从事或准备从事本职业的人员。

1.8.2 申报条件(见前面"任务二"中"国家职业资格报考条件")

1.8.3 鉴定方式

项　　目	时　　间	考核内容	题型与考核方式
（1）	8:30—9:00	职业道德	标准化试卷
（2）	9:00—9:40	秘书专业	标准化试卷
	10:10—11:10		情景录像笔答
	11:10—12:00		工作实务笔答
（3）	14:00—15:30	秘书英语（涉外秘书）	听力、选择、写作等

1.8.4　考评人员与考生配比

考评人员与考生配比为1∶20;每个标准教室不少于两名考评人员。

1.8.5　鉴定时间

职业道德:标准化试卷:30min

秘书专业:标准化试卷:40min

情景录像笔答:60min;工作实务笔答:50min

秘书英语（涉外秘书）:笔答:90 min

1.8.6　鉴定场所设备

考试在具备电视机、录音机、录像机、VCD 面和投影仪等标准教室进行。

2.　基本要求

2.1　职业道德

2.1.1　职业道德基本知识

(1)职业道德规范概述及其价值。

(2)职业道德规范。

文明礼貌。

爱岗敬业。

诚实守信。

办事公道。

勤劳节俭。

遵纪守法。

团结互助。

开拓创新。

(3)《公民道德建设实施纲要》。

2.1.2　职业守则

(1)谦虚谨慎,文明礼貌。

(2)办事公道,热情服务。

(3)实事求是,讲究时效。

(4)兢兢业业,甘当无名英雄。

(5)忠于职守,自觉履行各项职责。

(6)钻研业务,掌握秘书工作各项技能。

(7)奉公守法,不假借上司名义以权谋私。

2.2 基础知识

2.2.1 文书基础

(1)公务文书的含义与制发。

(2)公文格式。

(3)文种辨析与拟写。

(4)文书拟写基础知识。

2.2.2 办公自动化知识

(1)计算机基础知识。

(2)Windows 窗口操作系统。

(3)办公室常用设备。

(4)计算机网络常识。

2.2.3 速记基础

(1)速记概述。

(2)汉字速记。

(3)拼音速记。

2.2.4 法律与法规

(1)公司法相关内容。

(2)外商投资企业法相关内容。

(3)合同法的相关内容。

(4)劳动法的相关内容。

(5)知识产权法的相关内容。

(6)世界贸易组织法的相关内容。

2.2.5 企业管理基础

(1)企业管理常识。

(2)财税常识。

(3)金融常识。

(涉外秘书外语要求另行规定)

3. 工作要求

本标准对国家职业资格五级秘书、四级秘书、三级秘书和二级秘书的能力要求依次递进,高级别涵盖低级别的要求。

3.1 五级秘书(原初级)

职业功能	工作内容	能力要求	相关知识
一、商业沟通	(一)商务礼仪	1.能够展示规范姿态和表情 2.能够得体着装 3.能够规范地介绍、握手、接递名片、问候及引导客人	1.仪容、仪表、仪态常识 2.职业着装常识 3.介绍、握手、使用名片、问候及引导客人的礼仪要求
	(二)接待	能够做好日常接待工作	日常接待工作的内容和程序
	(三)沟通	1.能够正确地倾听和有效地提问 2.能自信地提出要求和恰当拒绝 3.能与客户进行有效沟通	1.沟通的概念 2.客户的概念 3.有效沟通的七个原则
二、办公室事务和管理	(一)办公环境的维护和管理	1.能够维护责任区的工作条件,保持工作环境整洁 2.能够识别办公场所及常用设备的隐患	1.责任区工作环境的基本要求 2.常见办公场所及设备隐患
	(二)日常办公室事务	1.能够处理文件,收发邮件 2.能够正确接听、拨打电话及处理通话中出现的问题	1.文件处理及邮件收发的程序 2.电话机的功能和注意事项 3.电话沟通的方法
	(三)办公用品的发放和管理	1.能够使用常用办公用品 2.能够发放办公用品	1.常用办公用品的性能、规格的用途 2.办公用品发放程序
	(四)办公效率和时间管理	1.能够做好自己的日常工作并按时完成上司交办的工作 2.能够协调处理日常事务性工作	1.时间管理的基本方法 2.工作日志的编写方法 3.协调管理简单事务工作的方法
三、常用事务文书	常用事务文书的拟写	1.能够拟写简单事务文书 2.能够拟写礼仪文书:邀请信、感谢信、贺信、请柬	1.事务文书基本格式 2.邀请信、感谢信、贺信、请柬的写作要求
四、会议与商务活动	(一)会议筹备	1.能够按要求发送会议通知,制发会议证件,发放会议文件资料、用品 2.能够预订会议室 3.能够做好接站、报到工作 4.能够做好签到及座位引导工作	1.会议的构成要素和常见的会议种类 2.会议通知、会议证件及会议资料的基本要求 3.会议室预订知识 4.会议接待工作程序
	(二)会议的善后工作	1.能够安排与会人员返程 2.能够清退会议文件资料 3.能够整理会议室	1.与会人员返程工作的注意事项 2.清退会议文件资料的基本要求 3.整理会议室的注意事项
	(三)商务活动	1.能够做好会见与会谈的准备 2.能够完成开放参观活动的准备,并做好接待	1.会见与会谈准备工作的基本要求 2.开放参观活动的准备内容与接待要求
	(四)商务旅行	能够完成出差旅行的一般准备工作	1.常见的商务旅行类型 2.旅行社服务项目
五、信息与档案	(一)信息管理	1.能够分辨信息的种类 2.能够准确地收集信息	1.信息的基本知识 2.信息收集的基本知识
	(二)档案收集	能够对文件资料等进行立卷归档	1.档案的概念、作用和种类 2.立卷归档的基本要求

3.2 四级秘书(原中级)

职业功能	工作内容	能力要求	相关知识
一、商务沟通	(一)接待	1.能够区分接待对象,确认接待规格 2.能够拟订接待计划	1.区分接待规格的原则 2.接待计划的基本要求
	(二)沟通	1.能够实现双向沟通 2.能够应对沟通中的冲突	1.横向沟通基本知识 2.纵向沟通基本知识 3.冲突产生的原因
二、办公室事务和管理	(一)办公环境的维护和管理	1.能够进行安全检查及其防范,并对办公室环境提出改进建议 2.能够按要求做好保密工作	1.办公区域建设及办公环境安全的基本要求 2.保密工作措施
	(二)日常办公室事务	1.能够安排值班工作,并编制值班表 2.能够管理零用现金和履行报销的手续 3.能够按规定进行文书处理 4.能够管理印章及介绍信	1.值班工作的内容及值班管理制度 2.现金管理和报销的知识 3.文书形成与文书处理的一般程序 4.印章及介绍信的管理要求
	(三)办公用品的发放和管理	1.能够办理办公设备和办公用品的进出手续 2.能够进行库存管理	1.办公设备和办公用品进出基本要求 2.库存管理的基本知识
	(四)办公效率和时间管理	1.能够编制工作时间表 2.能够管理自己的工作日志 3.能够根据上司要求,安排并管理上司的工作日志	1.时间表的基本内容和要求 2.工作日志的基本内容和要求
三、常用事务文书	常用事务文书的拟写	1.能够拟写会议记录 2.能够拟写双方或多方单位业务的合作意向书 3.能够拟写商务文书(订货单、产品说明书) 4.能够拟写简报	1.会议记录的写作要求 2.意向书的写作要求 3.订货单、产品说明书的写作要求 4.简报的写作要求
四、会议与商务活动	(一)会议筹备	1.能够拟订会议议程、日程 2.能够选择会议地点	1.会议议程、日程的内容 2.会议地点选择要求
	(二)会议中的服务	1.能够做好会议记录 2.能够做好会议中的信息沟通 3.能够做好会议值班、保卫工作	1.信息沟通的基本要求 2.值班保卫工作内容
	(三)会议的善后工作	1.能够做好会议文件资料的收集整理 2.能够做好会议经费结算工作	1.会议文件资料收集整理的要求 2.会议经费结算的方法
	(四)商务活动	1.能够拟订开放参观活动的方案 2.能够安排宴请活动	1.开放参观活动的注意事项 2.宴请常识
	(五)商务旅行	1.能够拟订商务旅行计划 2.能够完成国外商务旅行的准备工作	1.旅行计划与日程安排表的内容 2.出国旅行常识
五、信息与档案	(一)信息管理	1.能够对信息进行系统整理 2.能够对信息进行有效传递 3.能够对信息进行有序存储	1.信息工作程序 2.信息整理、传递、存储的基本知识
	(二)档案管理	1.能够对档案(包括电子档案)进行分类、检索 2.能够根据档案价值划分保管期限并进行安全保管	1.档案分类、检索知识 2.划分档案保管期限 3.档案保管的基本要求

3.3　三级秘书(原高级)

职业功能	工作内容	能力要求	相关知识
一、商务沟通	(一)商务礼仪	能够进行涉外接待	1.涉外接待礼仪 2.涉外交往常识
	(二)接待	1.能够拟订涉外接待工作计划 2.能够正确安排礼宾次序 3.能够指导安排涉外宴请	1.外事工作的原则及要求 2.迎送外宾的要求 3.涉外宴请常识
	(三)沟通	能够选择、运用有效的网络沟通工具,完成内、外部的沟通	网络沟通的特点和形式
二、办公室事务和管理	(一)办公环境的管理	1.能够按照需求设置办公环境 2.能够实施办公环境的安全管理 3.能够应对办公环境中出现的紧急情况	1.办公环境和办公布局设置要求 2.办公室人、财、物、信息的安全管理要求 3.常见的紧急情况应对知识和方法
	(二)办公室事务管理	1.能够提出改进办公室事务流程的建议 2.能够审核文稿	1.办公室事务工作流程改进和基本要求 2.文稿审核的方法及相关知识
	(三)办公用品的采购与管理	1.能够选择办公设备和办公用品的供应商 2.能够进行库存监督 3.能够完成办公设备、办公用品的采购工作	1.办公设备和办公用品供应商选择的基本原则 2.办公设备和办公用品收发及库存管理的监督要求 3.采购程序及步骤
	(四)办公效率和时间管理	1.能够拟订和实施办公室工作计划 2.能够建立承办周期制度	1.制订和实施办公室工作计划的基本要求 2.日常办公事务承办周期的要求
三、常用事务文书	常用事务文书的拟写	1.能够拟写市场调查报告 2.能够拟写述职报告 3.能够拟写计划、总结 4.能够拟写招标书、投标书	1.市场调查报告、述职报告的写作要求 2.计划、总结的写作要求 3.招标书、投标书的写作要求
四、会议与商务活动	(一)会议筹备	1.能够拟订会议的筹备方案 2.能够提出会议预算	1.会议方案的内容 2.会务机构的分工 3.会议预算方案的内容 4.电话会议及视频会议知识
	(二)会议协调	1.能够做好会务协调 2.能够辅助引导会议按计划进展	1.会议协调的基本要求 2.引导会议进程的方法
	(三)会议的善后工作	能够做好会议的总结工作	会议总结工作的内容与要求
	(四)商务活动	1.能够组织签字仪式的准备工作 2.能够完成典礼仪式的准备与服务 3.能够组织信息发布会	1.签字仪式的程序 2.典礼的程序 3.信息发布会的程序
	(五)商务旅行	能够拟订大型团队旅行计划并组织实施	大型团队旅行活动的安排要求
五、信息与档案	(一)信息管理	1.能够进行信息的开发 2.能够进行信息的利用 3.能够利用信息反馈指导工作	1.信息开发的基本要求 2.信息利用的基本要点 3.信息反馈的目的及特点
	(二)档案管理	能够有效利用档案	1.档案利用的概念、意义和方法 2.档案深层次开发的概念

3.4 二级秘书

职业功能	工作内容	能力要求	相关知识
一、商务沟通	(一)商务谈判	1.能够运用商务谈判常识协助主谈者准备谈判 2.能够提出有效建议 3.能够运用谈判技巧,避免陷入误区	1.谈判的特征、要素和种类 2.谈判的原则和基本过程
	(二)沟通	1.能够组织和引导团队进行有效沟通 2.能够解决跨文化沟通中的实际问题	1.团队的含义及高效团队的特征 2.团队沟通的有效策略 3.跨文化沟通的障碍
二、办公室管理	(一)办公模式与安全运营	1.能够根据不同需求选择办公模式 2.能够建立并推行安全运营机制	1.不同办公模式的特点及选择方法 2.组织安全运营的法律要求
	(二)团队管理	能够管理团队,激发效能	团队管理的基本方法
	(三)办公资源管理	1.能够提出大型或批量办公设备的预算 2.能够调配和利用办公资源	1.采购大型办公设备的程序和要求 2.政府采购与招投标程序 3.资源的调配与合理利用的基本要求
	(四)办公效率和目标管理	1.能够根据组织目标,提出行政部门的工作计划 2.能够监督推进各项目标的完成	1.拟订工作计划的方法 2.目标管理要点
三、常用事务文书	常用事务文书的拟写	1.能够拟写合同 2.能够拟写可行性研究报告	1.合同的写作要求 2.可行性研究报告的写作要求
四、会议开发商务活动	(一)会议筹备	能够审核大型会议的预案	大型会议预案的审核内容
	(二)会议中的管理	1.能够在会议的主持中进行有效交流 2.能够引导会议决议的形成	1.主持会议的技巧与要求 2.形成会议决议的技巧
	(三)会议的善后工作	能够进行会议效果评估	会议效果评估要求及方法
	(四)商务活动	1.能够组织协调大型商务活动 2.能够做好商务谈判的辅助工作	1.大型商务活动的程序与内容 2.商务谈判辅助工作的内容
五、信息与档案	(一)信息管理	1.能够利用信息辅助决策 2.能够科学地管理信息资源	1.信息决策服务的基本要求 2.信息资源管理的基本要点
	(二)档案管理	1.能够提出本组织档案管理模式建议 2.能够拟订本组织的档案管理规定	1.不同档案管理模式的特点 2.档案管理规定的内容

4. 比重表

4.1 理论知识

项　　目		五级秘书 (%)	四级秘书 (%)	三级秘书 (%)	二级秘书 (%)
基本要求	职业道德	20	20	20	20
	基础知识	30	30	15	15
商务沟通	商务礼仪	5	—	6	—
	商务谈判	—	—	—	7
	接待	5	4	3	—
	沟通	4	4	5	5

项　目		五级秘书（%）	四级秘书（%）	三级秘书（%）	二级秘书（%）
办公室事务和管理	办公环境的维护和管理	5	4	—	—
	办公环境的管理	—	—	5	—
	办公模式与安全运营	—	—	—	5
	团队管理	—	—	—	6
	日常办公室事务	3	4	—	—
	办公室事务管理	—	—	4	—
	办公用品的发放和管理	4	5	—	—
	办公用品的采购与管理	—	—	5	—
	办公资源管理	—	—	—	5
	办公效率和时间管理	4	3	5	—
	办公效率和项目管理	—	—	—	6
常用事务文书拟写	常用事务文书的拟写	5	5	5	5
会议与商务活动	会议筹备	2	4	5	6
	会议中的服务	—	3	—	—
	会议协调	—	—	5	—
	会议中的管理	—	—	—	5
	会议的善后工作	2	4	3	4
	商务活动	3	3	4	4
	商务旅行	3	3	2	—
信息与档案	信息管理	4	3	5	5
	档案收集	1	—	—	—
	档案管理	—	1	2	2
合　计		100	100	100	100

4.2　专业能力

项　目		五级秘书（%）	四级秘书（%）	三级秘书（%）	二级秘书（%）
商务沟通	商务礼仪	9	—	5	—
	商务谈判	—	—	—	6
	接待	9	5	6	—
	沟通	8	5	6	8

续表

项　目		五级秘书（%）	四级秘书（%）	三级秘书（%）	二级秘书（%）
办公室事务和管理	办公环境的维护和管理	7	7	—	
	办公环境的管理	—	—	8	—
	办公模式与安全运营	—	—	—	9
	团队管理	—	—	—	7
	日常办公室事务	9	9	—	
	办公室事务管理	—	—	6	—
	办公用品的发放和管理	7	8	—	
	办公用品的采购与管理	—	—	7	—
	办公资源管理	—	—	—	9
	办公效率和时间管理	7	7	7	
	办公效率和项目管理	—	—	—	7
常用事务文书拟写	常用事务文书的拟写	9	12	12	12
会议与商务活动	会议筹备	8	9	8	8
	会议中的服务	—	5		
	会议协调	—	—	7	
	会议中的管理	—	—	—	8
	会议的善后工作	4	6	4	6
	商务活动	6	7	7	6
	商务旅行	7	8	6	—
信息与档案	信息管理	6	7	6	8
	档案收集	4	—	—	—
	档案管理	—	5	5	6
合　计		100	100	100	100

项目二　秘书岗位应聘与职业生涯设计

◎ 学习目标

知识目标
- 熟悉秘书职业生涯规划的重要性。
- 了解秘书职业生涯发展规律。

能力目标
- 能够从容应对秘书岗位应聘。

● 熟悉职业生涯设计的一般技巧和基本技能。

◎ 工作任务

● 任务一：秘书岗位应聘。
● 任务二：秘书职业生涯规划。

◎ 导入案例

应届大学生招聘案例

1. 项目背景

以往每年的应届大学生招聘，总是成为中国银行××分行相关领导头疼的一件事。一方面，用人指标是有限的，可照顾人情是无限的。各方利益相关者的"条子"就是厚厚的一打儿，用谁不用谁呢？领导们总是在为难中作决定。另一方面，怎样运用一系列科学的、专业化的人才选拔方法，招聘到所需要的人才呢？虽然银行方面也非常希望通过科学的方法进行人才的选聘，但是苦于没有专业化的人力资源管理梯队，也没有一套行之有效的专业化的人才选拔工具。到头来，银行每年进来不少人，可真正满足企业发展需求的人才并不多。这种托人情、走关系等僵化的用人方式使银行在选人方面不能适应市场经济的要求，不能体现出公平、公正、公开的市场经济原则，也不能应对中国银行全球化竞争这种新形式下的人才策略。

2. 关键问题

目前，国内企业在招聘中普遍存在的问题大致可归纳为三方面：一是规划性的缺陷；二是科学性的不足；三是专业性的差距。无论是规划性的问题还是科学性的问题，实质上也都是人力资源部门和企业管理者对于专业性的把握不足所导致的。

3. 解决方案

合易人力资源管理咨询机构根据银行近期及未来人才战略的要求，界定了×××届毕业生的基本要求，在相关的大专院校及网站上发布了招聘广告，收集了大量的应届学生简历。咨询公司依据银行的具体要求，设计了严谨的招聘方案及程序，主要包括笔试、面试和心理测评的方案及程序。即对一个应聘大学生来讲，要想获得进行银行的入场券，必须闯过三道关：首先是笔试关，其次是面试关，最后是心理测评关。

笔试题设计了一套职业能力倾向测验，着重测试应试学生的职业能力倾向，它能有效测量出应试人在职业领域中的某种潜能，有助于银行预测应试人在其职业领域中成功的可能性，有效筛去在该职业领域中没有成功可能性的应试人。因此，笔试能够保证银行招聘到职业能力倾向较高的人才。

面试设计采用了结构严谨、偏差小的标准化面试方案——结构化面试：根据制订的评价指标,运用特定的问题、评价方法和评价标准,严格遵循特定程序,通过面试官与应聘者面对面的言语交流,对应聘者进行评价的标准化过程。

运用专业的心理测评工具,通过对应聘学生心理测评,协助银行进行人才选拔,帮助银行对录用的应试人实施有效管理,并为其建立职业生涯规划奠定基础。

4. 运行效果

对每位参加招聘的大学生都进行了分析,并运用生动的图表,直观地显示出每个应聘学生的各项成绩、排名以及他们各自的特点、优劣势等,从专业的角度,对每个应聘学生的面试结果进行了量化,使每位应聘人员的应聘成绩一目了然,获得了银行方面的交口称赞。这样的面试结果,给银行领导的用人决策提供了科学的依据。

此次招聘过程极大地推动了中国银行××分行在人力资源招聘管理上的改进,为银行建立起有效的、科学的、规范化的用人机制奠定了基础,实现了银行进行用人机制改革的初衷,也是中国银行××分行在人力资源管理上的创新。(摘自"网上办公室",http://wr. cccv. cn/heyeezixun/case200872916457836. shtm)

提示:秘书作为一种规范的社会职业,人们对秘书人员的要求日益提高。秘书专业学生从参与社会竞聘到走上秘书岗位,再到秘书工作上的全面发展,都将经受严峻的考验。提高秘书的自我设计能力,成为出色的秘书工作人员,是每位秘书专业学生的努力方向和奋斗目标。本项目重点介绍秘书岗位应聘和自我设计的基本技巧与未来发展过程的有关实践指导。

◎ 理论导读

任务一 秘书岗位应聘

一、应聘前要做哪些准备

招聘单位的选择,实际也是一种准备。不过,这里所谈的准备主要是针对招聘单位的资格审查和面试而要做的准备。

1. 资格审查材料的准备

招聘单位要审查的材料包括工作证、身份证、学历证明、学位证书、技术职务证书等。这些比较好准备,只需备齐带上即可,而求职申请信(自荐信)和个人简历表则是事先要费一番工夫来准备的。

(1)求职申请信和个人简历的作用。这两份材料,不仅反映了一个申请者的语言表达水平,而且是申请者的智能、心理等各项素质的综合体现。所以,结构清晰、措词得体、简洁全面的申请和简历,对于求职的成功是至关重要的。

求职申请和个人简历,一般不用单位标签纸,而用白纸打印或誊写,不得出错或涂改,一般不用复印件,以免给人以不礼貌的印象。

(2)求职申请和个人简历的写作。求职申请分应征信和自荐信两种。应征信在第一段中需说明想申请的具体职务及招聘广告的出处和日期。自荐信除了写明申请的具体职务外,还应说明你对该企业感兴趣的原因,然后尽量充分阐明你与秘书工作相关的特长。在这两种信中提到自己的特长时,可说明熟练程度或附一证书,紧接着可充分说明你对申请工作的资格和能力,例如写上你受过的相关教育,或相关工作经历,或受到的相关奖励等。整封信的语气应真诚、坦率、充满自信。

个人简历不是个人历史的简单回顾,而是侧重于自己申请工作的专业教育、专业经历和成果的展示。简历要求重点突出、内容真实、详而不繁。简历没有固定格式,一般包括:

①本人身份:姓名、性别、民族、出生年月、婚姻状况、家庭住址及电话等。

②接受教育情况:从中学起,时间、学校、系、专业。

③工作经历:按时间顺序,从现在到过去,工作单位、职务等。如无工作经历,相关的非固定工作或社会活动,亦可写进简历。

④与所申请工作的相关专长,以增强你的竞争力。

⑤证明人:最好是社会地位较高的人。亦可写"根据需要提供证明人"。

2. 注意事项

简历中无需包括:

①离开原工作的理由;

②渴望得到的工资;

③照片。

二、选择应聘单位的技巧

1. 要善于辨别真伪

目前,改革开放的形势发展很快,经济体制尚不完善,各项制度尚不配套,可能出现某些制度上、政策上的空子,给一些投机者以可乘之机。于是,在社会上假冒伪劣产品充斥市场的同时,也时有欺骗性招聘广告出现,借以骗取钱财,有的甚至"挂羊头卖狗肉",去干见不得人的勾当。所以,想通过招聘广告谋求企业秘书之职的人,首先要学会辨别招聘广告的真伪:一要弄清招聘单位的有无;二要弄清招聘单位情况的虚实;三要弄清招聘岗位、职务的虚实及所需人数的多少;四要弄清是真招还是假招,即是真想广纳贤才,还是早已内定人选,招聘广告只是个幌子,用来掩人耳目或是借机骗取钱财而已。

那么,我们怎样去识别真伪呢?

可以采取以下几种方法来了解情况,探听虚实,辨别真假。

(1)电话探询法:通过电话策略询问情况,从逻辑上加以推断,初步判定其虚实。

(2)熟人了解法：通过各种关系找到熟人，了解情况，或直接通过熟人介绍，去招聘单位了解情况。

(3)正式调查法：通过招聘广告，找到其有关主管人事部门，正式调查其情况。这种方法最为可靠。

(4)自我判别法：根据以下几点来加以判别，即是否有确切的单位、地址、电话、联系人；是否收费，如果收费，收费是否合理；其招聘要求是否具体、合理，其情况介绍是否有漏洞或矛盾之处等。

2. 选定符合自己意愿的单位

在众多的招聘单位中选择自己中意的单位，要注意如下几点：

(1)要从实际出发，客观地分析自己和竞争者的情况以及招聘单位的要求，要选择那些要求较具体的单位，因为那些在要求上仅仅是"软指标"的单位，"择优录用"会使那些要求向上浮动。所以应聘者要根据招聘的具体职位，加以权衡，不能好高骛远，一厢情愿。

(2)确定重点目标，不能面面俱到。一个企业也和一个人一样，不可能是十全十美的，不可能事事处处都符合自己的意愿，所以，我们只要确定一个重点目标，实现这个目标即可。例如，一个企业有地址、行业性质、业务范围、规范、特色、效益和所聘岗位、职务等情况，其中，你追求的主要目标是岗位、职务和效益，大体符合就行，其他情况不尽如人意也不要紧。

(3)抓住机遇，当机立断。公开招聘，就有个竞争的问题，在条件相当的情况下，勇者胜，先者胜，果断者胜。

(4)以诚信为本，有献身企业的精神。当你看中一个企业，就要把它看做你的前途和事业，就要决心为之奋斗和献身。从这点出发，你的行为必定感动招聘单位，你必定能成功。

三、如何参加企业面试

1. 面试前

获得面试机会是掌握自己命运的重要一步。人生成功与否，一靠努力，二靠机会。机会来临就应紧紧抓住，认真对待，充分利用。面试就是如此。

参加面试前，应尽可能设法了解对方的情况。根据对方企业的特点，进行应对。主考官往往带有很强的职业色彩，而招聘高级秘书，往往是领导本人直接对你进行面试，事先做些心理准备是很有必要的，它能保证你的临场发挥气定神闲。因为作为高级秘书人选，在陌生人面前的大气成熟是必须具备的条件。

参加面试应按通知提前10分钟到场，借此稳定一下自己的情绪。在自然放松的前提下，熟悉与调节好自己的临场状态，使之适应即将面临的面试。

参加面试时，你应穿合适得体的服装，简单修饰一下自己的仪容。应聘高级秘书的女性,形象宜清丽纯朴中透出经验与成熟,千万不要浓妆艳抹,因为没有一个领导会喜欢在自己的办公室内放个花枝招展的花瓶。记住,你是去做高级助手,不是去展览。

2.面试期间

站在考官面前,你应保持轻松自信的神态。考官由于其工作特点和经验,看人的眼光往往超出一般人,相当敏锐,如果你不能在两秒钟内让他对你产生兴趣和好感,那么你纵使有再多解释也无济于事,所以你给对方的第一印象是极为重要的。

初次见面,有些考官出于礼貌会和你握手,这时你也应友好地握住对方的手,稍稍用些力,因为这会使对方感到你是一个坚定友好且比较成熟自信的应聘者。

面试时,应坐在考官指定你的座位上,姿态应优雅大方,面带平和安详的微笑,轻握手掌,放在膝上,身体稍稍前倾,目光应放在考官的额头和眉心之间,这样既不会与对方目光冲突以免有挑战的感觉,又能使对方知道你在认真注意他,如果对方目光仔细盯着你,你也可以借此避免逼视造成的尴尬和拘谨。

面试一般都采用较随便的谈话方式进行提问。由于考官每天接待很多人,如果你的回答不够出色,是不会引起他的重视的,因此,选择有个性的、独特角度的回答,可以加深他对你的印象,而千万不要用"是"或"不是"来简单回答。

3.面试注意事项

考官如果请你提问时,你涉及的话题最好与职业无关,譬如工作内容、企业对员工的要求、晋级制度等,也尽量不谈或少谈待遇问题,否则容易令对方反感。

回答要语调自然,态度平和,用词简洁明了,条理清晰,实事求是。

不要头头是道,夸夸其谈,也不要过分谈论自己。

不要议论过去领导或企业的是非。

不要去反问考官。

不要谈论你的家庭和恋人,也不要炫耀你的社会关系。

不要使用性的魅力。

4.面试结束

如果考官在看表,或者目光开始离开你,说明你的面试已结束,你应站起身礼貌地表示告别。除非你很优秀,使考官当场决定录用你,一般他都不会马上表态。他会职业性地和你握手告别,这时你应礼貌地再说:"打搅您了!"也许,就凭这句客气话,会让对方深切感到你是一个有教养、有分寸、知趣得体的人,从而帮助他最终确定选择你。

任务二　秘书职业生涯规划

一、怎样不损害领导利益

领导是单位中的重要人物，他掌握着你在单位里的前途，对你的情绪也会产生直接或间接的影响。领导对于秘书的表现和态度非常敏感。作为秘书，你不可把领导看得太低，也不要对他有过高的期望。

端正了自己的态度后，为了达到升职的目的，你首先必须使自己的一切行为都要符合领导的利益，这是至关重要的。否则，你就会使领导感到厌恶，他绝不会对你有什么好印象。作为一名秘书，怎样做才不至于损害领导的利益呢？以下几点是应该注意的事项：

1. 别把自己捧得太高

为了突出个人才能和潜质，在领导面前有意无意地自夸几句，这样做不仅不能使领导惊叹和赞赏，反而会使他对你失去安全感。因此，千万不能在领导面前自夸自耀，显得神通广大，而应当谦虚谨慎，戒骄戒躁，让领导自己去感觉和发现你的才能。

适当的自我推销固然是必要的，但关键在于"适当"两个字，假如掌握不好推销的火候，做过了头，反而会起到相反的作用。

2. 灵活对待薪酬

在领导面前，你不要表现出一副"我不在乎金钱"的样子，这会使领导感到你是一个很难驾驭的人，从而对你不重用。但是，你也不能对薪酬的数目多少过于在意，这会使领导感到你只是为了金钱而工作，而没有个人对工作应有的热诚。这也不能，那也不能，似乎让人感到无所适从，处处都埋着危险。事实上，只要记着以下做法，就能轻而易举地达到对薪酬态度的不收不放的地步：

（1）不要给人以赚钱买花戴的印象。你不妨偶然吃几次盒饭，给人以经济拮据的印象，但不要强调自己的经济状况。

（2）无论何时不应和领导讨论有关加薪幅度的问题。如果领导问你想加多少，那说明你在单位里一定是个吃重的角色，他很看重你。这里，送你一个屡试不爽的答案："从加多少薪上，我可以得知公司方面对我的表现的满意程度，所以我自己也很想知道我可以加多少"。

（3）不加入公司的评价领导活动，除非这项行动是由领导本人发起的，而且是对大家有益的。如果遇到有关对公司的意见或对加薪幅度不满的书面建议，你最好不要参与意见，而应顾左右而言他，低调处理事情。

3. 让领导知道你效忠于他

无论在工作还是生活中，凡事你都要让他出风头，把他推向前台，使他成为众人注目的焦点和风云人物。要记住时刻保持对领导应有的效忠程度,不要在得志时,便放浪形骸,连领导的尊严也不顾了。必须懂得用毕恭毕敬的态度来对待领导,在领导面前保持高水平的谦虚,将会使你一生踏着青云路。无论任何时候,你都要让领导感觉到你的存在,感觉到你对他的利益有帮助,从而让他确认你的忠心价值。

能够做到这一点,你便已经踏上升职和加薪的第一段坦途了。

二、向领导推销自我的技巧

在领导面前表现自己,适当的自我推销是必不可少的,但一定要注意方法。

1. 推出自信的你

一般领导都有察言观色的本领,如秘书的自信不足,便不会获得重要的工作。因此,与领导谈话时要视线集中直视他,面部肌肉自然、微笑和镇定。许多秘书在和领导谈话时,无论所谈的是什么话题,都会不自然地紧张起来。首先是声音突然比平日高或低;面部肌肉不听使唤,变得似笑非笑;身体语言太多,为了保持镇定而不自觉地摇动身体,并运用太多的手语。这一切表现,在领导看来,都缺乏自信心。表现自然会让你的领导感到舒服,不会因为和你交谈而感到尴尬。所以,你要推销自己的自信,领导才会因此而交重任给你表现的机会。

2. 推出对外关系良好的你

你需有良好的人际关系。如果公司的大客户向你的领导赞赏你,那么你的领导绝对会注意你。因此,别小看任何接触的人物,对方很可能对自己的前途有利。

3. 推出有独到见解的你

领导对一般见解听得太多,很想听独特的见解。尝试用不同的角度看事物,得出不同的见解,再加以整理和分析,必然使你的领导赏心悦目。但切忌过分标新立异,这样会令人生厌。

4. 推出坚强的你

也许你自知才干只属于一般水平,做到秘书已经实属不易,但又不甘于此,怎么办?向领导推销什么?如果有的,那就是超过一般人的坚强。

如果你是男性,绝不要因任何事而动怒,甚至不提及已经过去的不愉快的事情;如果你是女性,表现方式是永远不在人前露出戚容,不轻易沮丧,这足以让不少人所服。

懂得推销自我的人才能获得幸运之神的青睐,不要以为只有求职时才需自我推销,在任职时更需自我推销。

三、如何创造和把握升迁的机会

为自己创造升迁机会之前,必须先做好一些必要的热身工作。

1. 让领导依赖你

多花些时间搜集有关工作的资料,多找些机会与领导接触。久而久之,领导已经习惯于依赖你的工作,你就奏响了获得晋升的前奏。

2. 发挥各方面的才能

别老是专注于一项工作的专长。否则,领导为了怕找不到合适人选替代你的位置,就不会考虑到有关你的升迁问题。虽然专心投入工作是获得领导赏识的主要条件,但除了做好本职的工作外,也要让他知道,你具备各个方面的才能。在其他同事放长假时,你可以主动提出替同事处理事情。这样做,一则可以从中学到更多的东西,二则证明你对公司有归属感。

3. 与领导建立友谊

这是不容易做到的。特别是异性之间,太过亲密反而会使同事产生误会,从而对前途有害。不过,你不要奢望领导会对你付出真正的友谊,他只是需要感到你的友善罢了。然而,能够达到这一目的,也就足够了。

4. 了解单位的制度

先了解单位的晋升制度,才能有明确的为之奋斗的目标。一般来说,单位的晋升制度有以下几种:

第一种:选举晋升。人事关系的因素较大。

第二种:学历晋升。领导深信,学历高的秘书会为公司带来更大的利益。

第三种:交叉晋升。是指由一个部门升级到另一个部门。

第四种:超越晋升。是指由于贡献特大,从而获得较大幅度的提升。

以上所列,是带有普遍性的大多数单位中的晋升制度。每一家公司都有其晋升制度。如果你所在的单位是以循序渐进的方式晋升的话,那就很不走运了。尽管你很有才干,也得熬上多年,才能期望得到一个较大的晋升机会。对于一个有才干的秘书来说,在这种晋升制度的环境下工作,才能是得不到充分发挥的。

因此,积极进取和自信的人,应选择可以超越晋升和交叉晋升的公司,挑战性比较大,个人的发展前途也比较光明。在一个理想的环境之下,遇到公司有高职位的空缺,如果你对这个职位有兴趣的话,可以参考下列程序进行操作,这对你获得晋升会大有裨益。

(1)了解该职位谁有资格胜任。所谓知己知彼,百战百胜。虽然了解别人并不一定必胜,但是最低限度,你能由此知道,需要拥有什么条件才能获得晋升,从而为下一次晋升机会做好准备,打下基础。

(2)不妨让领导知道,你对该职位有兴趣,而且提出具体的建议,证明你有足够的资格胜任那个位置,从而对公司作出更大贡献。这似乎有点令人难为情。实际上,不少领导为了选择合适人选大伤脑筋,而你这样做是在给他解决难题。正如毛遂自荐那样,也需要具备一定的自我推销能力。中国人的过分含蓄和谦虚,在现代社会是吃不开的,往往会成为良好前途的绊脚石。

(3)让领导知道你将对公司作出贡献,而不是考虑在晋升后能得到什么报酬。这一点很重要。领导最担心和讨厌那种一味追求个人私利的人,他们觉得这种人过于自我钻营,实际上也是华而不实,没有多少能力。假如把这种人提升到较高职位,只会给公司带来不利影响。因此,你应该让领导感到你并不是那种单纯追名逐利的自私之辈,而是有很强的事业心和责任感。让他觉得你之所以想得到较高职位,是为了公司的前途和利益着想,是为了实现自己的事业心。

(4)尽管晋升的人选最终落在了别的同事身上,你也不要因此沮丧和不合作。你的每一个表现,都看在别人的眼中。因此,你要表现出大将风度,不以一城一地之得失而或喜或悲,应把眼光放长远些,为下一个晋升机会的来临做好准备。

四、"跳槽"的选择与技巧

在公司中,你是一个循规蹈矩、遵守纪律的人;与同事也保持着良好的关系,从来没有顶撞过领导,而且在工作上也做出了出色的成绩。总之,你是一个无可指责、近乎完美的人。可是,无论你怎样完美,如何出色,领导就是不给你晋升的机会,在加薪时你的加幅也比同事低。领导似乎在有意和你过不去。这种情况并非不存在,在现实中,其发生的几率也是比较多的。一旦这种情况发生在你的身上,只能说明你命运不好,成了一个倒霉者。此时,你即使自怨自艾,或者呼天喊地,都没有什么意义。或者你会采取较为积极的做法,但即使你使出浑身解数拼命表现自己,争取机会,也不会有任何结果。那么,你就不必再折磨自己了。你应该迅速作出决断,提出辞职,另谋他路。这就是教给你的最后一个绝招。

只要你有卓越的才能和优秀的品质,不愁找不到更好的工作。虽然这也是不得已而为之,但总比在原单位受窝囊气强。仔细想想,人只有一辈子,就应善待自己,不要折磨自己。既然从别人那里得不到善待,就只有自己给自己提供机会了。既然无缘,又何必强求。人生一世,不妨豁达一些,抱着坦然的态度来面对现实,不必把自己推进深潭而不能自拔。

三十六计,走为上。作为一个有头脑的人,既有选择的自由,又有选择的必要,不能在一棵树上吊死,也不能一条道跑到黑。老百姓说:树挪死,人挪活。这是很有道理的。

假如在公司中无论怎样表现都无法使领导喜欢你,无论如何你都必须选择"生"的道路,那就不要赖在一个地方,因为这是一种小农意识,没有什么好处。现代社会是一个充满活力与自由的社会,可以选择的机会很多。那么多公司,不相信就没有一个能够适合你,可以发挥你的能力。

要对自己有信心,只要你有能力,就一定能够显示出来。也许你到别的公司后,能给自己提供一个更好的环境和更广阔的天地,创造更灿烂的未来。

◎ 技能训练

训练一　秘书衣着打扮、言谈举止实践训练

一、训练目标

通过实训,熟悉秘书一般公众场合衣着打扮、言谈举止的基本要求。

二、训练方案与要求

(一)训练程序

1. 分组(5 人左右)进行演示(设置模拟场景:接待—服务—会谈)。

2. 教师分析秘书衣着打扮、言谈举止要点。

3. 自我设计个人形象。现场演示,接受评价(选代表)。

4. 评出最佳形象设计和举止高雅奖。

5. 教师总结分析。

(二)训练要求

1. 熟悉公众场合衣着打扮的基本要求。

2. 熟悉秘书言谈举止的基本规范。

3. 完成实践体会一篇。

训练二　求职应聘实践

一、训练目标

通过实训,熟悉求职应聘的一般程序,掌握求职书设计的基本要求。

二、训练方案与要求

(一)实训组织

1. 以班为单位,到当地人才市场现场体会、实践;

2. 以调查的形式熟悉求职应聘的一般程序;

3. 注意现场应聘人员的求职书,如形式、内容等。

(二)实训要求:

1. 熟悉求职应聘的一般程序;

2. 熟悉竞聘一般技巧;

3. 设计求职书一份。

(三)课外实践

1. 熟悉秘书自我设计的基本内容。

2. 熟悉秘书自我设计过程中常用的技巧。

3. 参加一次班级普通话或演讲比赛。

◎ 知识拓展

链接资料　职业生涯规划常识

一、什么是职业生涯规划

职业生涯规划是指一个人对其一生中所承担职务的相继历程的预期和计划，这个计划包括一个人的学习与成长目标以及对一项职业和组织的生产性贡献和成就期望。个体的职业生涯规划并不是一个单纯的概念，它和个体所处的家庭及社会存在密切的关系，并且要根据实际条件具体安排。因为未来的不确定性，职业生涯规划也需要确立适当的变通性。虽然是规划，也不是一成不变的。同时，职业规划也是个体人生规划的主体部分。

用我自己的话说，职业生涯规划的意思就是：你打算选择什么样的行业，什么样的职业，什么样的组织，想达到什么样的成就，想过一种什么样的生活，如何通过你的学习与工作达到你的目标。

二、为何要进行个人职业生涯规划

1. 做好职业生涯规划，可以分析自我，以既有的成就为基础，确立人生的方向，提供奋斗的策略。

2. 通过职业生涯规划，可以重新安排自己的职业生涯，突破生活的格线，塑造清新充实的自我。

3. 通过职业生涯规划，个人可以准确评价个人特点和强项，在职业竞争中发挥个人优势。

4. 通过职业生涯规划，可以评估个人目标和现状的差距，从而提供前进的动力。

5. 通过职业生涯规划，可以准确定位职业方向。

6. 通过职业生涯规划，重新认识自身的价值并使其增值。通过自我评估，知道自己的优缺点，然后通过反思和学习，不断完善自己，从而使个人价值增值。

7. 通过职业生涯规划，全面了解自己，增强职业竞争力，发现新的职业机遇。

8. 职业生涯规划通常建立在个体的人生规划上，因此，职业生涯规划将个人生活、事业与家庭联系起来，让生活充实而有条理。

三、职业生涯规划的简单步骤

面试时候主考官常常会问这样一个问题：如果你获得这个职位，你将如何开展工作？这就是你必须回答的一个简单的职业生涯规划内容。面对日益激烈的职场

竞争,每个人都不得不面对这样的问题:我未来的路在哪? 如何找到我满意的工作? 所以每个人其实都有潜移默化的在心里想过自己的职业规划。也许这只是一个很模糊的意识。只要通过问自己以下几个问题,职业生涯规划过程就明确了。

1. What you are? 首先问自己,你是什么样的人? 这是自我分析过程。分析的内容包括:个人的兴趣爱好、性格倾向、身体状况、教育背景、专长、过往经历和思维能力。这样对自己有个全面的了解。

2. What you want? 你想要什么? 这是目标展望过程。包括职业目标、收入目标、学习目标、名望期望和成就感。特别要注意的是学习目标,只有不断确立学习目标,才能不被激烈的竞争淘汰,才能不断超越自我,登上更高的职业高峰。

3. What you can do? 你能做什么? 自己专业技能何在? 最好能学以致用,发挥自己的专长,在学习过程中积累自己的专业相关知识技能。同时,个人工作经历也是一个重要的经验积累。判断你能够做什么。

4. What can support you? 什么是你的职业支撑点? 你具有哪些职业竞争能力以及各种资源和社会关系。个人、家庭、学校、社会的种种关系,也许都能够影响你的职业选择。

5. What fit you most? 什么是最适合你的? 行业和职位众多,哪个才是适合你的呢? 待遇、名望、成就感和工作压力及劳累程度都不一样,看个人的选择了。选择最好的并不是合适的,选择合适的才是最好的。这就要根据前四个问题来回答这个问题。

6. What you can choose in the end? 最后,你能够选择什么? 通过前面的过程,你就能够做出一个简单的职业生涯规划了。机会偏爱有准备的人,你做好了你的职业生涯规划,为未来的职业作出了准备,当然比没有做准备的人机会更多。

四、职业生涯规划的基本原则

个人职业生涯规划设计应该遵守如下准则:①择己所爱。从事一项你所喜欢的工作,工作本身就能给你一种满足感,你的职业生涯也会从此变得妙趣横生。兴趣是最好的老师,是成功之母。调查表明:兴趣与成功几率有着明显的正相关性。在设计自己的职业生涯时,务必注意:考虑自己的特点,珍惜自己的兴趣,择己所爱,选择自己所喜欢的职业。②择己所长。任何职业都要求从业者掌握一定的技能,具备一定的能力条件。而一个人一生中不可能将所有技能都全部掌握。所以你必须在进行职业选择时择己所长,从而有利于发挥自己的优势。运用比较优势原理充分分析别人与自己,尽量选择冲突较少的优势行业。③择世所需。社会的需求不断演化着,旧的需求不断消失,新的需求不断产生。新的职业也不断产生。所以在设计自己的职业生涯时,一定要分析社会需求,择世所需。最重要的是,目光要长远,能够准确预测未来行业或者职业发展方向,再作出选择。不仅仅是有社会需求,而且这个需求要长久。④择己所利。职业是个人谋生的手段,其目的在于追求个人幸福。所以你在择业时,首先考虑的是自己的预期收益——个人幸福最大化。明智的选择是在由收入、社会地位、成就感和工作付出等变量组成的函数中找出一个最大值。这就是选择职业生涯中的收益最大化原则。

五、结论

通过以上的简单步骤和原则,个人就可以设计职业生涯规划了。根据不同的情况,个人可以制订一个整体生涯规划,作为一个纲领性长期规划;或者制订一个3~5年的生涯规划,作为一种发展的中期规划;或者制订一个1年的生涯规划,作为一个可操作性强、变化较小的短期规划。有了规划,生活就有了目标,不会迷失前进的方向。尤其要注意的是,职业生涯规划是人生规划的主体部分,是同个人、家庭和社会生活结合在一起的,是和个人追求幸福生活密不可分的。所以,制订职业生涯规划,要和个人人生目标结合起来,要把职业生涯和家庭、社会生活结合起来。(摘自 http://www.bestmishu.com/wenzhang/cailiao/)

参考书目

1. 杨群欢.秘书职业化——当代秘书与职业准入机制研究.长春:吉林大学出版社,2007
2. 朱传忠,叶明.秘书理论与实务.杭州:浙江大学出版社,1995
3. 王毓玳,杨群欢.秘书理论与实务.杭州:浙江大学出版社,2004
4. 文同.企业秘书管理手册.北京:企业管理出版社,2002
5. 包林生,徐佳宾.至尊企业至尊制度.北京:经济出版社,2002
6. 廖金泽.公司秘书手册.深圳:海天出版社,2003
7. 饶士奇.秘书学概论.武汉:湖北科技出版社,1997
8. 劳动和社会保障部,中国就业培训技术指导中心.秘书国家职业资格培训教程.北京:海潮出版社,2003
9. 陈贤华.秘书工作论.成都:四川大学出版社,2000
10. 赵映诚.秘书实务.北京:高等教育出版社,2001
11. 李宏飞.职业化——21世纪第一竞争力.北京:新华出版社,2007
12. 陈嫦盛.秘书沟通.深圳:海天出版社,2007
13. 杜骁.全方位秘书实务-图解手册.广州:广东经济出版社,2003
14. 杨蓓蕾.现代秘书工作导引.上海:同济大学出版社,2004
15. 赵锁龙.管理秘书实务.北京:中国人民大学出版社,2004
16. 李天军.求索——秘书工作的实践与思考.济南:山东人民出版社,2003
16. 张承钢.职场定位的39条法则.北京:蓝天出版社,2006
17. 詹福满,代云明.新时期政府秘书工作.北京:群众出版社,2004
18. 杨群欢.秘书理论与实务.北京:中国财政经济出版社,2005
19. 杨群欢.秘书实务实践教程.北京:中国商业出版社,2004
20. 宫冠.涉外秘书修养与实务.北京:中国审计出版社,1996
21. 廖金泽.秘书训练课程.深圳:海天出版社,2003
22. [日]大前研一.专业主义.北京:中信出版社,2006
23. 夏于宝.职场方圆之道——办公室生存博弈规则.北京:地震出版社,2006

24. 华尔街日报(倪美华 董本笃泽).职场实践策略.广州:广东经济出版社,2006

25. 葛荣晋.中国哲学智慧与现代企业管理.北京:中国人民大学出版社.2006

26. 石咏琦.谈天才秘书.太原:北岳文艺出版社,2003

27. 张知渔,徐娟.职场过三关.北京:中国城市出版社,2006

28. 张浩.新编秘书工作必读.北京:光明日报出版社,2001

29. 李明伦.秘书辅助方略.太原:书海出版社,2001

30. 蔡超,杨锋.现代秘书实务.广州:暨南大学出版社,2006

31. 董继超.普通秘书学.北京:中央广播电视大学出版社,1997

后　记

　　由浙江大学出版社组织国内文秘专业重点高校编写的《秘书理论与实务教程》是教育部普通高等教育"十一五"国家级规划教材。以项目化、任务驱动为基本特点,对传统教材进行了较大的改革,重在有效提升高校学生秘书职业综合素质和职业技能。该教材结合新时期高职高专学生特点,针对秘书工作岗位分为六大模块,教材编写分工如下:杨群欢(湖州职业技术学院教授):模块一、模块二、模块五、模块六以及模块三、模块四理论导读基本内容;韩玉芬(湖州职业技术学院讲师):模块四案例资料和训练项目部分;严晓蓉(浙江经济职业技术学院讲师):模块三办文工作案例与训练主要内容;段利(浙江商业职业技术学院讲师):模块二部分资料。同时,宁波工程学院王毓玳教授、浙江育英职业技术学院贺存乡副教授、浙江东方学院杨光汉副教授、台州科技学院赵雪莲副教授、宁波大红鹰职业技术学院田玉军副教授等都为教材提供了相关资料和训练指导。李柯(湖州职业技术学院讲师):为教材多媒体教学资源建设做了大量工作。

　　本教材主编杨群欢教授负责全书统稿。韩玉芬、严晓蓉、段利老师担任副主编。

2009 年 1 月

图书在版编目（CIP）数据

秘书理论与实务教程／杨群欢主编. —杭州：浙江大学
出版社，2009.8（2025.2 重印）
高职高专文秘专业工学结合规划教材
ISBN 978-7-308-06884-0

Ⅰ.秘… Ⅱ.杨… Ⅲ.秘书学－高等学校：技术学校－
教材　Ⅳ.C931.46

中国版本图书馆 CIP 数据核字（2009）第 112943 号

秘书理论与实务教程

杨群欢　主编

责任编辑	葛　娟	
封面设计	吴慧莉	
出版发行	浙江大学出版社	
	（杭州市天目山路 148 号　邮政编码 310007）	
	（网址：http://www.zjupress.com）	
排　　版	杭州青翊图文设计有限公司	
印　　刷	广东虎彩云印刷有限公司绍兴分公司	
开　　本	710mm×1000mm　1/16	
印　　张	17.5	
字　　数	343 千	
版 印 次	2009 年 8 月第 1 版　2025 年 2 月第 12 次印刷	
书　　号	ISBN 978-7-308-06884-0	
定　　价	49.00 元	

版权所有　侵权必究　印装差错　负责调换

浙江大学出版社市场运营中心联系方式：0571－88925591；http://zjdxcbs.tmall.com